会计学系列精品教材

会计信息系统

张耀武　主编

徐涛　丁璐　李星　副主编

经济科学出版社

图书在版编目（CIP）数据

会计信息系统／张耀武主编．—北京：经济科学出版社，2011.12 （2017.2 重印）
会计学系列精品教材
ISBN 978－7－5141－1413－3

Ⅰ．①会… Ⅱ．①张… Ⅲ．①会计信息－财务管理系统－高等学校－教材 Ⅳ．①F232

中国版本图书馆 CIP 数据核字（2011）第 266503 号

责任编辑：侯晓霞
责任校对：徐领柱
技术编辑：李 鹏

会计信息系统

张耀武 主编

经济科学出版社出版、发行 新华书店经销
社址：北京市海淀区阜成路甲 28 号 邮编：100142
教材分社电话：88191345 发行部电话：88191540
网址：www.esp.com.cn
电子邮件：houxiaoxia@esp.com.cn
北京密兴印刷有限公司印装
787×1092 16 开 12 印张 270000 字
2012 年 1 月第 1 版 2017 年 2 月第 2 次印刷
ISBN 978－7－5141－1413－3 定价：25.00 元
（图书出现印装问题，本社负责调换）
（版权所有 翻印必究）

编委会

主　　任：杜国良

执行主任：胥朝阳

委　　员：（以姓氏笔画为序）

王珍义　刘圣妮　李甫斌　张耀武
杨　洪　祝建军　胡星辉　曾洁琼
简东萍

序

三十多年来，武汉纺织大学会计学院在高质量建设会计学省级本科品牌专业，充实财务管理、会计信息系统、中级财务会计等省级精品或优质课程的过程中，在教学与科研方面取得了显著进展。近年来，会计学院先后获得全国会计知识大赛三等奖、湖北省会计信息化大赛高校组第一名、湖北省大学生优秀科研成果奖等突出成绩，已成为高素质会计人才培养的重要基地。同时，随着经济全球化的演进，我国社会主义市场经济体制下会计改革的深入与发展，以及互联网的普及、可扩展企业报告语言（XBRL）的开发，为会计领域的国际协调与趋同提供了有力的政策及技术支持。

在以上背景下，为及时反映与跟踪国内外会计领域出现的重大变化，武汉纺织大学会计学院组织业务能力强、教学实践经验丰富的教师撰写了这套"会计学系列精品教材"。该套教材包括《会计学原理》、《中级财务会计》、《高级财务会计》、《成本会计》、《管理会计》、《政府与非盈利组织会计》、《会计信息系统》、《会计模拟实验》、《审计学》、《财务管理学》和《财务报表分析》等11部会计专业主干课程的教科书，每部书的主编均为该课程主讲人或负责人。在书稿杀青之际，编委会邀我作序，我欣然为之。综观这套系列丛书，我认为它具有下列特点：

一是科学性——本系列教材以马克思主义经济学及现代管理学为指导，在深入阐明会计学科基本理论的基础上，展开对企业等经济活动主体具体业务的探讨。尤其是在阐明各种会计方法、技术和手段时，既注意从理论上进行解释，也注意案例分析与实务操作，达到了引导学生从源头上加以认识和把握会计学、审计学和财务管理学的目的。

二是系统性——本系列教材立足对企业经营活动作逻辑性的系统处理，对课程及教材之间的相关性进行充分论证，最大限度降低教材之间的重叠，较好实现了教材内容之间的合理划分与关联性对接。

三是实用性——本系列教材在力求构建理论框架的同时，紧贴当代经济活动，着重通过实例对专业知识点进行阐述，以方便学生理解、掌握或应用，体现出鲜明的时代特征。

四是前瞻性——本系列教材在一定程度上把握住了精品教材的创新力度，如教材中对产权经济学与法学原理的引入等，吸收了会计及相关交叉领域前沿的学术研究成果。

我相信这套教材不仅将受到会计专业学生的欢迎，而且也能得到实际工作部门的好评，成为实际工作者的必读参考书。

中南财经政法大学　郭道扬
2011 年 12 月 25 日于竹苑

前　言

当今，以计算机信息技术为核心的高技术革命正在推动人类社会进入一个新的文明，信息技术正全面渗透到人类社会的各个方面。全球一体化和经济一体化的逐步形成、市场竞争的不断加剧和客户需求的越来越苛刻都迫切需要组织提升自我的管理水平和应变能力，以求在市场中占有一席之地。同时，计算机网络技术、数据库技术等IT技术现在、将来都在不断改变会计这一职业的传统，重新赋予会计新的内涵。另外，各种新的管理思想也在改变着会计管理的内容和会计人员的工作。在这种背景下，会计人员需要不断更新自我的会计理论和会计技能知识。无论是在中国还是在西方的会计教学体系中，会计信息系统知识都是会计及相关专业学生必备的基本知识。

本书共十章，第一、第二章讲述会计信息系统和会计软件的基本概念，第三至第九章详细讲解会计信息系统的各个子系统，包括总账系统、会计报表系统、工资系统、固定资产系统、应收/应付账款系统、财务分析系统和资金管理系统的设计与操作，第十章介绍计算机审计和会计信息系统的内部控制。

目前关于会计信息系统的教材有很多版本，不同的版本也各有特点。本书在内容和结构上突出了以下特点：第一，系统性。本书全面、系统地介绍了会计信息系统的基本概念、理论框架、各子系统的流程结构，使读者对会计信息系统所涉及的问题有一个全面、完整的理解。第二，内容实用和通俗易懂。本书在内容的组织上，不求太多，但力求实用。对于较为复杂的理论一律辅以恰当的图表予以讲解。第三，理论和实务相结合。本书摒弃了同类教材单纯注重编程或着重介绍某一会计软件具体使用方法的传统编写方法，从在校学生和会计人员的需要出发，既介绍会计信息系统的业务和数据处理流程，又介绍目前多数组织使用的主流会计软件的一般使用方法，以期在提供给读者完整的理论体系的同时，使读者掌握会计软件的基本使用方法。本教材适用于本科经济管理类专业会计信息系统课程教学，也可用于高职高专、中专学校相关专业的会计信息系统教学及培训，还可作为在职会计人员学习会计信息系统知识、掌握会计软件基本操作的参考用书。

武汉纺织大学会计学院张耀武老师任本书主编，徐涛老师、丁璐老师和李星老师担任副主编，参加编写的人员还有中南财经政法大学武汉学院财会系的彭浪老师和熊晓荣老师、武汉纺织大学数学与计算机学院的许小静老师和周明老师。

本书的编写和出版得到了经济科学出版社的大力支持和协助，在此表示感谢。

由于水平有限，时间仓促，书中难免存在错误和疏漏之处。敬请读者指正。

编　者

2011 年 10 月

目 录

第一章 会计信息系统概述 \ 1
 第一节 会计信息系统的基本概念 \ 2
 第二节 会计信息系统的结构 \ 8
 第三节 会计信息系统的建立 \ 15
 第四节 会计信息系统运行和维护及系统评价 \ 23
 复习思考题 \ 26

第二章 会计软件概述 \ 27
 第一节 会计软件简介 \ 28
 第二节 会计核算软件概述 \ 33
 第三节 ERP 概述 \ 37
 第四节 在线会计服务模式 \ 40
 复习思考题 \ 43

第三章 总账系统 \ 44
 第一节 总账系统概述 \ 45
 第二节 总账系统流程分析 \ 46
 第三节 总账系统的初始设置 \ 51
 第四节 总账系统的日常业务处理 \ 55
 第五节 总账系统的期末处理 \ 61
 复习思考题 \ 66

第四章 报表系统 \ 67
 第一节 报表系统概述 \ 67
 第二节 报表系统流程分析 \ 71
 第三节 报表系统的初始设置 \ 73

第四节　报表系统的日常业务处理 \ 77
　　第五节　现金流量表的编制 \ 79
　　复习思考题 \ 86

第五章　工资系统 \ 87

　　第一节　工资系统概述 \ 88
　　第二节　工资系统流程分析 \ 90
　　第三节　工资系统的初始设置 \ 93
　　第四节　工资系统的日常业务处理 \ 96
　　复习思考题 \ 100

第六章　固定资产系统 \ 101

　　第一节　固定资产系统概述 \ 102
　　第二节　固定资产系统流程分析 \ 104
　　第三节　固定资产系统的初始设置 \ 107
　　第四节　固定资产系统的日常业务处理 \ 116
　　第五节　固定资产系统的期末处理 \ 119
　　复习思考题 \ 123

第七章　应收/应付系统 \ 124

　　第一节　应收/应付系统概述 \ 125
　　第二节　应收/应付系统流程分析 \ 127
　　第三节　应收/应付系统的初始设置 \ 129
　　第四节　应收/应付系统的日常业务处理 \ 130
　　复习思考题 \ 133

第八章　财务分析系统 \ 135

　　第一节　财务分析基本理论 \ 136
　　第二节　财务分析系统概述 \ 139
　　第三节　财务分析系统流程分析 \ 141
　　第四节　财务分析系统的初始设置 \ 144
　　第五节　财务分析的日常业务处理 \ 145
　　复习思考题 \ 150

第九章　资金管理系统 \ 151

　　第一节　资金管理系统概述 \ 152
　　第二节　资金管理系统流程分析 \ 153

第三节　资金管理系统的初始设置 \ 154
第四节　资金管理系统的日常业务处理 \ 155
第五节　资金管理系统单据与账表输出 \ 158
复习思考题 \ 161

第十章　计算机审计与会计信息系统的内部控制 \ 162

第一节　计算机审计概述 \ 163
第二节　会计信息系统的内部控制 \ 169
复习思考题 \ 178

参考文献 \ 179

第一章
会计信息系统概述

【本章学习目的】了解数据、信息、系统、信息系统等基本概念；理解会计电算化、会计信息化、会计信息系统的含义和会计信息系统的三种结构；掌握建立会计信息系统的目标、方法和步骤，以及会计信息系统运行和维护的内容、类型及评价方法和报告。

【案例导引】

A 集团会计信息系统实施

为适应日益复杂多变的经营环境和日趋紧张激烈的市场竞争，集团企业必须及时、准确、完整地掌握以财务会计信息为核心的经营管理信息，确立财务管理和会计在企业管理中的核心地位，发挥财务与会计的预测、决策、计划、控制、考核等方面的作用，从而对集团内部的各种资源进行高度集中的管理、控制和配置。

但是目前大多数集团企业都采用分权式财务管理模式，所建立的会计信息系统大多是分散的信息系统。分散的会计信息系统是指集团企业所属单位，虽然实现了会计电算化，但是各下属单位的会计核算"账套"基本上都是根据行政管理架构层层独立建账，二级核算单位甚至三级核算单位都是一个独立的会计实体，都有独立的核算"账套"，会计核算"账套"分散。同时集团企业各下属单位根据自己的需要建账时，仅仅考虑本单位的核算要求，不可能从全局和为集团整体服务的角度来考虑系统的建设问题。这种模式基本上是手工作业的自动化。

针对集团企业面临的财务管理难题，A 集团实施了以集中为核心理念的集团财务与会计信息系统。

系统按照"总体规划，分步实施，以点带面，整体推进"的原则，首先实现整个集团的账务集中，然后是资金集中，最后实现全面预算管理。在实施范围上首先在矿业公司试点，然后推广到集团其他产业，最后实施核心的产业。分步实施的目的是为了降低系统的复杂度，但分步的内容应保持一定的相对独立性，不能割裂事务的内部联系。

实施过程中要求实现基础数据标准化和业务流程标准化。基础数据的标准化包括：会计科目，往来单位，专项核算，产品核算，会计日历，凭证类型等。其中会计科目是最重要的基础数据，是整个账务系统的核心。以财务信息化建设为契机，制定各种业务处理特别是财务处理流程的规范。需要建立的业务规范主要包括以下几方面：会计核算规范，预算编制，控制，分析规范，成本核算规范，固定资产管理规范，财务报表与财务分析规范，资金与资产管理规范等。

A集团会计信息系统从2005年1月开始试点，到目前为止，账务处理部分已在集团全面上线运行，资金管理和全面预算也即将开始实施。

集中式集团会计信息系统的成功实施，使企业在经营活动全面核算的基础上，通过全面预算、集中资金管理、财务分析等细化分析管理和监控方式，对企业经营活动的成果进行深入分析，及时发现企业集团在资金运作、成本费用控制等方面的缺陷，在日益激烈的市场竞争环境中充分发挥财务监管的作用，为企业的决策提供支持。根据集团企业信息化的总体规划，财务信息化的下一个目标是实现财务数据与业务数据（生产、物流、人力资源等）的一体化，从而打破信息孤岛，达到局部与整体、财务与业务处理之间的高度协调一致。

第一节 会计信息系统的基本概念

1979年，为了改变我国财会工作手工核算的落后局面，财政部在长春第一汽车制造厂进行计算机在会计工作中的应用试点；1981年8月，在第一汽车制造厂召开的"财务、会计、成本应用电子计算机专题讨论会"上，提出了"会计电算化"的概念，将计算机在会计工作中的应用称之为"会计电算化"，并解释为"由计算机代替人工记账、算账、报账，并能部分替代人脑完成会计信息的分析和判断的过程"。

我国从21世纪开始逐步由会计电算化转向会计信息化。会计信息化是国家信息化的重要组成部分，表述了我国继会计电算化之后的一个新的发展阶段。会计信息化是指依据会计控制和管理理论，应用现代信息技术，将会计业务流程与其他业务流程融为一体，实现物流、信息流、资金流的三流合一，及时准确地向管理者和会计信息使用者提供有用的会计信息支持，达到充分开发和利用会计信息资源，使其产生效益的一系列过程。

一、数据、信息、知识

数据、信息、知识等词汇由来已久，在过去很长一段时间里，人们并不明确区分数据、信息、知识的概念。随着社会的发展，对其认识逐步深入，特别是提出"知识经济"后，人们开始重新认识数据、信息、知识的本质。

（一）数据

数据是人们用符号化的方法对现实世界的记录。数据表示的是客观事实，是一种真实存在，它必须和客观实体及属性联系在一起才对接受者有意义。例如，"60%"是一项数据，但这一数据除了数字上的意义外，并不表示任何内容。

（二）信息

1. 定义。当今社会信息无处不在，然而由于研究目的和角度不同，对信息的理解和解释不尽相同：辞海对信息的解释是，信息是收信者事先不知道的报道；控制论的创始人维纳认为，信息是人们在适应外部世界并且将这种适应反作用于世界的过程中，同外部世界进行交换的内容的名称，接受信息和使用信息的过程，就是我们适应外部偶然性的过程；信息论的创始人香农说，信息是用以消除不确定性的东西；决策学的代表人物西蒙则提出，信息是影响人改变对于决策方案的期待或评价的外界刺激。

在信息技术应用领域，一般认为：信息是经过加工、具有一定含义的、对决策有价值的数据。由此也可看出，信息的表达是以数据为基础的。例如，"60%"是一项数据，但这一数据除了数字上的意义外，并不表示任何内容，而"张三得到选票60%"对接收者是有意义的，接收者知道"60%"是表示客观实体张三的得票率这一属性值。因此，"张三得到选票60%"不仅仅有数据，更重要的是给数据以解释，从而使接收者得到了客观实体张三的得票率信息。若再加一条信息"得票率大于50%即可当选委员"，则综合以上两条信息之后可以得出一条抽象程度更高的信息"张三当选委员"。由此可见，数据和信息是密不可分的，而信息之间的联系又可以得到抽象层次更高的信息。从中可以看出，如果将数据看作原料，那么信息就是通过信息系统加工数据得到的产品，而且在信息系统的帮助下，还可利用信息技术对信息进行进一步的加工处理，得到不同抽象层次的信息来辅助完成不同层次的决策。同时，在信息系统中以数据的形式来描述信息的各个属性，通过一些标准化的编码方式，大大方便了信息的交流。

2. 信息的特征。从信息社会企业的应用角度分析，信息具有以下特征。

（1）事实性。

① 事实性是信息的第一和基本的性质。不符合事实的信息不仅没有价值，而且可能成为负值。

② 事实性是信息收集时最应当注意的特性。维护信息的事实性，也就是维护信息的真实性、准确性、精确性和客观性等。

③ 不同级的信息其性质不相同。战略级信息关系到组织长远命运和全局的信息。策略级信息关系到组织运营管理的信息。如月度计划、产品质量、产品成本等。执行级信息关系到组织业务运作的信息。如职工考勤信息、领料信息、发料信息等。

（2）可压缩性。

① 信息可以进行浓缩、集中、概括以及综合，而不影响信息的本质。

② 在压缩的过程中会丢失一些信息，但丢失的是无用的或不重要的信息。无用的信息有两种：一些纯属干扰，如收音机中的杂音；另一些是冗余的信息，虽然本质上它是多余的，但在传输的过程能起到补充作用。

③ 压缩在实际中是很有必要的。因为任何人没有能力收集一个事物的全部信息。

（3）扩散性。

① 信息的扩散是其本性，它力图冲破保密的非自然约束，通过各种渠道和手段向四面八方传播。

② 信息的浓缩越大，信息的扩散力越强。如：离奇的消息、耸人听闻的新闻。

③ 信息的扩散一方面有利于知识的传播；另一方面可能造成信息的贬值，不利于保密，

可能危害国家和组织利益，不利于保护信息所有者的积极性。如：软件盗版不利于软件发展以及保密法、专利法、出版法。

（4）传输性。

① 信息可以传输，其传输成本远远低于传输物质和能源。如：利用电话、电报、光缆卫星等。

② 传输的形式多样化。如：数字、文字、图形、图像、声音等。

③ 尽可能利用信息流减少物流，加快资源交流和社会变化。

（5）分享性。

① 信息只能共享，不能交换。如：我告诉你一个消息，我并没失去什么，不能将这则消息从我脑子里抹去。

② 信息的分享没有直接的损失，但可能造成间接的损失。

③ 信息的分享性有利于信息成为企业的一种资源。

（6）增值性。

① 用于某种目的的信息，随着时间的推移可能价值耗尽，但对于另一种目的可能又显示出用途。

② 信息的增值在量变的基础上可能产生质变，在积累的基础上可能产生飞跃。

③ 信息增值性和再生性，使我们能变废为宝，在信息废品中提炼有用的信息。

（7）转换性。

① 宇宙是由物质、能量及信息三大要素构成。三者的联系形成三位一体，互相不能分割。

② 物质、能量、信息可以相互转化。有能量、有物质就能换取信息。如：发现油田。信息也能转化为物质和能量。如：股市投资。

③ 信息价值的两种衡量方法。一种是按所花的社会必要劳动量来计算：

$$V = C + P$$

式中，V 为信息产品的价值；C 为生产该信息所花成本；P 为利润。

另一种是衡量使用效果的方法，即信息的价值是在决策过程中用了该信息所增加的收益减去获取信息所花费用。

$$P = POPT - \sum P_i/n \quad (i = 1 \sim n)$$

式中，$POPT$ 为最优方案的收益；P_i 为某个方案的收益。

（三）知识

随着人们对信息认识的逐渐加深，有关知识的概念以及知识与信息的关系问题正在引起越来越多的讨论和思考。从信息技术应用的角度来看，知识是以各种方式将一个或多个信息关联在一起的信息结构，是对客观世界规律性的总结。它是对同类信息的积累，是为有助于实现某种特定的目的而抽象化和一般化了的信息。因此，信息是知识的原料，而知识是对信息的更高一级的抽象，这种抽象可以在信息系统环境中通过寻找各信息之间的联系完成。由此也可以看出，知识的产生需要自由地获取信息。

二、信息系统

（一）系统

信息系统首先是一个系统。系统是为了实现某种目的，由相互作用和相互依赖的若干组成部分按照一定的规则或结构结合成的，具有特定功能的有机整体，而且这个系统又是它所从属的更大系统的组成部分。系统总是存在于一定的环境之中，区分系统内外部的是系统的边界，系统与环境的作用点或各子系统之间的连接点称为接口。

由该定义可以得出系统的一些重要属性：系统具有目标；系统具有特定的功能；系统具有一定的结构，它由若干部分及其相互关系构成，其中输入、处理、输出、反馈和控制是一般系统都具有的基本要素；系统具有边界，并以此将该系统与其他的系统及系统外部相区别；系统是一个相对的概念，其内部还有子系统，而它又是所从属的更大的系统的子系统。子系统与系统一样具有各自的目标、边界和组成部分等；系统处于特定的环境之下，根据系统与环境的关系可将系统划分为闭系统和开系统，闭系统没有与环境之间的物质、能量和信息交换关系，因此不受环境的影响，而开系统是与环境进行着物质、能量和信息交换，并在交换中不断地自调节、自适应的系统。如：企业一般来说是一个开放系统，它必须主动适应环境的变化，才有可能在日趋激烈的市场竞争中生存。

（二）信息系统及其目标

作为系统的一种，信息系统同样具有一般系统共有的那些属性，并赋予它们具体的内容。因此，可以将信息系统定义为：信息系统是以信息基础设施为基本运行环境，由人、信息技术设备、运行规程组成的，通过信息处理，辅助组织进行各项决策的系统。其中，人不仅是信息系统中的组成元素之一，而且是站在系统之外对信息系统进行管理并利用信息系统提供的信息进行决策的信息系统的使用者；信息技术设备按照一定的结构集成为机器系统后，提供了组织信息系统运行的物理环境；运行规程主要规定了信息系统本身的运行规则，并用来明确人与信息技术设备之间的关系，如，对系统的控制和使用规则、安全性措施、对系统的访问权限等，特别是给予所有信息系统的使用者一些使用信息系统时应共同遵守的规则。信息系统的目标是向信息系统的使用者（用户）提供对决策有用的信息。

同时，信息系统还具有以下属性：

1. 开放性。所谓开放性是指信息系统与外界之间有着信息、物质或能量的交换关系，对外部环境变化具有一定的适应能力。

2. 系统的集成性及信息的集成性。信息系统由许多子系统组成，每个子系统完成各自特定的功能，但是服从信息系统为信息使用者服务的总目标，因此信息系统是一个整体，具有系统集成性和信息集成性。系统集成性有五个层次：硬件集成，软件集成，数据和信息集成，管理、技术和生产等功能集成，人和组织机构的集成。

3. 人-机协作性。信息系统是一个"人-机协作"系统,即信息系统中人与机器必须相互密切协作、相互适当配合才能发挥各自的作用,忽视了任何一方,信息系统的目标就不能很好地实现。这是信息系统的重要特点之一,也是信息系统应用上的难点之一。

(三) 信息系统的基本功能

信息系统要为信息使用者提供对决策有用的信息,因此其基本功能就是进行信息处理。具体说来包括信息/数据采集、信息/数据转换和生成、信息/数据传输和交换、信息/数据存储、信息/数据维护、信息/数据检索和分析等功能。

在企业中,信息系统采集来自企业内部和外界环境中各项活动(或各类事件发生)所产生的信息,通过信息处理,为信息用户(包括企业内部信息用户和企业外部信息用户)提供所需的信息,而这一过程由信息管理人员进行控制、监督和协调。

三、会计信息系统

(一) 会计数据和会计信息

1. 定义。会计数据是收集、记录的会计业务中所有事物实体属性的属性值。例如,会计凭证、会计账簿、会计报表等都是会计业务中的实体。它们的属性和属性值都是会计数据。

会计信息是指在会计管理和会计决策分析工作中需要的各项会计数据,包括资产和负债信息、生产费用和成本信息以及有关利润实现和分配的信息等,它们都是对会计数据进一步加工处理后得到的对会计管理和决策分析有价值的信息。

2. 会计信息的特点。

(1) 数量大、种类多、来源广。会计工作需对生产经营过程进行连续、系统、综合的反映和监督,而会计信息正是在上述反映和监督工作中所采集、加工、使用的价值数据,它几乎涉及企业的所有业务和管理活动。会计信息具有信息量大、种类多、来源广的特点。

(2) 综合性。会计信息用货币的形式,综合反映了生产和经营工作中的经营活动,反映内容涉及供产销的每个环节、企业的每个部门和每个职工。因此会计信息常反映企业的综合运转状况。

(3) 结构和处理逻辑的复杂性。由于会计信息具体地反映了资产、负债、所有者权益、成本和损益等方面的信息,这些信息间有十分密切的关系,它们的增减呈网状结构互相影响,且需要始终保持平衡关系,这使会计信息的结构和处理逻辑变得较为复杂。

(4) 客观、真实、公允性。会计信息应客观真实地反映经济活动中的价值信息,绝对不允许弄虚作假以蒙骗会计用户和政府部门。

(5) 全面、完整和一致性。会计信息应全面、完整、准确地反映经济活动中的价值信息,不允许出现差错和误报,否则将失去它的重要作用。

(6) 安全、可靠性。会计信息全面地反映了企业财务状况和企业与各方面财务关系的重要信息,因此会计信息不能受到破坏、泄露和丢失,有很强的安全性、可靠性控制要求。

(7) 处理的及时性。为了实现对经济活动的有效控制和监督，会计信息应及时反映经济活动的状况和存在的问题。例如，应及时将资金运动、成本耗费等会计信息反馈给管理部门。

（二）会计信息处理技术的发展

科学技术的发展，给会计处理方法、手段和技术带来了深刻的影响，会计信息处理技术的发展经历了手工方式、机械化方式和电子计算机方式三个阶段。

1. 手工方式。在手工方式下，会计人员以纸、笔、算盘等工具完成会计核算中数据的记录、计算、分类、汇总、记账、结账、编制报表、计算成本等会计业务。本阶段历史漫长，直到今天，仍有不少企业使用手工处理方式。

2. 机械化方式。在机械化方式下，会计人员借助穿孔机、卡片分类机、机械式计算机和制表机等机器，由它们组成一个系统，完成大部分会计核算工作。机械化方式使用历史较短，应用面较小。我国几乎没有经历这一阶段。

3. 计算机方式。将计算机引入会计数据处理中，使会计数据处理发生了质的变化。它使会计核算工作走向自动化，并准确、高效地完成核算任务，方便地提供管理和决策信息。使会计工作真正走向事前预测、事中控制、监督和事后分析、决策的境界。

（三）会计信息系统基本概念

1. 会计信息系统的定义。会计信息系统（Accounting Information System，AIS）是一个面向价值信息的信息系统，是从对企业中的价值运动进行反映和监督的角度提出信息需求的信息系统。因此可以将其定义为：利用信息技术对会计信息进行采集、存储和处理，完成会计核算任务，并能提供为进行会计管理、分析、决策所用的辅助信息的系统。其组成要素为：计算机硬件、数据文件、会计人员和会计信息系统的运行规程，其核心部分是功能完备的会计软件。在信息社会，企业会计工作中常规的、可以程序化的任务将由会计信息系统处理，同时会计信息系统还将辅助会计人员完成其他管理与决策任务。

2. 会计信息系统的特点。

（1）庞大复杂性。会计信息系统是企业管理系统的一个子系统，但它也是一个相对独立的整体，由许多职能子系统组成，如总账子系统、报表子系统、工资子系统、固定资产子系统、应收应付子系统、成本子系统等，内部结构较为复杂，各子系统在运行过程中进行信息的收集、加工、传送、使用，联结成一个有机的整体。

（2）与企业其他管理子系统有密切联系。由于会计信息系统全面反映企业各个环节的信息，它跟其他管理子系统和企业外部的联系也十分复杂。会计信息系统从其他管理信息子系统和系统外界获取信息，也将处理结果提供有关系统，使得系统外部接口较复杂。

（3）确保会计信息的真实、公允、全面、完整和安全。会计信息系统应确保存放在系统中的会计信息的真实、公允、全面、完整、安全，为此，系统应对会计信息的采集、存储、加工等操作提供有关的控制和保护措施。

（4）内部控制严格。会计信息系统中的数据不仅在处理时要层层复核，保证其正确性，还要保证在任何条件下任何方式进行核查核对,留有审计线索,防止犯罪破坏,为审计工作的开展提供必要的条件。

(5)系统的开放性。会计信息系统应是能与企业其他管理子系统和企业的外部环境进行信息交换的开放型系统。例如银行、税务、审计、财政、客户以及其他有业务联系的企业等。在建立会计信息系统时应注意系统的整体设计,特别是网络技术的应用。

从会计电算化到会计信息化的发展进程中,企、事业单位会计信息系统变化的主要特征是:从以会计部门内集成的会计信息系统到以企业内整体集成的会计信息系统的转换,会计信息系统作为企业信息系统的一个有机组成部分,与业务系统进行了无缝集成,消除了部门级的"信息孤岛"。

第二节 会计信息系统的结构

一、会计信息系统的物理结构

会计信息系统从物理组成来看,是由计算机硬件、计算机软件、数据、会计规范、人员组成。

(一)计算机硬件设备

计算机硬件是指进行会计数据输入、处理、存储及输出的各种电子设备。输入设备有键盘、光电扫描仪、条形码扫描仪等;处理设备有计算机主机;存储设备有磁带、磁盘、光盘、U盘;输出设备有显示器、打印机等;通讯设备有传输介质、路由器等。硬件设备不同的结构及组合方式决定了会计信息系统的不同工作方式。

(二)计算机软件

计算机软件包括系统软件和应用软件。系统软件主要指操作系统、数据库管理系统等。应用软件主要指会计软件,是会计信息系统的一个重要组成部分。有关会计软件的一些文档资料也包括在会计软件之内,会计软件可由使用单位组织开发设计或通过购买商品软件等方式获得。

(三)数据

会计信息系统的数据包括输入的原始数据,如原始凭证;处理后的中间结果数据,如明细账、总账;还有系统处理结果向组织内部和外部有关部门人员提供的会计数据,如会计报表等。由操作人员把发生的会计数据输入到计算机内,计算机进行处理后,再输出相应的各种数据。由于会计信息系统涉及面广、量大,必须有专门的数据库系统集中处理这些数据,而且其结构也是十分复杂和庞大的。

（四）会计规范

会计规范是指保证会计信息系统正常运行的各种制度和控制程序，如硬件管理制度、数据管理制度、会计人员岗位责任制度、内部控制制度、会计制度、会计准则等。

（五）人员

人员一般是指从事系统的规划、开发、使用和维护的人员，有系统分析员、系统设计员、程序员、电算主管、数据操作员、审核记账员、系统维护员和会计档案保管员等。人员也是会计信息系统中的一个重要因素，如果没有一支高水平、高素质的会计人员，硬件、软件再好，系统也难以稳定地、正常地运行。

二、会计信息系统的职能结构

会计信息系统从其系统职能结构来看分为会计核算职能和会计管理职能，各由若干个职能子系统组成。

（一）会计核算职能

1. 总账系统。总账系统用于日常账务处理，从记账凭证的填制开始，完成凭证的复核、记账、结账等业务处理，并对总账、明细账、日记账以及凭证、科目汇总表等账证进行查询，提供各种形式的查询打印功能。

总账系统是整个会计信息系统的核心。各业务核算系统如工资核算、固定资产核算等生成的凭证需要转入总账系统进行登账，同时，其总账、明细账等会计信息也是会计报表系统的数据基础。

2. 工资核算系统。输入职工工资标准以及考勤记录、扣款等基础数据，自动计算职工应发工资、实发工资，以及完成工资的汇总、分配、福利费的提取等工作，编制输出工资结算单，自动生成工资核算有关凭证。

3. 固定资产核算系统。输入固定资产卡片，根据原始凭证自动登记固定资产明细账，每月编制折旧分配表，最后编制转账凭证转入总账系统。

4. 应收/应付账款核算系统。应收/应付账款核算系统专门负责组织的往来业务核算，其数据来源于销售、采购系统。其功能包括往来单位管理、往来业务查询和核销以及账龄分析等。

5. 成本核算系统。成本核算是会计核算的中心内容，它按成本计算对象采用一定的方法，对费用进行归集和分配，并计算成本计算对象总成本，编制成本报表。

6. 会计报表系统。会计报表系统根据总账系统有关账簿、凭证的数据，自动生成会计报表，包括资产负债表、利润表、现金流量表等。根据企业管理要求，也可以自行设计内部报表，自动从总账系统提取数据，进行会计信息分析等。

(二) 会计管理职能

1. 长期投资决策系统。长期投资决策系统根据不同的决策方法对组织长期投资方案进行测算、对比和分析，从中选择最优方案的过程。

2. 短期经营决策系统。短期经营决策是指根据不同的决策方法对组织以内的生产经营活动在两个或两个以上方案中作出决策。

3. 销售预测分析系统。销售预测分析系统是指根据预测的对象、目的、时间及精确程度而选择的不同预测方法对事物的未来销售作出预测和分析。

4. 全面预算系统。全面预算子系统是指根据不同的管理理念采用不同的预算编制方法，在销售预测的基础上，对组织未来特定时期生产经营活动所作的数量说明。

5. 成本控制系统。成本控制系统根据不同的成本控制目的采用不同的成本控制方法对产品进行事前、事中、事后控制，分析实际成本与标准成本的差异，找出成本升降的原因，为成本决策提供依据。

6. 存货控制系统。存货控制系统是指根据不同的存货控制方法分析构成存货成本的各个项目，得出最适当的存货储存数量，使库存存货的成本总额最小化。

三、会计信息系统的体系结构

会计信息系统的体系结构是指会计信息系统在处理会计数据时所采用的一系列步骤和方法。根据信息技术对会计信息系统的影响程度，将其分为三种典型的体系结构：手工系统、传统自动化系统和现代会计信息系统。在手工系统中，信息技术的应用微乎其微；传统自动化系统采用信息技术实现会计核算工作的自动化；现代会计信息系统大量利用现代信息技术的成就，实现财务信息和非财务信息的实时采集、集中存储、即时处理、全面共享、随意访问，使会计工作的重心由核算向管理转变，为决策提供支持。采用先进的体系结构，对会计信息系统目标的实现具有重要意义。

(一) 手工会计信息系统

手工会计信息系统的核心是会计恒等式、会计科目表和会计循环。这种系统的显著特点是利用手工来进行信息处理、依靠纸制的凭证和报表来传递信息。通过采用这种会计循环，在以前数百年间，仅需要少数几个会计人员就可以维护组织的会计系统。手工会计信息系统经历了历史的考验，但随着经济环境不断变化，组织规模不断扩大，业务日趋复杂，手工会计信息系统越来越暴露出其不足之处：

1. 手工处理容易出错。无论人在工作中如何认真负责，手工处理总是不及计算机处理准确可靠。实际上，帕乔利所设计的会计循环的重要特色之一就是利用数据内部的钩稽关系，通过数据的多次汇总和核对来检测并纠正错误。

2. 手工处理效率低下。手工处理不仅没有计算机处理可靠，而且效率也不及后者。因此，手工处理信息的成本高于使用计算机处理信息的成本。

3. 手工处理是基于纸张的。手工会计信息系统使用纸张来记录、保存和交流信息。这种做法成本昂贵。这不仅是由于纸张本身的成本，更是由于记录、维护和使用数据所带来的相关成本。更严重的是纸张记录容易毁损，而备份纸制记录不仅难于操作而且成本高。

（二）传统自动会计信息系统

1954年10月，美国通用电气公司第一次在计算机上计算职工工资，开创了利用计算机进行会计数据处理的新纪元。随着电子技术的飞速发展，计算机不断升级换代，电子计算机在会计工作中的应用范围不断扩大，应用水平不断提高，也促使人们对会计工作进行全面而深入的思考，反过来促进了手工会计信息系统向基于计算机的会计信息系统（Computer-Based Accounting Information System，CBAIS）的转变。

在电子计算机应用于会计工作的初期，人们利用电子计算机来处理工资计算、存取款、库存材料的收发核算等数据处理量大、计算简单且重复次数多的经济业务。一种会计核算程序仅能对应某项会计业务，独立完成，没有相互联系。它模拟手工核算方式，代替了部分手工劳动，降低了劳动强度，提高了劳动效率。此后，计算机在会计工作总的应用领域不断扩展，各项业务处理之间的联系不断加强，"手工簿记系统"逐渐被基于计算机的会计信息系统取而代之。会计核算工作实现了由手工到自动化的转变，我们把这个阶段的会计信息系统称做传统自动化会计信息系统。

传统自动化会计信息系统的形成，使会计工作的效率、会计信息的准确性和及时性都得到了极大的提高。在手工条件下，会计核算工作要由许多人共同完成，而使用计算机后，输入一张记账凭证，计算机可以自动完成过账、汇总、转账、出报表等一系列工作。在手工条件下，由于成本核算的复杂性和事件的限制，一些报表只能在月末和下个月初产生，产品的材料成本也很难用移动平均法来核算，而计算机可凭借其强大的数据存储和处理能力，不厌其烦地计算，及时提供数据、输出报表。传统自动化会计信息系统的主要功能是实现会计核算的自动化、会计报表的自动化，在此基础上向管理者提供财务信息和辅助决策。

计算机被引入到会计信息处理的领域中，是会计历史的一个里程碑。但是传统自动化会计信息系统并没有改变手工系统的信息处理模式，实质上只是手工系统的翻版。手工系统和自动化系统的处理流程在数据存储和数据流方面很相似。基本上可以这样认为，随着手工处理和纸制脱机文件被计算机处理和磁盘或磁带文件所取代或补充，系统的物理实现（而不是逻辑设计）改变了。传统自动化会计信息系统并没有充分利用信息技术的优势，存在着以下局限：

1. 它重复存储组织中各个业务部门信息系统已经存储了的数据，导致数据重复和冗余，容易引发数据的不一致，提高了组织中信息管理的成本。

2. 传统自动化会计信息系统仅采集和处理组织中部分业务事件（符合会计事项定义的业务事件）数据的一个子集（抽象掉了许多业务细节，主要采集会计事项的日期和其财务影响，而且是汇总后的结果），系统所能输出的信息的内容有限。

3. 数据并没有被实时记录和处理（例如，在业务活动发生时记录和处理）。传统自动化会计信息系统的数据采集依赖于各个业务职能部门内部的信息系统。由于它未能与各个业务职能部门的信息系统集成起来，因而无法直接从业务职能部门的信息系统中提取数据，实现数据的实时采集。会计数据通常是在业务发生后收集，而不是在业务发生时实时采集。

4. 传统自动化会计信息系统严重依赖于会计科目表，给系统的实施和维护带来了困难。传统自动化会计信息系统基于会计科目表来组织数据，编制会计报表。系统分析员调查用户的信息需求，系统设计员设计账户分类方案，依据这个账户分类方案来存储、汇总数据。许多组织建立多套会计科目表以满足财务会计、管理会计和税务会计的需要，生产部门、销售部门、公司总部和外地分支机构也各有各的会计科目表。为了同时支持多种会计科目表，系统开发人员和用户都需要做大量艰苦的工作，以保证信息的协调一致。

（三）现代会计信息系统

为了提高经营效率，在市场竞争中取得优势，许多组织已经对其会计信息系统进行重组，实现传统自动化会计信息系统和各业务职能信息系统的集成，通过一个集成的框架实现财务信息和非财务信息的实时采集与处理，满足各种信息用户不同的信息要求。

概括地说，现代会计信息系统应该具有下列主要特征：

1. 与业务处理系统相结合，集成业务信息和财务信息。传统会计的计量方法几乎完全局限于货币计量，因而不能记录和使用那些难以以货币计量的信息，例如生产力、执行情况、可靠性等。传统会计系统只采集了业务活动数据的一个子集：日期、账户和金额。这些信息能满足编制财务报表的需要，却不足以满足决策者管理整个企业活动的需要。现代会计信息系统不仅应提供传统的财务信息，还应提供非财务信息，以支持企业日常运转、决策、控制和预测。

2. 与业务处理系统相结合，在会计信息系统中嵌入业务处理规则。事件处理规则和其他程序化的业务逻辑能帮助检查错误和舞弊行为，有时还有助于防止错误的发生。

3. 与业务处理系统相结合，实现信息的实时采集、处理、存储和传输。系统在组织处理业务活动时，采集、处理、存储和传输财务数据和非财务数据。这一点在电子商务蓬勃发展的今天显得尤为重要。EDI将商业信息以标准格式在不同商务组织的计算机系统间进行自动化数据传递，将贸易的订货、生产、运输、销售和结算各个环节有机地联系起来，完成包括海关、运输、银行、保险、税务等部门在内的全部业务过程，使贸易实现自动化。

这将大幅度提高会计信息的及时性和相关性，也使会计人员能够直接关注实际业务过程，从而有助于通过事前预防来控制业务处理风险。这是会计人员控制风险的最佳时机；而当会计人员远离实际业务过程时，他们就只能通过事后检查来控制风险。后一种方法导致会计人员专注于控制会计系统中的信息处理风险，而不是实际业务处理本身的风险。

4. 与业务处理系统相结合，集成存储业务事件的原始数据，支持多种信息输出要求。传统的会计信息系统是部门级信息系统，与企业中的其他信息系统缺乏及时而有效的交流，例如CAD（计算机辅助设计）、CAM（计算机辅助制造）、CAPP（计算机辅助工艺计划）、销售管理系统、采购管理系统等。而现代会计信息系统是企业级信息系统，追求信息的集成和共享，使物理上分散的多个数据库在逻辑上集中，而且消除了冗余，支持不同角度、不同层次的信息需求。

在现代会计信息系统中，大部分事件数据都以原始的、未经处理的方式存放。大部分处理是记录业务事件的个体特征和属性。分类、总计和余额计算处理都放在报告查询输出过程中。这比传统的信息处理环境更为简单,在传统的信息处理环境下,不仅需要控制输入,还需要控制复杂的过账过程(该过程执行分类、总计和余额计算工作)。而现代会计信息系统的系统结构则十分简单:它直接记录事件属性。这使我们的控制手段更为直观。控制的关键是确保事件记录被及时、完整和准确地记录在正确的文件中。然后按照信息客户的需求参数准确地报告数据。

总之,现代会计信息系统的核心是集成,即集成业务处理和信息处理,集成财务信息和非财务信息,集成核算与管理,使会计信息系统由部门级系统升级为企业级系统。简单地说,现代会计信息系统是业务活动(事件)驱动的信息系统。这种系统的结构如图 1-1 所示。

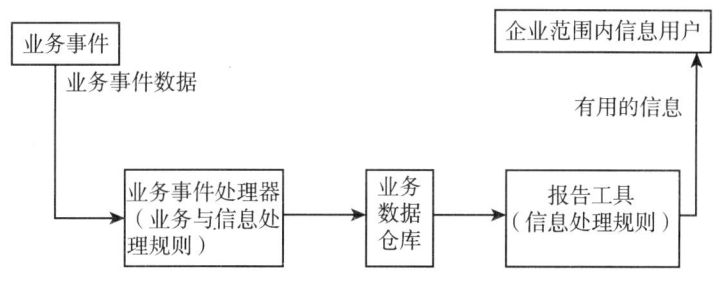

图 1-1 事件驱动 IT 的体系结构

四、会计信息系统的应用体系结构

会计信息系统的应用体系结构指硬件、网络、软件平台和会计信息系统集成后的系统结构,常见的会计信息系统应用体系结构有主机系统、文件/服务器系统、客户机/服务器系统、浏览机/服务器系统等。

(一)主机系统

主机系统硬件平台主要由一台主机及多台终端组成。主机系统对所有的软硬件兼容,包括系统软件、工具软件、应用程序、各项数据、共享设备及与用户终端的通信软件的全部管理和运行都放在一台主机上,数据处理工作全部交给主机集中完成,用户通过本地终端或者远程终端运行通信软件访问主机。主机系统是一种集中式处理和管理的系统。

(二)文件/服务器系统

文件/服务器系统的硬件环境实际上为一个局域网或一般网络,其中选择一台或多台处理能力较强的计算机作为服务器,以存放共享数据,应用系统全部放在工作站上。每一个需要访问共享数据的客户都必须从某个工作站上发出请求命令,并从文件服务器上提取全部文件传送到工作站后提交给工作站的应用系统管理运行。

（三）客户机/服务器系统

20世纪90年代出现一种新的分布式技术构架——客户机/服务器系统（Client/Server，C/S）。C/S技术构架在服务器上不仅存放了共享信息资源及数据库管理系统DBMS，而且将部分管理软件（对数据库中共享数据的增删改等操作）也放在服务器上；在客户终端也存放部分管理软件，主要存放管理软件中除对共享数据操作以外其他操作的部分（如输入/输出界面操作等）。当客户发出请求时，客户端管理软件对其进行处理，并将请求传送到服务器端；服务器端对其进行处理并将结果传送到工作站上；客户端管理软件完成显示，打印或对结果数据的进一步处理工作（见图1-2）。

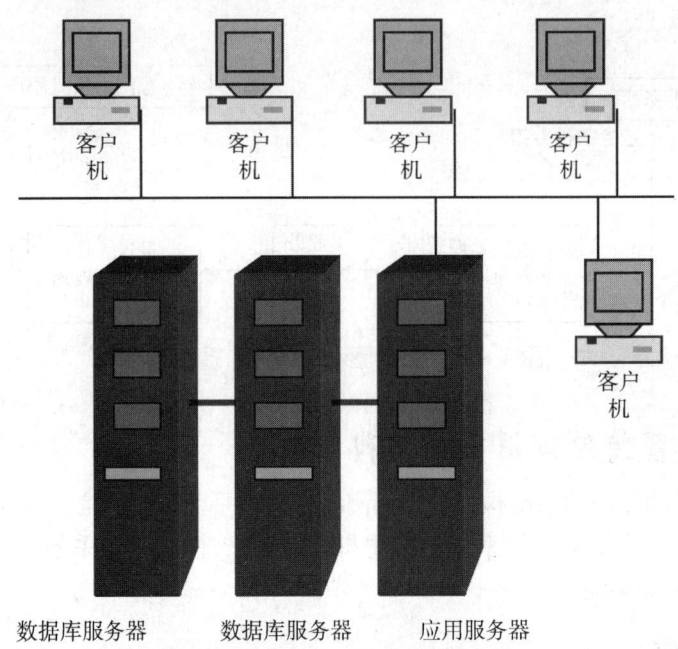

图1-2　客户机/服务器系统

C/S技术构架主要优点：一是提高了系统的安全可靠性，共享数据集中管理。二是提高了系统的运行效率，大大减轻了通信线路的负荷。三是较强的开放性，客户端与服务器端可以选择不同的平台。

C/S技术构架的主要缺点：

第一，在实施二层C/S技术构架（只有客户端和服务器端）时，如何在客户机和服务器之间合理分工以提高整体性能，降低网络传输的负荷是一个十分复杂的问题。

第二，维护成本高。在二层C/S技术构架方式下，当客户机很多时，如果要进行系统维护，升级就相当复杂。维护人员需要维护升级所有客户机上的管理软件，维护成本很高。

第三，应用局限性大，在二层C/S技术构架方式下，客户端配置复杂。客户软件随服务器软件的不同而不同，访问不同的服务器需要不同的客户软件。

第四，灵活性扩展性差。由于用户界面与业务处理是做在一起的，其中有一方发生改变,客户端管理软件就需要重做。

(四) 浏览机/服务器系统

在二层 C/S 技术构架的基础上,出现"三层 C/S 技术构架"。德国 SAP,美国 Oracle,英国 Sun System、中国用友软件公司、金蝶软件公司等都推出了基于 B/S 技术构架的管理软件。

Browser/Server(浏览器/服务器)技术构架是目前世界范围内最先进的 IT 环境,它是配合 Internet/Intranet 建设的最佳方案,并且最大限度的方便了用户部署和维护大型软件系统。

B/S 技术构架从逻辑上讲分成了四个层次:客户机,Web 服务器,应用服务器和数据服务器。

当采用 B/S 技术构架之后,原来 C/S 技术构架中运行在客户端的部分管理软件将移植到服务器端,也就是说管理软件完全集中在服务器端,这将永久的简化实际应用,意味着用户完全可以通过浏览器来执行应用程序;随着数据库数据容量的逐渐增加,数据将统一集中在少数的大型服务器上,客户端只存放与管理软件无关的浏览器应用程序。

浏览机/服务器结构的优点:

第一,实施速度快且易部署。在实施 B/S 技术构架时,客户端、应用服务器、数据库服务器之间分工清楚合理,解决了 C/S 技术构架存在的问题。

第二,低成本维护。B/S 维护工作最主要在服务器端,而客户端的维护可以称得上是"零成本"维护。

第三,点对点实施通信。B/S 模式提供了点对点的通信方式,即支持分布在不同地区和城市的客户端进行业务数据的输入、输出和处理请求。

第四,数据集中存储。在 B/S 技术构架下,客户端能通过网络、通过点对点通信将全部数据都集中在数据库服务器中。

第三节 会计信息系统的建立

会计信息系统的建立是一个非常复杂的过程,不仅涉及人、财、物等多个方面,而且每个组织会计信息系统建立的过程也不一样。一般而言,会计信息系统的建立包括会计信息系统目标确立、会计信息系统分析与设计、会计软件选择、会计信息系统实施等多方面的内容。但在一个组织的会计信息系统建立过程中,可能包括以上所有的方面,也可能只包括其中一个或几个方面。这样就形成了当前会计信息系统建立的三种主要方式:开发方式、购买方式、租用方式。

一般情况下,会计信息系统建立的流程如图 1-3 所示。

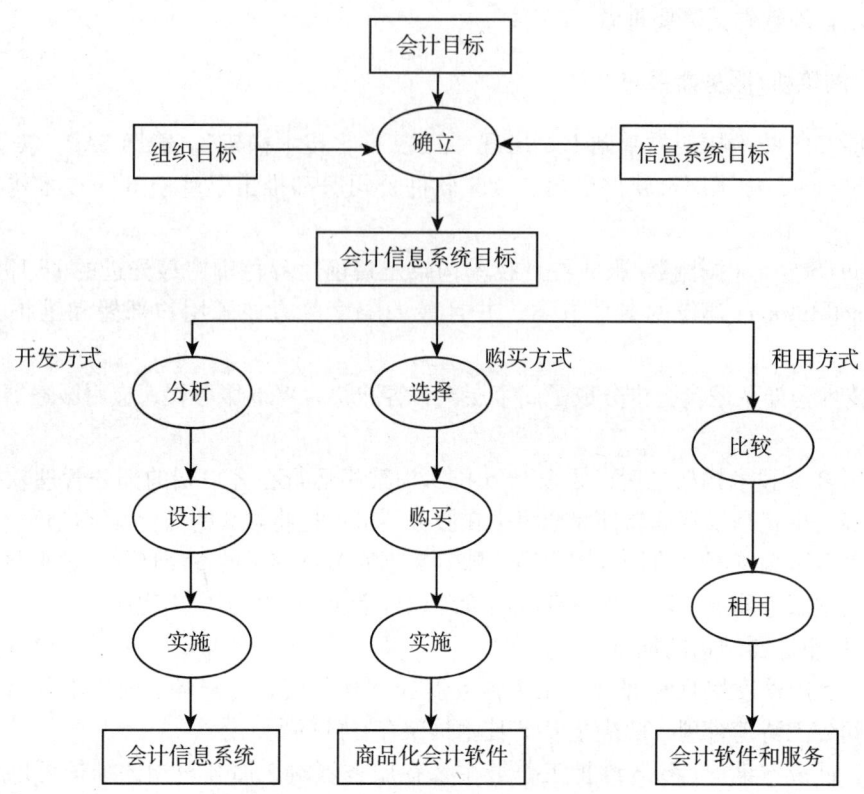

图 1-3 会计信息系统建立的流程

一、会计信息系统目标确立

　　会计信息系统是为组织服务的，是组织会计工作中必不可少的组成部分，因此，会计信息系统的目标服从于组织、信息系统和会计三者的目标。组织的目标是通过提供客户满意的服务获取更多的利润；信息系统的目标是向信息系统的使用者（用户）提供决策有用的信息；会计的目标是要提高组织的经济效益以获取更多的利润。由此，会计信息系统的目标可确定为向组织内部的决策者提供需要的会计信息及对会计信息利用有重要影响的其他非会计信息。它确定了会计信息用户可以得到的信息内容和质量。当然，具体到不同的决策者，由于需要不同，所希望获取的会计信息也会各不相同。

　　在此目标下，会计信息系统的基本功能，应是利用各种会计规则和方法，加工来自组织业务活动中的数据，产生和反映会计信息（其中多数是价值信息），以辅助人们利用会计信息进行决策。其中，会计规则和方法是由会计人员根据信息用户的需求综合制定的，他们并不是一成不变的，而是随着外界情况的变化不断调整的。在会计信息系统中，会计规则由会计人员确定，会计方法也由会计人员提出，并与信息管理人员合作将这些规则和方法转化为机器系统中的程序。当组织出现了新的业务活动或拥有了新的资源需要进行管理时，会计人员应从会计工作的角度确定出相应的解决办法和处理规则，并尽可能地将其转化为机器系统可处理的内容。

二、会计信息系统分析和设计

（一）会计信息系统的一般建立方法

会计信息系统的建立一般有以下几种方法：

1. 自主开发。指组织依靠自身的力量，独立完成会计信息系统的需求分析、系统设计、程序代码编写、测试、系统维护、升级等阶段的工作。组织对开发的软件拥有全部版权，享有全部收益，同时也承担全部风险。

2. 委托开发。指组织委托软件开发单位，根据本组织的实际业务进行会计信息系统的开发。委托开发的软件版权一般来讲归委托组织所有。

3. 联合开发。指组织和其他单位共同组成开发小组，发挥各自优势，利用双方的资源，共同完成本组织会计信息系统的开发工作。联合开发的产品版权一般归双方共同拥有。

4. 购买商品化软件。指组织在市场上选购适合或基本适合本组织需要的商品化会计软件，经过实施（含二次开发）后建立本组织会计信息系统。大型商品化会计软件的版权归供应商所有。

5. 租用应用服务供应商（ASP）的系统。指组织无须再花钱购买和维护复杂的会计应用软件系统，而是通过高速网络向应用服务供应商租赁其会计应用软件系统和服务。组织只要将自己的业务数据上传到ASP的系统中，经过ASP会计应用软件系统的处理后，就可以得到需要的各种报表和分析结果——就如同在组织自己的办公室处理一样高效快捷。

上述几种方式，各有优缺点。本章所谓的会计信息系统建立主要指购买商品化会计软件的方式。

（二）会计信息系统的可行性分析

不管采取哪种方式，在建立新的会计信息系统之前，一定要做好可行性分析。所谓可行性分析，是分析、比较、衡量一个新的会计信息系统的实施给组织实际业务的运作带来的利益或风险是多还是少。

1. 可行性分析的意义。软件工程的复杂性，再加上资源的缺乏和交付时间的限制，使规模庞大的软件项目开发具有较大的难度。因此，前期对项目做出仔细、科学、谨慎的可行性分析和评估是十分重要的。如果在系统的问题定义阶段，能及时地发现将来可能遇到的困难并作出相应的决定，就可以避免人力、财力、物力及时间上的浪费。因此，可行性分析实际上也是一种风险分析。

可行性分析的目的，是用最小的代价在尽可能短的时间内确定问题是否能够解决。为此，必须详细了解现实系统和用户的需求，研究若干种可供选择的解决方案，并对其进行可行性论证。

2. 可行性分析的内容。可行性分析应从以下几个方面进行：

（1）经济可行性。经济可行性是从成本有效性角度评价一个会计信息系统是否可行的最基本、最常用的一种方法。

(2) 操作可行性。操作可行性是指一个运行中的会计信息系统在一定的条件下（如现有的组织结构、管理模式、人员素质及技能等）能否正常运行，从而满足组织的各种业务需求。

(3) 技术可行性。技术可行性是指建立的会计信息系统所需要的技术当前是否成熟、稳定，会不会符合技术发展潮流。导致技术不可行的原因通常是不熟悉计算机的用户提出一些不合理的或不合实际的要求，认为计算机无所不能，而实际上计算机系统也有其自身的局限性。

(4) 人员可行性。新的会计信息系统的实施必然引起组织内部某些方面的变化，如新旧系统并行运行期间工作量增加、操作习惯的变化、岗位的调整和职责的重新划分等。而从人的本性来说，通常对变化有抵触心理，这样对会计信息系统的实施就会产生一系列不利的影响。因此，在进行可行性研究时必须考虑到人员方面的可行性，即评估人员的抵触情绪对会计信息系统的妨碍程度。

3. 可行性分析的步骤。

(1) 准备工作。

① 人力资源和组织的准备。人力资源和组织的准备是保证开展工作的基本条件。在初步确立了用户方和开发方参加系统调研和开发的技术人员后，为了保证开发工作的顺利开展，建议成立三个小组：其一为开发小组，由双方开发人员参加，是系统开发的工作小组；其二为环境保障组，由用户方的管理人员组成，负责开发小组与用户方的工作协调；其三为领导小组，由双方的领导参加，负责对开发组和环境组的领导工作，研究开发中遇到的重大问题及其解决方案。

② 技术准备。用户方应向开发小组提交一份初步的用户需求报告，内容主要包括对现有（手工的或 IT 环境下的）系统的评估和建立新系统的初步设想，作为工作小组开展工作的原始依据。

(2) 初步调查。调查是系统诞生的基础。开发小组的第一项工作，就是对原有的会计信息系统进行初步调查及对用户提出的需求报告进行识别和理解。

① 原系统的目标、功能、处理程序、处理方法、业务量、系统的优缺点、需要解决的问题和需求的迫切性等。

② 原系统的运行机制，包括组织结构、人员组成、与外单位的联系方式等。

③ 新系统的改造目标，包括对原有系统的改进和增加新的需求。

④ 为开发新系统能提供的各种条件：包括人力、物力、财力以及技术改造和管理体制的变革等。

(3) 进行可行性分析。在初步调研的基础上，明确了老系统存在的问题、改造目标和具备的各种条件，即可提出解决方案，并从技术上、经济上、环境上进行可行性分析和研究，最后将分析结果写成可行性研究报告，待评审。其中提出的解决方案，包括要建立什么样的会计信息系统，例如，是独立的会计信息系统还是组织管理信息系统的一个子系统；会计信息系统是仅有会计核算功能，还是尚需包括管理和决策功能等。

三、会计软件的选择

（一）选择商品化会计软件的方法和步骤

在分析整理好自身需求后，组织在市场上可以有针对性地选择所需要的商品化会计软件。这时可以采取以下方法和步骤：（1）收集市场信息，确认候选的供应商；（2）访问软件公司，了解其综合实力和产品信息；（3）访问软件公司的客户；（4）请有关咨询公司帮助选型；（5）模拟运行方式；（6）招标比价。

（二）软件评价标准

1. 软件的功能。软件功能应满足组织当前和今后发展的需要。多余的功能只会造成使用和维护的复杂性。软件可用部分的比率，取决于软件对用户的适用程度，而不是以进口或国产来区分。另外要考虑系统的开放性，预留各种接口。

2. 开发工具。任何商品化软件都不能完全适用于组织的需求，都或多或少有用户化和二次开发工作。

3. 软件文档。商品化软件必须配备齐全的文档，如用户手册，不同层次的培训教材（如会计软件设计开发的工具培训手册、数据库开发及维护培训手册、产品功能培训手册等），产品实施指南等。文档的全面详尽程度应达到用户能够自学使用。

4. 售后服务与支持。售后服务与支持非常重要，关系到项目的成败。售后服务工作包括各种培训、项目管理、实施指导、二次开发及用户化，可由专业的咨询公司或软件公司承担。由熟悉组织管理，有实施经验的专家组成顾问组做售后的支持与服务工作。在国外，服务与支持的费用和软件价格之比为1:1或更高，由此也可以看出售后服务与支持的重要性。

5. 软件商的信誉和稳定性。选择软件时要考虑供应商的实力和信誉。软件供应商应当有长期的经营战略，能够跟踪技术的发展和客户的要求，不断对软件进行版本的更新和维护工作。

6. 价格问题。价格方面要考虑软件的性能、功能、技术平台、质量、售后与支持等，另外也要做投资效益分析，包括资金利润率、投资回收期。

7. 组织原有资源的保护。这里所说的资源，不仅指硬件资源，还包括已有的数据资源。这样在选择软件时，就要考虑软件产品对硬件平台的要求是否过高，原有的 PC 机能否使用，原有的数据资源能否平滑地移植到新的系统中。

四、会计信息系统的实施

（一）会计信息系统实施的基本概念

广义上讲，会计信息系统的实施是指会计信息系统项目立项开始直到新系统最终上线运行为止的所有阶段性工作。包括系统分析（可行性分析和需求分析）、系统设计和实现（自行开发或购买商品化软件）、系统转换、系统运行和维护的全部过程。一般说来，会计信息系统的实施仅指软件的安装、培训、用户化和二次开发、初始化等阶段性工作。

(二) 会计信息系统实施和组织业务流程重组

1. 什么是组织业务流程重组。根据迈克尔·哈默（Michael Hammer）等人的定义，"业务流程重组（BPR）就是对组织的业务流程（Process）进行根本性（Fundamental）再思考和彻底性（Radical）再设计，从而获得在成本、质量、服务和速度等方面业绩的戏剧性的（Dramatic）改善"，使得组织能最大限度地适应以"顾客、竞争和变化"为特征的现代组织经营环境。在这个定义中，"根本性"、"彻底性"、"戏剧性"和"流程"是应关注的四个核心内容。

2. 为什么要实施业务流程重组。根据有关统计表明，在整个20世纪80年代，美国公司在信息技术应用上投资了10 000亿美元，其中8 000亿美元是由服务行业投入的。尽管有这样大的巨资投入，但是生产率在整个80年代实质上并没有发生大变化，这些投资并没有达到预期目标。经济学家称之为"生产率悖论"，而众多的公司则认为它们投入到信息技术应用方面的钱掉入了"黑洞"。

造成这种现象的原因很多，总结起来，一个主要原因就是组织在应用信息技术时，直接模拟手工业务处理方式，将很多在新技术条件下不合理、不必要或无效的工作和流程保留在新的信息系统中。

大量案例证明，会计信息系统的应用，如果仅仅在对组织传统管理方式进行简单的重复或修补的基础上进行低水平的实施，那么，在加速组织原有正面产出的同时，也会加速其负面的产出，组织的综合效益不会得到真正的提高。也就是说，只有在BPR思想的指导下，把会计信息系统的实施融入到组织持续变革的过程中，才能使组织在信息化建设上的巨大投资得到真正的回报，获得应有的成效。

3. 业务流程重组的主要思想与原则。

（1）从职能管理到面向业务流程管理的转变。传统的劳动分工理论将组织管理划分为一个个职能部门，各职能部门根据级别高低组成一个树形或金字塔式的结构，这即是"职能制"管理。职能制管理虽然有利于专业化劳动技能与管理技能的发展，也有利于组织的稳定，但这种组织结构注重的是"老板"而不是顾客，对同级部门间的工作进行控制并进行强有力的协调难度较大。顾客与组织的联系不是单点方式（Single Point of Contact），如传统模式下一个顾客要想查询发票信息，与之打交道的销售部门只知道有关销售方面的信息，所以客户可能还要与组织的信用审查部门、收款部门、开票部门等联系才能了解发票全面信息。此外，由于部门边界限制，很多工作只是为了满足组织内部管理结构的需要而完成，因而存在很多无效工作。

业务流程重组强调管理要面向业务流程，对业务流程的管理以产出（或服务）和顾客为中心，将决策点定位于业务流程执行的地方，在业务流程中建立控制程序。从而可以大大消除原有的各部门间的摩擦，降低管理费用和管理成本，减少无效劳动并提高对顾客的反应速度。

（2）注重整体流程最优的系统思想。在传统劳动分工的影响下，作业流程被分割成各种简单的任务，并根据任务组成各个职能管理部门，经理们将精力集中于本部门个别任务效率的提高上，而忽视了组织整体目标，即以最快的速度满足顾客的不断变化的需求。对组织进行业务流程重组实际上是系统思想在重组组织业务流程过程中的具体实施，它强调整体全局最优而不是单个环节或作业任务的最优。

（3）组织为流程而定，而不是流程为组织而定。业务流程重组以适应"顾客、竞争和变化"为原则重新设计组织业务处理流程，然后根据业务流程管理与协调的要求设立部门，通过在流程中建立控制程序来尽量压缩管理层次，建立扁平式管理组织，提高管理效率。

（4）充分发挥每个人在整个业务流程中的作用。在"科层制"管理下的组织每个员工，囿于每个部门的职能范围内，评价他们的标准是在一定边界范围内办事的准确度如何，任何冒险与创新行为都是不受欢迎的。因此，极大地抑制了个人能动性与创造性。

重组后的组织业务处理流程化要求在每个流程业务处理过程中最大限度地发挥每个人的工作潜能与责任心，流程与流程之间则强调人与人之间的合作精神。可以说在知识经济时代，个人已转变为"社会人"，个人的成功与自我实现，取决于这个人所处的流程及整个流程能否取得成功。

（5）客户与供应商是组织整体流程的一部分。在知识经济时代仅靠自己组织的资源不可能有效地参与市场竞争，还必须把经营过程中的有关各方——如供应商、制造工厂、分销网络、客户等——纳入一个紧密的供应链中，才能有效地安排组织的产、供、销活动，满足组织利用全社会一切市场资源快速高效地进行生产经营的需求，以期进一步提高效率和在市场上获得竞争优势。这就要求在进行业务流程重组时不仅要考虑组织内部的业务处理流程，还应对客户、组织自身与供应商组成的整个供应链中的全部业务流程进行重新设计。

（6）信息资源的一次性获取与共享使用。在传统的业务处理流程中，相同的信息往往在不同的部门都要进行存储、加工和管理，这其中存在着很多重复性劳动甚至无效劳动。很多部门甚至建立专门的部门，收集和处理其他部门产生的信息。随着信息技术的发展及其在组织的应用，以及员工素质的提高，信息处理完全可以由处在各不同业务处理流程中的人员自己完成。通过业务流程重组确定每个流程应该采集的信息，并通过信息系统的应用，实现信息在整个流程上的共享使用。

（三）会计信息系统的实施步骤

不同的软件供应商或咨询公司都有自身独特的实施方法论，但这些实施方法论在很多方面都遵循一个共同的原则，这就是把会计信息系统的实施看做一项工程。既然是一项工程，就需要在规定的时间、预算内合理安排拥有的资源，经过有效地控制和防范风险，最终完成既定的目标。所以会计信息系统的实施大体上分目标定义、需求分析、方案设计、实施、最终评价等阶段和过程。具体来讲，可以划分为以下八个步骤：制订实施计划、用户培训和教育、需求分析和确定、模拟运行、客户化、运行测试、实际运行和周期审查，简称实施八步法。为达到满意（Satisfactory）、快速（Speedy）、低风险（Safe）的实施效果（简称3S），实施八步法强调在各个实施步骤中建立规范、详尽的实施文档，从而更准确地反映用户需求、更高效地完成阶段任务、更稳健地达到实施目标。

1. 明确目标和制定实施计划。在实施之前,应该让与该项目有关的人都能自觉认识项目的意义,了解组织的目标,清楚自己的作用。因此,实施顾问与用户讨论并确定现实可行并且合理的目标,把原先是少数项目决策者的先知先觉,变为今后多数人的行为共识,是保证实施成功关键性的第一步。

本阶段项目文档为《实施计划书》,包括实施目标、双方工作范围、实施工作步骤及进度安排、实施经费预算、实施文档标准及格式、项目组人员组成及工作职责等内容。《实施计划书》是软件实施工作开始的标志性报告,由双方签字认可。

2. 对用户组进行教育和培训。用户方相关人员应参加由实施顾问组织的正规培训,培训内容应分为两个方面:一方面是管理思想与组织管理改造方面的内容,具体内容可以与用户讨论确定;另一方面是培训用户掌握软件的功能及其操作使用。这项培训需要实施顾问准备标准培训教材,专供培训用户使用。此外在培训软件各模块功能之前,还应将软件的整体结构及模块间的数据流程对用户进行培训。

本阶段项目文档有《培训计划书》,包括培训目标、培训内容、培训步骤及进度安排、培训教材、培训人员等内容;《培训教材》,包括各类《管理培训教材》、《基本培训教材》、《软件功能培训教材》、《软件技术培训教材》等。其中《基本培训教材》讲述有关基本概念和原理、软件实施方法论、实施成功案例、软件结构和软件管理思想等。《软件功能培训教材》主要以软件操作人员为对象,对软件各项功能完成的工作及功能操作进行培训。《软件技术培训教材》主要以软件维护人员为对象,对软件的安装、维护、用户化工具、系统管理、安全措施等进行培训。

3. 在需求分析基础上进行业务流程重组。对用户业务了解得愈清楚,愈有利于软件实施过程。调查和讨论用户需求旨在使实施顾问和用户自己能够理解和明确组织的全部业务流程、主要业务的处理方式、业务处理流程中存在的问题及其解决方案。

本阶段项目文档有《公司组织结构图》、《公司业务流程图》、《主要业务处理介绍》、《公司岗位责任》、《公司会计制度》、《公司会计科目表》、《公司业务单据及报表》、《用户需求分析报告》、《项目实施方案》、《客户化工作清单》和《报表定制清单》。

4. 进行试运行试验。系统实施进展到这一阶段,现实目标已经制定,实施顾问也已经了解了用户需求与业务处理流程,用户也对软件有了一定了解,因此,可以在"会议室"(一种可控的开发环境)内设计和建立对现实业务处理的模拟原型。"会议室"试运行使用标准的软件、用户定义的业务流程以及实际用户数据,在一个可控的环境中模拟用户正常的业务处理功能。

"会议室"试运行演示讲解用户业务处理流程的原型,并对后续阶段软件在实际工作环境中的实施过程进行模型化。这些工作都需要用户主管和组织决策层的密切注视、认可与支持。此外,"会议室"试运行过程还要讲解软件功能如何适合与满足用户需求。

"会议室"试运行阶段积累的经验与操作技巧,以及用户项目组进行的"会议室"试运行情况可以预示后续工作开展的难度和应该怎样开展。必要时应提前采取相关措施以保证项目的顺利执行。

本阶段项目文档有《试运行模拟数据》和《试运行测试记录表》。

5. 制定技术解决方案。上一步的结果是制定整体解决方案的基础,以满足用户对软件功能和输出报表等方面的需求,具体工作内容包括:对程序与功能的修改;对用户界面的调整;对新功能的开发;调整时间计划;完成技术性文档;更新用户对各项业务处理的文档。

本阶段项目文档有《客户化功能使用说明》和《用户化功能技术说明》。

6. 调试环境、培训和测试。本步就是建立一个完整的用户实际运行系统,包括客户化菜单、用户报表和用户文档。根据新的业务流程和操作规程对最终用户进行功能实际操作培训。最后还要进行相关测试以确保所有细节都已为系统投入实际运行做好了准备。

本阶段项目文档有《公司新业务流程图》、《系统设置清单》、《系统编码清单》和《试运行测试记录表》。

7. 系统投入实际运行。本步要求达到用户首次在真实的生产环境中接受和使用软件系统,还包括以用户要求的格式和存储介质递交文档。

本阶段项目文档有《系统运行应急处理措施》和《系统运行评价报告》。

8. 周期性系统运行审查。由于实施阶段存在的时间压力和项目组急于完成项目,最好的解决方案往往难以实施,一些业务需求根本就没有提出,或者随着组织发展、管理和业务流程的变化,需要对会计信息系统运行进行审查,审查内容包括:

(1) 年度审查。在实施完成后的 6~12 个月内进行。审查工作要帮助用户充分用好已在运行的软件并了解该软件在功能与技术上的最新发展;帮助用户了解如何应用系统功能以适应变化的业务需求,同时指出当前系统应用中的不足之处;还要帮助用户掌握怎样更新以前的文档。

(2) 技术审查。由软件开发商的技术专家执行审查,审查内容包括操作规程(如夜间运行、数据备份与恢复、升级管理与安全管理)、系统运行指标、数据维护、技术维护人员的知识更新和改进版本的技术特性等。

(3) 应用审查。由软件应用专家执行审查,审查内容包括与关键用户的交流,了解系统运行情况,确定系统运行或业务处理过程的不足之处,审阅报表需求以及确定怎样提高业务处理能力。

本阶段项目文档为《系统运行审查报告》。

第四节 会计信息系统运行和维护及系统评价

一、会计信息系统运行和维护

通过一段时间的试运行后,就可以进入新系统的正式运行阶段,在试运行和正式运行过程中,系统维护人员要对系统进行不断地修改、补充和日常保养,使系统运行稳定并不断完善,这就是系统维护工作。系统运行和维护阶段是系统开发生命周期的最后一个阶段。系统能否运行并充分发挥作用在很大程度上取决于系统维护工作的好坏,因此必须从思想上重视系统维护工作。近几年,商品化会计信息系统产品之所以能够较快地发展,一个很重要的因素就在于商品化会计信息系统产品与以前采用其他各种方式开发的系统相比系统维护更有保障。

(一) 运行和维护应该注意的事项

在最初的系统试运行阶段和新旧系统转换时，系统维护通常由用户与开发者共同完成。在系统运行正常后，系统移交给用户方，此时应逐步由用户方独立承担系统的维护工作。系统移交包括系统产品、技术和文档资料的全面移交。为了保证系统全面移交后能够顺利运行，用户方要参与系统移交的管理工作，选派人员进行应用系统的接管，并重点关注以下事项：

1. 新系统正常运行后，必须要了解其运行情况，及时解决运行中发现的问题，并完成应用系统日常的维护工作。

2. 了解新的业务需求，设计或完善原有系统，以满足业务的变化。

3. 制定一套系统日常维护制度，规范系统日常维护工作。

4. 使系统维护人员全面了解系统的设计思想、数据结构和体系结构，力求新业务需求的实现与原设计的思想统一。

5. 定期收集系统的运行报告，及时了解和掌握业务政策和操作办法的变化，了解系统对业务的满足程度，据此得出系统改进与完善的目标与计划，并负责组织实施。

(二) 系统维护的内容

系统维护的内容主要包括：(1) 对系统开发和测试过程中没有发现的问题进行修改和补充；(2) 对由于单位的内外部政策、制度变化引起的变动进行修改；(3) 对系统的功能进行扩充或随着计算机技术的发展对系统运行环境进行升级；(4) 对系统及运行环境进行日常维护；(5) 对系统及系统中的数据由于意外事故造成的损坏进行恢复。

(三) 系统维护的类型

信息系统维护分为四种类型：

1. 修正性维护。程序在测试阶段要尽可能地发现存在的问题，但是，并不能保证所有的问题都已经被发现和解决。有些问题在运行使用过程中，会逐渐暴露出来。发现程序错误，进行诊断和改正错误，这就是修正性维护。

2. 适应性维护。适应性维护是指用户系统为了适应系统的运行环境变化而进行的维护工作。

3. 完善性维护。用户在系统运行过程中提出要增加新的功能或修改已有的功能，以及其他的一些改进意见，为了扩充会计信息系统的功能，提高原有性能而进行的修改，是完善性维护。

4. 预防性维护。用户系统运行没有出现问题，但是为了给未来的改进奠定更好的基础而进行的系统维护工作，被称为预防性维护。

二、会计信息系统的系统评价

系统评价工作的目的是通过对新系统运行过程和绩效的审查,来检查新系统是否达到了预期目的,是否充分地利用了系统内各种资源(包括计算机硬件资源、软件资源和数据资源),系统的管理工作是否完善,以及指出系统改进和扩展的方向是什么等。

系统评价主要的依据是系统日常运行记录和现场实际监测数据。评价的结果可以作为系统维护、更新以及进一步开发的依据。通常,新系统的第一次评价与系统的验收同时进行,以后每隔半年或一年进行一次。参加首次评价工作的人员有系统研制人员、系统管理人员、用户、用户领导和系统外专家,以后各次的评价工作主要是系统管理人员和用户参加。

(一)系统评价的主要指标

信息系统评价是一项难度较大的工作,它属于多目标评价问题,目前大部分的系统评价处于非结构化的阶段,只能就部分评价内容列出可度量的指标,不少内容还只能用定性方法做出描述性的评价。其指标体系一般有:

1. 经济指标。包括系统费用、系统收益、投资回收期和系统运行维护预算等。
2. 性能指标。包括系统的平均无故障时间、联机作业响应时间、作业处理速度、系统利用率、对输入数据的检查和纠错功能、输出信息的正确性和精确度、操作方便性、安全保密性、可靠性、可扩充性、可移植性等。
3. 应用指标。包括组织领导、管理人员和业务人员对系统的满意程度;管理业务覆盖面;对生产过程的管理深度;提高组织管理水平;对组织领导的决策参考等。

(二)系统评价方法

应用较多的系统评价方法主要包括:

1. 结果观察法。完全通过观察对系统的效果进行评价。
2. 模拟法。采用人工或计算机做定性的模拟计算,估计实际的效果。
3. 对比法。与基本相同的系统进行对比,得出大概的结果。
4. 专家打分法。同行专家评审打分,再加权平均。

(三)系统评价报告

系统评价完后,根据评价结果写出系统评价报告。评价报告一般包括系统运行的一般情况、系统的使用效果、系统的性能、系统的经济效益、系统存在的问题及改进意见五个方面的内容。在上述五方面的评价内容中,通常系统的技术性能评价和经济效益评价是整个系统评价的主要内容。

1. 系统运行的一般情况。从系统目标及用户接口方面考察系统,包括:(1)系统功能是否达到设计要求;(2)用户付出的资源(人力、物力、时间)是否控制在预定界限内,即资源的利用率;(3)用户对系统工作情况的满意程度(响应时间、操作方便性、灵活性等)。

2. 系统的使用效果。从系统提供的信息服务的有效性方面考察系统，包括：（1）用户对所提供的信息的满意程度（哪些有用，哪些无用，引用率）；（2）提供信息的及时性；（3）提供信息的准确性、完整性。

3. 系统的性能。系统的性能包括：（1）计算机资源的利用情况（主机运行时间的有效部分的比例，数据传输与处理速度的匹配，外存是否够用，各类外设的利用率）；（2）系统可靠性（平均无故障时间、抵御误操作的能力、故障恢复时间）；（3）系统可扩充性。

4. 系统的经济效益。系统的经济效益包括：（1）系统费用，包括系统的开发费用和各种运行维护费用；（2）系统收益，包括有形效益和无形效益，如库存资金的减少，成本下降，生产率的提高，劳动费用的减少，管理费用的减少，对正确决策影响的估计等；（3）投资效益分析。

5. 系统存在的问题及改进意见。通过了解和分析系统存在的问题，一方面可以提出改进意见，保证系统的顺利运行；另一方面还可以为以后同类系统的开发和应用提供借鉴。

【本章小结】

本章通过对数据、信息、系统、信息系统等基本概念的阐述，着重讲解了会计电算化、会计信息化、会计信息系统的概念和会计信息系统的四种结构，并分析了建立会计信息系统的目标、方法和步骤，最后分析了会计信息系统运行和维护的内容、类型及评价方法和报告。

复习思考题

1. 数据和信息有什么区别？
2. 什么是会计信息系统？
3. 会计信息系统的体系结构有哪几种？
4. 怎样建立会计信息系统？
5. 如何评价会计信息系统？

第二章
会计软件概述

【**本章学习目的**】 了解会计软件的特征与分类；理解会计核算软件、企业 ERP 软件和在线会计服务模式的定义和特点；掌握单位配置会计软件的基本方法和应注意的问题。

【**案例导引**】

某企业集团实施 ERP 系统

某企业集团为一家日用消费品的生产企业。集团拥有三个生产基地专门负责生产；一个销售总部负责所有产品的销售和管理覆盖全国的营销网络；一个财务总部负责整个集团的财务与会计工作。集团一直致力于信息化的建设，很早就成立了集团信息中心，自行开发了生产管理、电子采购管理、销售管理以及人事管理信息系统，会计信息系统应用了用友公司的会计软件，并不断对软件进行升级，以达到功能的不断完善。虽然企业在生产、销售和财务等部门都使用计算机系统进行信息管理，但是这些信息系统各自独立，形成了"信息孤岛"，不能为企业的决策提供更有效的信息支持。因此集团决定建立现代化的信息管理平台，通过业务流程优化和信息化，进一步改善集团的信息管理，挖掘信息资源的效益，来应对自身发展和市场竞争的需要。

2002 年该集团开始为实施 ERP 系统进行广泛的市场调研，并在 2004 年 6 月开始上线预运行。该集团选择全球最大的企业管理软件供应商 SAP 公司的 R/3 软件作为企业 ERP 系统的运行平台。集团采用分阶段上线的实施策略。在系统投入运行之初，集团根据需要，仅选择 R/3 软件中的销售/分销模块、物料管理模块和财务会计模块上线，将销售、产成品库存和财务会计进行集成管理。原有的生产管理系统（MRP）和网上电子采购平台继续使用，以前的财务数据保留在旧系统之中。MRP、网上电子采购平台和原有的会计信息系统并没有通过外部接口和 ERP 整合在一起，需要的数据通过相应的授权人员人工输入或导入。在 ERP 系统试运行阶段，集团财务系统采用双系统运行的方式，在 ERP 系统通过测试正式运行后，原有的会计信息系统停止使用。

第一节 会计软件简介

会计软件是指专门用于完成会计工作的计算机应用软件。其作用有助于会计核算的规范化,有助于带动财务管理乃至企业管理的规范化,从而提升企业的管理水平,提高企业的效益。另外,会计软件可以提高会计核算的工作效率,降低会计人员在账务处理方面的工作强度,改变"重核算轻管理"的局面,减少工作差错,便于账务查询等。

一、会计软件的特征

1. 合法性。合法性即会计软件系统必须符合并满足有关法规、制度的要求,不给用户留下可作弊的缺口。

2. 安全保密性。安全保密性即要求每个财会人员应该设置密码,并且为每个人设置一定的权限,不属于权限范围的工作不得介入等。

3. 可靠性。可靠性是指系统在运行过程中,抵抗外界干扰(包括人为的干扰和机器的故障)和保证正常工作的能力。系统的可靠性通常包括:软件硬件运行的连续性和正确性,检错、纠错能力,在错误的干扰下不会发生崩溃性瘫痪以及重新恢复的能力,数据的安全与保密等。

4. 可维护性。可维护性又称可变性,指系统被修改、完善、扩充和移植的难易程度。像会计软件这样的管理型软件投入使用后,由于环境的改变及软件自身的原因(如核算方法改变),需要不断地修改、扩充或移植,维护的工作量很大。随着计算机应用领域的扩大,项目功能日趋复杂,软件使用费用及软件维护费用在开发费用中的比例不断上升。系统的可维护性取决于系统的结构,采用模块化、结构化设计的系统易于维护,可减少维护时间和维护费用,并可保证维护后系统的质量;结构不合理的软件可维护性就差,往往会越改越乱,甚至最后不可收拾,只能推倒重新设计。

5. 工作质量较高。工作质量是指系统所能提供的各种信息是否准确、丰富,人机界面是否清晰、直观、形象,操作是否方便,以及各种形式的表格和图形是否符合用户要求等。

6. 运行效率较高。运行效率指系统的处理能力、运行速度和响应时间等与时间有关的指标。系统工作质量和运行效率与硬件及其组织结构、人机衔接的合理性和软件设计的质量等因素有关。

7. 经济性。经济性是指系统的收益大于系统支出的比例。系统的收益除有可定量的指标外,还包括一些非定量或不可定量的指标;系统的支出一般包括系统开发所需的投资以及系统运行、维护的费用之和。

8. 通用性。通用性是指能够直接用于或者通过简单修改后用于各行业各单位。会计软件一般专门由从事软件开发的公司编写,作为商品出售给使用单位,又称商品化会计软件。

二、会计软件的分类

根据会计电算化系统提供的信息及其在会计过程所起的作用，会计软件可分为：完成事先辅助决策的决策支持型会计软件；完成事中控制的管理型会计软件；完成事后核算的核算型会计软件。即核算型会计软件、管理型会计软件和决策支持型会计软件三种。在这三大部分中，核算型会计软件是管理型会计软件和决策支持型会计软件的基础。

（一）核算型会计软件

核算型会计软件的会计目标与手工会计的会计目标没什么差异，因为它主要作为手工账务的替代工具，而它的使用对象是会计人员，它主要运用了财务会计的核算方法、原理及计算机知识，而它的功能主要是完成事后核算。

（二）管理型会计软件

管理型会计软件的会计目标是提高企业的经济效益，对企业生产经营过程中人、财、物和供、产、销以及其他经营进行全面管理。它的使用对象不仅包含了会计人员，而且还包含企业管理者乃至企业的最高层领导，从某种角度上说，它更主要的是面向企业的高层领导。管理型会计软件不仅使用了财务会计的核算方法和原理，而且运用了管理会计的方法和原理，以及决策科学的思想、技术和方法原理，将业务处理中的核算型会计软件上升至管理信息系统中的管理型会计软件。管理型会计软件有如下功能：分析功能、控制功能和预算功能。分析功能包括对各种财务报表和预算报表的比较、结构、比率、绝对趋势、定基、环比等多项分析。预算功能包括提供从一般科目到投资、筹资、资本支出、销售收入、成本乃至现金流量的全面预算。控制功能包括通过保本点、固定成本、变动成本、预计流动比率、预计投资报酬率等计算控制，通过预算报表与实际中执行的反馈结果进行控制。总之，管理型会计软件的功能就是事中管理与控制。

（三）决策支持型会计软件

决策支持型会计软件的会计目标是提供会计上的非结构化决策问题的支持环境，且对企业的财务决策全过程提供支持。

非结构化是指规律完全没有被人们掌握的问题，如某些突发事件。与此相反，规律完全被人们所掌握的问题是结构化问题，而有部分规律被人们掌握的问题则是半结构化问题。结构化问题与非结构化问题是划分管理型会计软件与决策支持型会计软件的标志。管理型会计软件解决结构化决策问题，决策支持型会计软件解决半结构化和非结构化问题。

决策支持型会计软件对会计决策过程提供全过程的支持是指它不仅支持做决定的活动，而且还支持做决定前的情报活动，做决定前的思考活动（设计方案、选择方案），当然还支持做决定后的决策实施活动，因此，它支持决策的全过程。支持是指它提供一种有丰富数据基础的形象化决策支持人机对话环境，从而让决策者在这个环境中充分发挥自己的创造性思维。由于这类决策规律没完全被人们所掌握，因此，它不能由计算机完成，只能由人去完成，但计算机能提供支持。决策支持型会计软件的使用对象是企业的总会计师、总经济师与企业总裁，直接为他们进行财务方面的战略型决策提供支持。决策支持型会计软件既运用了会计理论和方法，又运用了数量经济学、模糊数学、控制论和模型技术。决策支持型会计软件的主要功能包括以下几点：为财务决策提供数据支持；提供模型支持；提供方法支持；提供知识支持。提供数据支持是指软件可以提供反映资金、销售、成本和利润状况的数据，也可以提供反映内部管理和外部金融商品市场的数据。提供模型支持是指软件提供了预测模型、筹资决策模型、投资决策模型、销售利润决策模型、成本决策模型、最优库存决策模型等，这些模型可以产生供决策者选择的决策方案。提供方法支持是指软件提供量本利分析法、决策树法、全部成本分析法、变动成本分析法、运筹学方法、仿真模拟法、蒙特卡洛法以及其他经济数学方法，为决策者提供方法上的支持。提供知识支持是指软件能提供有关财务会计方面的概念原理，而且还具备推理机制，能对决策提供知识上的支持。总之，决策支持型会计软件对从事前开始的整个决策过程提供支持。

另外，根据不同的分类依据，会计软件还可以进行如下分类：会计软件按其适用性划分为通用会计软件和专用会计软件；按行业划分为工业企业会计软件、商业企业会计软件、行政事业单位会计软件等；按资金来源划分为国有企业会计软件、股份制企业会计软件和三资企业会计软件；按需要计算机环境划分为单用户、多用户和网络级会计软件；按是否在市场上销售划分为商品化会计软件和非商品化会计软件。

三、会计软件的选择

（一）会计软件的获取方式

建立电算化会计信息系统，必然涉及会计软件的选择，如何取得系统所需的会计软件呢？主要有以下几种方式：

1. 开发。开发软件可以获得最适用于企业的会计软件，获得可操作性、可维护性最好的软件，但是开发成本和系统的先进性、稳定性会受到一定的影响。开发方式有：自行开发、委托开发和联合开发三种形式。

2. 购买商品化软件。购买商品化会计软件是直接到市场上购买财务软件公司开发的商品化产品，这种方式可以以最低的成本获得具有先进技术的会计软件，取得性价比最高。

3. 二次开发。二次开发是第一种方式与第二种方式的结合，是指购买一部分的商品化软件，在购买商品化软件的基础上进行二次开发，使之适应企业的特殊要求，提高系统的可操作性和可维护性。

4. 使用主管部门推广的会计软件。大型集团公司或者区域性行业单位，为了满足管理的需要，一般由主管部门统一组织开发会计软件供下属公司使用。

5. 在线会计服务模式。在线会计服务是指以互联网等信息技术为平台，为广大用户提供记账、结账、报税、审计等服务。可以这么说，在线会计服务是在传统财务软件模式上的创新和突破。这种模式对于企业来说，最大的优势就是降低成本，免除了购买、安装、升级等一系列步骤，只要租用就行。

(二) 选择商品化会计软件时应注意的问题

1. 了解软件功能是否满足本企业业务处理的要求。明确企业业务处理的要求并了解软件功能能否满足这些要求，是企业选择适合会计软件最重要的一个方面。了解软件是否具有期望的功能，还要了解软件功能的实现是否准确。

从功能上选择软件，用户应先明确本企业所属行业，不同的软件可能适用于不同的行业，此外，目前市场上销售的软件，大的方面功能都有，只是在功能细节方面各不相同。其次，企业功能的需求主要体现在功能细节上方面，这就要求企业在选购软件时，应了解软件功能在细节上能否满足自己企业的特殊要求或侧重点，特别是某些软件从表面上看有某些功能，但实际上根本不是企业真正所需要的功能，也就是说软件在功能实现的准确性方面不一定能全部到位。最后还要了解软件功能的完整性，企业可能分阶段完成会计电算化系统的建立，比如说，先上账务与报表，再上工资、固定资产、采购、库存与销售系统，最后上生产管理和成本管理系统，在这种情况下，企业购买某一软件时，应考虑该软件是否具有这些功能，软件从功能上能否满足分阶段实施计划。

2. 考查软件系统设置的灵活性、开放性与可扩展性。会计软件系统的建立实际上是在现代管理理论的指导下，用现代技术加强、改造、完善或建立全新的信息管理系统。因此，在应用软件系统运行后还必须考虑由于信息技术的飞速发展所引起的商业活动方式的变化对企业经营管理方式提出的要求，包括机构与业务流程的重组，以及随着经营活动范围的扩大和方式的多样化，产生的许多新的市场机会。企业抓住这些机会的必要条件之一就是要进一步调整、增强和完善信息管理系统的功能。这就是要求软件系统的设置要具有一定的灵活性，以便调整软件操作规程和适应新的处理流程的变化。同时，软件在与其他信息系统进行数据交换以及进行二次开发方面的功能对于适应企业不断变化中的管理工作是非常重要的。

3. 根据企业业务量和规模选择会计软件的网络结构体系。企业当月凭证量以及各种业务票据的多少对于选择特定结构体系的网络会计软件是非常重要的。如果企业规模比较大，业务量和凭证量也比较大，则考虑选择大型数据库开发的会计软件和客户/服务器（C/S）结构体系的网络版软件。文件/服务器（F/S）结构体系的会计软件和使用小型数据库的会计软件，一般只适用于业务量和规模不大的中小型企业。对于集团企业则还要考虑会计软件能否提供远程数据传送与查询功能。通常情况下，采用大型数据库开发并具有C/S结构体系的会计软件价格明显高于用小型数据库开发的F/S结构体系的会计软件。为此，大型企业在选择会计软件时要确实考虑自身需求，在投资购买会计软件时，应慎重选择软件。

4. 考虑会计软件的运行稳定性和易用性。软件运行的稳定性是软件质量和技术水平的体现，如果软件运行时经常死机或非法中断，势必会影响会计电算化系统的运行效果和数据的安全性。一般而言，软件开发至少需要一年以上的时间才能形成产品化，而在软件推向市场时，还需要半年的磨合，经过众多用户的实际运行考验才能趋向稳定，再需要半年至一年时间才能趋向成熟。用户可以从选择开发与投放市场的时间长短初步判断软件的稳定性。再通过一些实际操作或试运行进一步确定其稳定性程度。

软件的易学易用性对人员培训的工作量以及软件系统的应用效果也是有影响的。这也是企业在选购软件时应该考虑的。

5. 了解会计软件对计算机性能的要求及其运行效率。企业应尽可能选购与网络硬件平台无关的应用软件。即除非是专业应用，尽量不选用专用系统。专用系统在某一方面或某一时期可能是有特色的，一旦采用后，就势必牺牲了系统的通用性，使应用软件系统的二次开发和运行局限在某一特定的范围内，很难与其他应用系统进行数据交换等。另外，在长期的系统运行与二次开发过程中，应用软件系统的更新换代以及厂家的前途等问题都有可能影响会计电算化系统的建设。

此外，会计软件系统的运行对计算机硬件性能都有一定的要求，有些软件对计算机性能要求比较高，如果用户的计算机性能不高，也不准备更新设备，则购买的软件可能在自己的计算机上不能运行。因此，企业在购买软件时一定要考虑本企业计算机的硬件性能以及可以在该硬件上运行的会计软件。

软件在投入正常运行后，用户便开始关注软件的运行效率或运行速度。为此，在选择软件时要了解其他用户在使用该软件时，数据量大小对运行速度的影响。

6. 从软件运行环境上进行选择。用户考察该会计软件的系统软件要求（操作系统、数据库、网络协议等）是否容易满足，是否有特殊要求、是否易于维护等。

7. 从开发商的发展前景和售后服务体系上选择。软件开发商的技术实力和发展前景也是企业选择会计软件时应考虑的一个重要方面。如果软件开发商的技术实力有限或者根本没有稳定的技术开发队伍，则今后软件功能的改进和版本的升级都将会存在问题或没有保证。企业如果选择由这样的开发商开发出的软件，则只能是一种短期行为。为此企业在选小公司开发的财务软件时要特别小心，虽然小公司开发出的软件由于用户量少而在技术支持和服务上更让用户满意，但小公司一旦倒闭，则用户购买的软件，将得不到长期后续技术支持。

此外，某一软件的售后服务体系是否健全，服务水平高低以及服务态度好坏，对于选用的软件能否顺利投入实际应用，今后软件运行过程中出现的问题能否及时解决是至关重要的。如果售后服务和技术支持得不到保证，软件在投入实际应用后迟早都会步入终止使用阶段。特别需要注意的是，选用的软件在企业所在城市或地区已设立了售后服务机构，对于该软件的长期运行是一个重要保障。也就是说，如果购买的软件虽为名牌产品，但在本地区没有售后服务机构，则软件运行出现问题时将很难即时得到解决。

8. 了解软件是否符合国家有关标准。根据财政部颁发的《会计电算化管理办法》规定：基层单位使用计算机替代手工记账的条件之一就是"使用的会计软件必须符合财政部制定的《会计核算软件基本功能规范》的要求"，评价会计软件是否符合《会计核算软件基本功能规范》的要求，主要看会计软件是否通过财政部门评审。

9. 应注意商品化会计软件是否对外提供接口，接口是否符合要求。这是因为：（1）商品化会计软件是通用软件，单位有时需根据本单位的特点增加一些特殊功能。（2）单位有可能只有某些应用业务中使用商品化软件，而其他应用业务则需自行开发软件，两者需要有机结合起来。（3）单位的会计电算化工作是不断发展的，当开展新的电算化项目时，它们需要与已购置的商品化软件连接起来。（4）单位有可能因某些应用项目购买某一厂家的软件，而另一些应用项目购买其他厂家的软件，两者需要连成一个系统。

除此以外，选择商品化会计软件，还应该考虑其他许多因素，如使用单位的人员的素质和知识结构能否适应该软件，使用单位的现有流程是否适应该软件，是否需要该单位的业务流程进行重组（BPR），当前市场行情，系统中文处理、性价比等。

四、会计软件的发展趋势分析

1. 物流、资金流、信息流的统一。物流循环、资金流循环和信息流循环是现代企业内部的三大循环，是企业进行日常管理的全部。会计软件的发展必然要向这三大循环的协同管理方向拓展。

2. 网络财务。网络财务是指基于网络技术，能够在 Internet/Intranet 环境下整合使用，不仅具备传统财务软件的基本功能，而且还能够支持远程联网处理（远程报表，远程报账，远程查询/远程审计），支持电子商务和网上理财服务的财务管理软件系统。企业主管和财务主管能够基于网络财务软件提供的动态会计信息，及时做出反应，并部署经营活动和做出财务安排，从而使企业进行精益生产和对市场变化做出敏捷反应成为可能，增强企业竞争力。软件运营（SaaS）模式也将成为中小企业会计软件选择的新宠。

3. 良好的开放性。强调与企业管理信息系统的数据交换能力，甚至是跨行业的数据交换与共享，必须采用开放式数据接口，便于与其他系统的数据交换。

4. 良好的安全性。会计软件要确保安全性，除了要确保自身应用程序的安全性之外，还要有其应用平台——网络操作系统的安全性，以及系统构架硬件平台的安全性。

第二节 会计核算软件概述

会计核算软件是指专门用于会计核算工作的电子计算机应用软件，包括采用各种计算机语言编制的用于会计核算工作的计算机程序。会计核算软件由一系列指挥计算机执行会计工作的程序代码和有关的文档技术资料组成。

一、会计核算软件的基本功能

会计核算系统是以账务处理功能为核心，包括多种功能的有机组合体。大部分的会计核算软件将会计核算系统按功能划分为若干个相对独立的子系统，子系统每一部分的功能简单明了并相对独立，各子系统的会计信息相互传递与交流。形成完整的会计核算系统。

（一）系统初始化

会计核算软件具备初始化功能，用来完成将通用会计核算软件转化为适合单位实际情况的专用会计软件。主要包括以下内容：

（1）设置操作人员岗位分工情况，包括：操作员姓名、权限和密码等。

（2）设置会计科目、期初数字及有关资料，包括：科目名称、科目代码、年初数、累计发生额及有关数量指标等。

(3) 设置凭证种类。
(4) 定义自动转账凭证。
(5) 选择会计核算方法，包括：记账方法、折旧方法、存货计价方法和成本核算方法等。
(6) 输入需要在本期进行对账的未达账项。
(7) 通用会计核算软件应当提供会计报表的自定义功能，包括：定义格式、公式、项目、各项目的数据来源、表内和表间的数据运算和核对关系等。

初始化功能运行结束后，会计核算软件提供必要的方法对初始数据进行正确性校验。

（二）会计数据的输入

会计核算软件的会计数据输入可采用键盘输入、软盘输入、网络传输等几种形式。

会计核算软件提供输入记账凭证的功能，输入项目包括：凭证日期、凭证编号、摘要、会计科目名称或编码、金额等。凭证的格式和种类应符合国家统一会计制度的规定。凭证编号由核算软件自动产生连续的编号。

会计核算软件应提供对已经输入但未登记会计账簿的机内记账凭证（不包括会计核算软件自动产生的机内记账凭证）进行修改的功能。

会计核算软件提供对已经输入但未登记账簿的记账凭证进行审核的功能，审核通过后即不能再提供对机内凭证的修改。发现已经审核通过或者登账的记账凭证有误的，可以采用红字冲账或补充登记进行更正。

（三）会计数据的处理

会计核算软件提供根据审核通过的机内记账凭证及所附原始凭证登记账簿的功能。在计算机中，账簿文件或数据库可以设置一个或者多个。

会计核算软件提供自动进行银行对账的功能，根据机内银行存款日记账与输入的银行对账单及适当的手工辅助，自动生成银行存款余额调节表。

会计核算软件提供机内会计数据按照规定的会计期间进行结账的功能。结账前，会计核算软件应当自动检查本期输入的会计凭证是否全部登记入账，全部登记入账后才能结账。机内总分类账和明细分类账可以同时结账，也可以由处理明细分类账的功能模块先结账、处理总分类账的功能模块后结账。机内总分类账结账时，与机内明细分类账进行核对，如果不一致，总分类账不能结账。结账后，上一会计期间的会计凭证即不能再输入，下一个会计期间的会计凭证才能输入。

会计核算软件可以提供在本会计年度结束，但仍有一部分转账凭证需要延续至下一会计年度第一个月或者第一个季度进行处理而没有结账时，输入下一个会计年度第一个月或者第一个季度会计凭证的功能。

（四）会计数据的输出

1. 会计核算软件提供数据查询功能。
（1）查询会计科目的名称、编码、年初余额、期初余额、累计发生额、本期发生额和余额等项目。

（2）查询本期已经输入并登账和未登账的机内记账凭证和原始凭证。

（3）查询机内本期和以前各期的总账和明细账。

（4）查询往来账的结算情况。

（5）查询到期票据的结算情况。

（6）查询出来的机内数据如果已经结账，屏幕显示应给予提示。

2. 会计核算软件提供打印输出功能。会计核算软件提供机内记账凭证打印输出的功能，打印格式和内容应当符合国家统一会计制度的规定。会计核算软件提供会计账簿和会计报表的打印输出功能，打印输出的会计账簿、会计报表的格式和内容符合国家统一会计制度的规定。

（1）会计核算软件提供日记账的打印输出功能。

（2）会计核算软件提供三栏账、多栏账、数量金额账等各种会计账簿的打印输出功能。

（3）在机内总账和明细账的直接登账依据完全相同的情况下，总账可以用总分类账户本期发生额对照表替代。

（4）在保证会计账簿清晰的条件下，计算机打印输出的会计账簿中的表格线可以适当减少。

（5）会计核算软件可以提供机内会计账簿的满页打印输出。

（6）打印输出的机内的会计账簿与会计报表，如果是根据已结账数据生成的，则在打印输出的会计账簿、会计报表上打印一个特殊标记以示区别。

对根据机内会计凭证和据以登记的相应账簿生成的各种会计报表数据，会计核算软件不能提供直接修改功能。

会计年度终了进行结账时，会计核算软件提供在数据磁带、可装卸磁盘或者软盘等存储介质的强制备份功能。

（五）会计数据的安全

会计核算软件具有按照初始功能中的设定，防止非指定人员擅自使用的功能和对指定人员实行使用权限控制的功能。

会计核算软件遇以下情况时，应予提示，并保持正常运行。一是会计核算软件在执行备份功能时，存储介质无存储空间、外存储介质未插入；二是会计核算软件执行打印时，打印机未连接或未打开电源开关；三是会计核算软件操作过程中，输入了与软件当前要求输入项目不相关的数字与字符。

对存储在磁性介质或者其他介质上的程序文件和相应的数据文件，会计核算软件有必要的加密或者其他保护措施，以防止被非法篡改。一旦发现程序文件和相应的数据文件被非法篡改，应当能够利用标准程序和备份数据，恢复会计核算软件的运行。

会计核算软件具有在计算机发生故障或者强行关机及其他原因引起内存和外存会计数据被破坏的情况下，利用现有数据恢复到最近状态的功能。

二、会计核算软件功能模块划分

1. 账务处理功能模块。账务处理模块是会计核算系统的一个主要模块，其主要任务是输入和处理各种记账凭证和原始凭证，并打印输出；登记及输出各种日记账簿，登记及输出各种明细账，登记及输出各总分类账；查询各种凭证及账簿等；银行对账业务处理等。

2. 应收/应付款核算功能模块。应收/应付款核算功能模块主要根据应收应付业务的有关凭证，完成应收账款、应付账款等往来业务的登记、核销等工作；动态反映各往来客户的信息；进行账龄分析和坏账估计；生成应收、应付账款明细表、账龄分析表等；自动编制有关凭证并传递到账务处理模块。

3. 固定资产核算功能模块。固定资产核算功能模块主要用来反映单位固定资产的收入、调出、保管、使用以及清理等情况，定期进行核查，以保证其安全、完整；正确计算固定资产折旧；分析固定资产的利用效果，提高固定资产的作用效率等。

4. 存货核算功能模块。存货核算与企业的生产计划、物资管理密切相关，因此，此模块是一个较为复杂的子系统。它主要是对存货的收、发、存业务进行会计核算。该模块主要包括：初始存货收发类型及常用会计科目；初始材料存货计划成本和成本差异以及产成品实际成本；初始存货跌价准备余额；录入材料出入库单据，分配发出材料计划成本和成本差异；录入产成品存货出入库单据；期末计提存货跌价准备等内容。

5. 销售核算功能模块。销售核算功能模块是根据有关销售凭证及销售费用等数据，完成产品销售收入、销售费用、销售税金和销售利润的核算；合同的辅助管理；生成产成品收发结存汇总等表格；生成产品销售收入、销售成本明细账；可灵活地查询、统计和打印各种销售报表。

6. 工资核算功能模块。工资核算功能模块主要用来计算职工应发工资和实发工资，并根据工资用途进行分配。它以职工个人的工资原始数据为基础，计算应发工资、各项扣除款项和实发工资等；按机构层次和统计口径进行各项汇总；打印单位工资总表、部门工资表和个人工资条等；提供多种多样的查询和打印，并实现各种转账处理等。

7. 成本核算功能模块。成本核算功能模块的基本任务是将由账务处理归集的费用在各种产品之间、完工产品和在产品之间进行分配，及时计算产品的总成本和单位成本，计算和结转成本差异、对产品销售税金进行计提等，并自动编制机制转账凭证传递给账务处理子系统。

8. 会计报表生成与汇总功能模块。会计报表模块是一个综合性较强的模块，它是在日常核算的基础上，通过进一步加工汇总形成的综合性指标体系。会计报表生成与汇总功能模块的内容是首先定义各种报表格式（或者采用软件的报表模板）和数据生成公式，由计算机自动从账务处理系统的账簿数据库中获取有关数据，完成各种报表的编制与汇总工作，生成各种内部报表、外部报表及汇总报表，并根据报表数据生成各种分析图等。

9. 财务分析功能模块。财务分析是以企业财务报表及其他有关的财务资料为基础，对企业财务活动的过程和结果进行分析和评价，分析企业生产经营活动中的利弊得失和财务状况，并为进一步分析企业的发展趋势、经营前景等提供重要的财务信息。一般来说可以完成比率分析（如资产管理比率分析、负债比率分析），结构分析（如资产负债结构分析、损益结构分析、收入和费用结构分析），对比分析（如本年与上年同期对比分析、实际数与计划数对比分析）和趋势分析（如任意会计科目各期变动情况分析）等。

第三节　ERP 概述

ERP 即企业资源规划（Enterprise Resource Planning）。它是一个对企业资源进行有效共享与利用的系统。ERP 通过信息系统对信息进行充分整理、有效传递，使企业的资源在购、存、产、销、人、财、物等各个方面能够得到合理地配置与利用，从而实现企业经营效率的提高。从本质上讲，ERP 是一套信息系统，是一种工具。ERP 在系统设计中可集成某些管理思想与内容，可帮助企业提升管理水平。

但是，ERP 本身不是管理，它不可以取代管理。ERP 本身不能解决企业的管理问题。企业的管理问题只能由管理者自己去解决。ERP 可以是管理者解决企业管理问题的一种工具。不少企业因为错误地将 ERP 当成了管理本身，在 ERP 实施前未能认真地分析企业的管理问题，寻找解决途径，而过分地依赖 ERP 来解决问题。

ERP 教育是 ERP 普及时代的重要基石，从 2005 年开始中国进入 ERP 的普及时代，ERP 应用将从贵族式消费变成企业普遍应用的大众消费。

一、ERP 概念

ERP 企业资源计划系统，是指建立在信息技术基础上，以系统化的管理思想，为企业决策层及员工提供决策运行手段的管理平台。ERP 系统集中信息技术与先进的管理思想于一身，成为现代企业的运行模式，反映时代对企业合理调配资源，最大化地创造社会财富的要求，成为企业在信息时代生存、发展的基石。

我们可以从管理思想、软件产品、管理系统三个层次给出它的定义：

1. 是由美国著名的计算机技术咨询和评估集团高德纳（Garter Group Inc.）提出的一整套企业管理系统体系标准，其实质是在制造资源计划（Manufacturing Resources Planning，MRP Ⅱ）基础上进一步发展而成的面向供应链（Supply Chain）的管理思想。

2. 是综合应用了客户机/服务器体系、关系数据库结构、面向对象技术、图形用户界面、第四代语言（4GL）、网络通讯等信息产业成果，以 ERP 管理思想为灵魂的软件产品。

3. 是整合了企业管理理念、业务流程、基础数据、人力物力、计算机硬件和软件于一体的企业资源管理系统。ERP 的概念层次如图 2-1 所示。

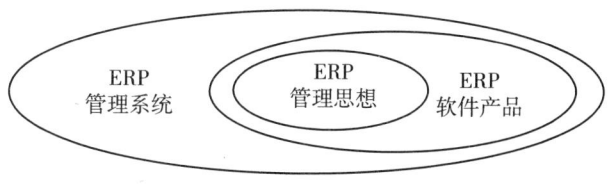

图 2-1　ERP 概念层次

二、ERP 发展历程

1. MIS（Management Information System）阶段。企业的信息管理系统主要是记录大量原始数据、支持查询、汇总等方面的工作。

2. MRP（Material Require Planning）阶段。企业的信息管理系统对产品构成进行管理，借助计算机的运算能力及系统对客户订单、在库物料和产品构成的管理能力，实现依据客户订单，按照产品结构清单展开并计算物料需求计划，实现减少库存，优化库存的管理目标。

3. MRP Ⅱ（Manufacturing Resources Planning）阶段。在 MRP 管理系统的基础上，系统增加了对企业生产中心、加工工时、生产能力等方面的管理，以实现计算机进行生产排程的功能，同时也将财务的功能囊括进来，在企业中形成以计算机为核心的闭环管理系统，这种管理系统已能动态监察到产、供、销的全部生产过程。

4. ERP（Enterprise Resource Planning）阶段。进入 ERP 阶段后，以计算机为核心的企业级的管理系统更为成熟，系统增加了包括财务预测、生产能力、调整资源调度等方面的功能。配合企业实现 JIT 管理、全面质量管理和生产资源调度管理及辅助决策的功能。成为企业进行生产管理及决策的平台工具。

5. 电子商务时代的 ERP。Internet 技术的成熟为企业信息管理系统增加了与客户或供应商实现信息共享和直接的数据交换的能力，从而强化了企业间的联系，形成共同发展的生存链，体现企业为达到生存竞争的供应链管理思想。ERP 系统相应实现这方面的功能，使决策者及业务部门实现跨企业的联合作战。

由此可见，ERP 的应用的确可以有效地促进现有企业管理的现代化、科学化，适应竞争日益激烈的市场要求，它的导入，已经成为大势所趋。

三、ERP 总体框架

目前 ERP 厂商很多，版本也很多，不同的 ERP 软件由于开发软件的公司不同、适应的行业不同等，ERP 产品的结构也不同。

以用友 ERP – U8 为例，用友 ERP – U8 包括财务管理系统、供应链管理系统、生产制造系统、人力资源系统、决策支持系统、集团财务系统、企业门户、行业插件等系列产品，而各个系统又由若干个子系统组成，并且各系统之间相互联系，信息高度共享。

1. 财务管理系统。财务会计部分主要包括：总账管理、应收款管理、应付款管理、工资管理、固定资产管理、报账中心、财务票据套打、网上银行、UFO 报表、财务分析等模块。这些模块从不同的角度，实现了从预算到核算到报表分析的财务管理的总过程。

（1）总账管理。是财务系统中最核心的模块，企业所有的核算最终在总账中体现。

（2）应收款管理、应付款管理。主要用于核算和管理企业销售和采购业务所引起的资金流入、流出。

（3）工资管理。完成对企业工资费用的计算与管理。

（4）固定资产（管理）。提供对设备的管理和折旧费用的核算。

（5）报账中心。是为解决单位发生的日常报账业务的管理系统。

（6）财务票据套打。解决单位财务部门、银行部门以及票据交换中心对现有各种票据进行套打、批量套打和打印管理的功能需求。

（7）网上银行。解决了企业足不出户实现网上支付业务的需求。

（8）UFO报表。生成企业所需的各种管理分析表。

（9）财务分析。提供预算的管理分析、现金的预测及分析等功能，现金流量表则帮助企业进行现金流入流出的管理与分析。通过财务会计系列的产品应用，可以充分满足企事业单位对资金流的管理和统计分析。

（10）管理会计。主要包括项目管理、成本管理、专家财务分析等模块。通过项目和成本管理实现各类工业企业对成本的掌控和核算；运用专家财务分析系统帮助企业对各种报表进行分析，及时掌握本单位的财务状况（盈利能力、资产管理效率、偿债能力和投资回报能力等）、销售及利润分布状况、各项费用的明细状况等，为企业的管理决策提供依据。

2. 供应链管理系统。供应链管理部分主要包括：物料需求计划、采购管理、销售管理、库存管理和存货核算等模块，主要功能在于增加预测的准确性，减少库存，提高发货供货能力；减少工作流程周期，提高生产效率，降低供应链成本；减少总体采购成本，缩短生产周期，加快市场响应速度。同时，在这些模块中提供了对采购、销售等业务环节的控制，以及对库存资金占用的控制，完成对存货出入库成本的核算。使企业的管理模式更符合实际情况，制定出最佳企业运营方案，实现管理的高效率、实时性、科学性、现代化和职能化。

3. 生产制造系统。生产制造系统主要包括：进出口管理、委外加工、质量管理、成本计算、工作中心、车间管理、细能力计划、粗能力计划、需求计划、主生产计划、模拟报价等模块。主要在于能够满足生产派工单的管理和材料需求分析功能，能够自动根据企业设置的替代品资料和标准配方资料及现有原材料库存计算出原材料缺料情况，生成采购建议，并能够自动生成采购订单提交采购部门进行采购。

4. 人力资源系统。人力资源管理系统主要包括：自助系统、日常事务、绩效评估、招聘管理、培训管理、薪资福利、制度政策、劳动合同、人员信息、职务职能等系统。主要功能在于根据本企业的生产需求状况方便地编制本企业组织结构和人员结构规划方案，通过各种方案在系统中的比较和模拟运行评估，产生各种方案的结果数据，并通过直观的图形用户界面，为管理者最终决策提供辅助支持。除此以外，人力资源规划还可制定职务模型，包括职位要求、升迁路径和培训计划，根据担任该职位员工的资格和条件，系统会提出针对本员工的一系列培训建议，一旦机构改组或职位变动，系统会提出一系列的职位变动或升迁建议。以上规划一旦被确认，现有结构会方便地被替换。此外，通过人员成本分析，可以对过去、现在、将来的人员成本做出分析及预测，并通过ERP集成环境，为企业成本分析提供依据。

5. 决策支持系统。决策支持系统主要包括：业绩评价、移动商务、预警平台、数据分析、管理驾驶舱等系统。主要功能在于为决策者迅速而准确的提供决策依据、信息和背景资料，帮助决策者明确目标，建立和修改模型，提供备选方案，评价和优选各种方案，通过人机对话进行分析、比较和判断，为正确决策提供有力依据。

6. 集团财务系统。集团财务管理部分主要包括：资金管理、行业报表、合并报表等模块及分行业的解决方案。资金管理实现对企业内外部资金的计息与管理；行业报表和合并报表的功能则为行业和集团型的用户进行统一管理提供了工具。

7. 企业门户。用友 ERP - U8 应用系统包含众多子系统，它们之间存在很多共性，如都需要进行登录注册、都需要设置系统基础档案信息等。首先，进入用友 ERP - U8 应用系统时，用户既可以单独注册任何一个子系统，也可以通过"企业门户"注册进入企业门户，从而取得无需再次验证而进入任何一个子系统的"通行证"，这样既可以避免重复登录，节省时间，也可以充分体现数据共享和系统集成的优势；其次，系统的基础档案信息将集中在企业门户中进行维护；最后，通过企业门户还可实现个性化业务工作与日常办公的协同进行。

第四节　在线会计服务模式

近年来随着互联网从"以内容为核心"的信息发布平台向"以人为中心"的协作交互平台转变，互联网开放、对等、共享以及全球运作的特性，让越来越多成熟的传统行业深受其益。当新生代会计人为即时通讯、搜索引擎、网上理财兴奋不已时，以互联网为媒介进行的以在线记账、在线财务咨询、在线财务产品购销等为内容的新型基于 SaaS 的在线会计服务模式也崭露头角。

SaaS 指 Software-as-a-Service（软件即服务）。SaaS 在业内的叫法是软件运营，或称软营。是一种基于互联网提供软件服务的应用模式，是一种随着互联网技术的发展和应用软件的成熟，在 21 世纪开始兴起的完全创新的软件应用模式，是软件科技发展的最新趋势。

IDC（www.idc.com.cn）发布的统计报告显示，目前全球软件在线服务市场产业已达到 1 009 亿美元的规模，并在未来三年保持每年 21% 以上的复合增长率。这种模式对于企业来说，最大的优势就是降低成本，免除了购买、安装、升级等一系列步骤，只要租用就行。在国内金蝶软件（中国）有限公司以香港会计网为基础，在 2007 年 8 月发布了自己的 SaaS 平台——"友商网"，提供在线会计软件实现记账服务，并提供进销存等管理软件。

一、在线会计服务模式含义

在线会计服务，是指基于 SaaS 理念，以互联网为平台为企业提供的标准会计应用，全面实现账、证、表等会计业务的日常处理及财务分析，随时随地为企业提供专业、便捷、协同、高效的会计管理及增值服务，是在传统财务软件模式上的创新和突破。其中 SaaS 是指一种通过互联网提供软件的模式，SaaS 分为工具型在线软件服务及管理型在线软件服务。前者如在线邮箱、在线杀毒、在线翻译等，后者如在线会计服务、在线进销存服务、在线 CRM 等。

在基于 SaaS 的在线会计服务模式下，应用服务提供商将会计软件部署在自己的服务器上，用户根据自己的实际需求通过互联网向服务商购买所需的会计软件服务，并通过互联网获得服务商提供的服务，并按功能模块的多少和租用时间长短支付费用。

二、在线会计服务模式的主要特性

(一) 为会计人员提供一种新的工作模式

传统财务软件服务模式下，需要一次性花巨资购买一个软件，并安装在固定的电脑上，同时它还需要有专业的IT人员进行维护。这时的会计人员是会计工作的执行者、财务软件的使用者。在线会计服务模式下，不受时间、地点的限制，会计人员只要拥有一台能够上网的电脑就可以进行记账、结账、在线报税等工作，并能够共享实时数据，使会计人员能够从日常繁忙的工作当中解脱出来，从事一些更高层次的管理工作。

基于互联网的在线会计服务，让会计人员每天所做的工作简单到只需要录入业务凭证。凭证录入后，自动平衡金额；可按任意字段随时对凭证进行排序；凭证保存时自动登账，月末结账时自动进行期末汇总和结转损益；所有的报表都会自动生成。

对于企业的统计分析或管理报表，在线会计服务设置了自动发布邮件报送的功能，直接形成电子档的报表文件，并自动链接到邮件办公系统，实现了财务信息化系统与办公自动化系统的衔接。从报表到总账，到明细账，再到凭证，可以连续查询跟踪每一笔资金的来龙去脉。只要可以上网的地方，用户在任何时候都可以进行查询，无论是利润表、资产负债表都可以随时打印导出。

如果公司领导需要了解企业的财务状况，会计人员只要利用互联网将在线会计服务的界面地址用电子邮件发给公司领导，或者直接给公司领导分配一个用户名，公司领导自己就可以登陆在线会计系统查阅报表。而过去，公司领导想看报表的时候，需要会计人员把报表整理好送到他们手里，因为不是即时实现，领导也许还来不及看报表就又去忙别的事情了。现在通过在线会计服务，这个问题就得到了较好的解决。领导可以随时随地了解到公司的财务状况。

(二) 使用成本低

以友商网为例，在线会计服务的单用户、单账套的简体中文版本每年的服务费为288元，平均下来，每天的费用还不到1元钱。而且使用在线会计服务，用户不需要将软件产品安装在自己的电脑或服务器上，只需按期支付租赁费用，就可终身享受免费的软件维护和升级服务。

面对层出不穷的新会计政策和业务，传统财务软件的升级是一个棘手的问题。以新会计准则的升级来说，单套传统软件的升级费用一般都较高，而在线会计服务系统升级是免费的。无论国家的会计制度怎么变化，在线会计服务的后台都会提前了解变化并进行相应的在线升级，在有效期内用户享受的都是最新的在线服务，用的都是最新的版本。在线会计服务的新功能从开发出来到提供给客户应用是同步的，不需要经过等待和额外的投入。

对于中小企业和个体代账人员来说，一般都没有条件配备专业的IT人员，一旦碰上电脑中毒，或者硬盘损坏、升级维护等事情，就只能等供应商上门服务或自行解决。而在线会计服务配备了专门的运维团队，提供24小时的运维监控服务，团队成员大都有多年的系统管理、网络维护、数据库管理、信息安全等方面的工作经验,第一时间发现故障就能在线第一时间进行排除,为用户节省了时间,也节约了成本。

（三）易学易用

近些年来,虽然会计电算化的培训教育工作在我国已非常普及,但对于很多刚踏出校门的会计专业毕业生和那些"老"会计们来说,依然缺乏会计信息化的实战经验。传统财务软件需要正式购买,需要安装在固定的电脑上,需要不断进行升级,成为学习、运用的"拦路虎"。与传统财务软件相比,在线会计服务应用门槛较低,主要体现在:强调"用户体验"。用户在未付费之前,就可以通过互联网免费试用软件,深入了解软件的功能,并准确判断是否适用、是否购买。在线会计服务软件更强调易学易用,不仅在软件设计上力求简洁、实用,而且还借助 flash、网络视频等各种网络技术,在线指导用户更好地学习和应用。

（四）更注重保护用户数据的安全

使用传统的财务软件,如果账套坏了就要进行修复,有的数据甚至还会丢失,给企业带来了很多的麻烦。为保护客户的数据安全,以友商网为例,它从技术、服务规范流程、安全认证、网络环境、法律等方面进行了周密而细致的设计,并严格执行,确保为客户打造一个全方位的安全保障体系。例如友商网正遵照国际信息安全管理最高标准（ISO 27001）的要求,逐步实施一整套控制措施来实现信息安全,控制措施包括策略、过程、程序、组织结构和软硬件功能,同时建立和实施监控、评审机制,并顺利通过了国家财政部和中国会计学会就合法合规性和安全性的严格评测,开创了管理型 SaaS 在中国企业应用的技术和信息安全标准。

而对于人们关心的"如何从法律上保障用户数据的安全"问题,应用服务提供商通常都会和使用在线产品的用户签订在线管理服务合同,合同约定:双方对合同的书面资料及其他有关的商业机密负有保密责任,不得以任何形式、任何理由透露给第三方;否则,任何一方都有权利向对方请求损失赔偿,并依法追究法律责任。

（五）应用领域较广

不同的产品总有其自身的应用领域,在线会计服务也不例外,从其主要特性可以分析出,在线会计服务主要应用于以下领域:

1. 普通中小企业。大多数中小企业通常会拥有几个分支机构,但却不可能每个办事处或分公司都设有会计人员,在这种情况下,基于 SaaS 平台的在线会计服务即能解决该难题,在分支机构配备普通操作人员,进行输入单据等工作,由总部会计统一记账,不仅降低了人员成本,而且提高了管理效率。

2. 代理记账公司。于 2005 年 3 月 1 日起开始施行的《代理记账管理办法》,将代理记账的实施对象从小型经济组织和个体工商户扩大到所有需要实施代理记账的单位,代理记账由过去的辅助机构逐步发展成为社会经济生活中不可或缺的新兴中介服务行业。代理记账的特殊性在于:代理记账人员和客户不在同一区域,以前使用套装财务软件,所有账套都在代理记账公司，数据共享非常不便，而在使用基于 SaaS 平台的在线会计服务之后，代理记账人员即可通过互联网直接将凭证、报表等打印给客户。

由于中国市场的广阔，经济发展起步晚、增长快，企业管理水平极不平衡，管理软件厂商应与专业咨询公司紧密合作，旨在帮助中小企业的管理信息化朝着全面化、网络化、标准化和个性化的方向发展。未来企业管理软件的类型将会覆盖各个领域，无论是高端抑或低端产品，均有不同水平的客户群。会计软件将摆脱过去传统的运作模式，网络化的处理方式将给企业做账带来实时查看、监控等一系列好处。安装的简单、便捷、易维护、易操作更能得到用户的满意。在互联网发展的引领下，会计与财务网络化的运行模式也是未来发展的一种趋势。

【本章小结】

企业推行会计电算化，会计软件配置是重中之重的大事，若会计软件配置不合理将严重制约会计电算化的推行效果。本章主要介绍了会计软件的特征与分类以及单位配置会计软件的基本方法和应注意的问题，另外还重点论述会计核算软件、企业 ERP 软件、在线会计服务模式各自的定义和特点以及拓展知识。

复习思考题

1. 简述会计软件的概念、特点及分类。
2. 简述企业配置会计软件的方法。
3. 企业配置会计软件应注意哪些问题？
4. 简述会计核算软件的基本功能和模块划分。
5. 简述 ERP 软件的演变过程。
6. 简述 ERP 软件的总体框架结构。
7. 在线会计服务模式有哪些特点？

第三章 总账系统

【本章学习目的】 了解总账系统的任务、特征；理解总账系统与其他系统的关系、总账系统的处理流程，明确总账系统的功能模块；掌握总账系统的初始设置、日常业务处理和期末处理的具体操作。

【案例导引】

A 公司的总账系统解决方案

A 公司以酒业生产为主，集生物科技、房地产、金融、宾馆服务等产业为一体，总资产 20.4 亿元，员工 4 000 多人，其中各类专业技术人员占 35% 以上，生产建筑面积 32 万多平方米。业务范围遍及全国以及北美、欧洲、东南亚和东亚地区。公司产品品种多、业务范围大、发展非常迅速，资金流和物流日益增大以及顾客需求瞬息万变，技术创新不断加速，竞争日趋激烈的形势，对企业的管理提出了更新更高的需求。

A 公司清楚地认识到，只有引进先进的管理理念和信息技术，及时准确掌握财务业务数据，才能有效控制和管理日益扩大销售网络。经过与几个国内外软件的对比，最终选择了某管理软件进行管理，将客商往来在总账系统进行核算，在分销处应用 WEB 财务系统，进行输入凭证—输入辅助信息—审核—查账的业务流程。

（1）分支机构的日常办公支出可直接依据原始票据制作凭证，并予以审核。

（2）总部财务主管对该凭证进行核对、记账。

（3）分支机构通过 WEB 财务系统可实时查询总账、明细账等账表信息。

（4）分支机构可以通过 WEB 财务系统查询某段期间的凭证及其辅助信息，并可查询包含未记账凭证在内的总账、余额表、明细账、资金日报表等账表信息。

上系统之前，业务员销售后压发票 2 个月才交财务，财务不能及时对业务员评价；现在每周都可以打印销售和应收款明细，半个月进行一次对账，及时收回货款，有效地降低了坏账的风险，对员工的考核透明化，而且有据可循。资金占用量由 8 000 万~9 000 万元减少到 7 500 万元左右，资金占用率下降 10 个百分点,可以相应的减少银行贷款同时加大相关生产和营销投入。如果仍然使用人工处理数据,再增加20个管理人员也无法完成,更谈不上数据的分析,也无法达到管理要求。

第一节 总账系统概述

一、总账系统的任务

总账系统是会计信息系统的一个主要子系统,它以货币为主要计量单位,综合、全面、系统地反映企业的经济活动,由该系统提供的会计信息所产生的财务报表能反映企业的财务状况和经营成果。总账系统的整个处理过程就是从凭证到记账、从记账到账表输出的过程。从历史来看,会计信息系统因时期、行业不同而有简有繁,但总账系统一直是必不可少的核心,会计的整个体系就是在总账系统的基础上逐渐充实和发展起来的,没有总账系统也就没有会计。

总账系统的任务主要包括以下几个方面:一是及时、准确、全面地采集和录入各种会计凭证,保证进入计算机的会计数据正确和完整;二是高效、正确地完成记账过程;三是及时、准确、方便地输出业务纪录及各种账表,为企业管理决策提供支持;四是建立总账系统与其他子系统的数据接口,实现会计数据的及时传递和数据共享。

二、总账系统与其他子系统的关系

总账系统是财务管理系统的一个基本的子系统,它概括地反映企业供产销等全部经济业务的综合信息,它在财务管理系统中处于中枢地位。总账系统与其他系统之间的数据传递关系如图3-1所示。

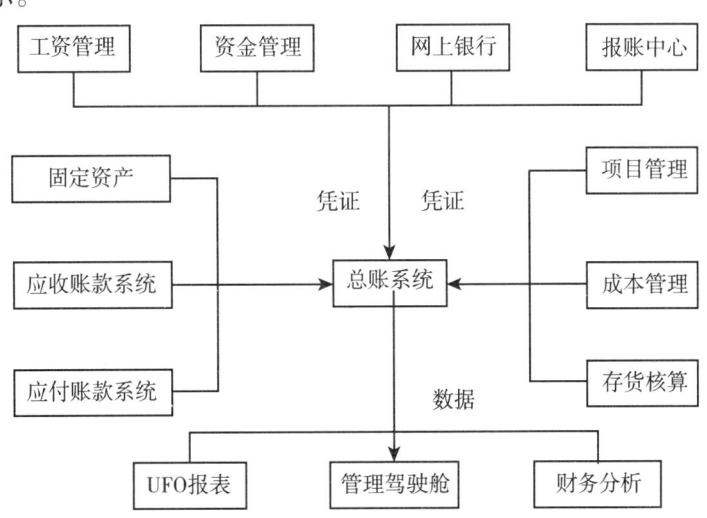

图3-1 总账系统与其他子系统的关系

从图 3-1 可以看出总账系统接收应收应付账款系统、存货核算系统、固定资产核算系统、工资管理系统、成本管理系统生成的凭证；向会计报表系统、财务分析系统和决策支持系统提供财务数据、生成财务报表及其他财务分析表等。总账系统在会计信息系统中处于核心位置，通过它可集中各项综合性和总结性会计数据，汇集了企业、单位全面的经济活动信息。

会计信息系统中的其他子系统是局部反映供产销过程中某个经营环节或某类经济业务的。例如，采购、应付账款核算子系统主要反映采购、库存、应付账款核算这一经营环节；销售、应收账款核算子系统主要反映销售、应收账款核算这一经营环节等。这些子系统不仅采用货币作为计量单位，而且还广泛使用实物数量指标。而总账系统则是以货币作为主要计量单位，综合、全面、系统地反映企业供产销的所有方面。因此，总账系统产生的信息具有很强的综合性和概括性。此外，总账系统还要接收其他子系统产生的数据，同时，还要向其他子系统传递数据，这样总账系统又是数据交互的桥梁，它把其他子系统有机地结合在一起，形成了完整的会计信息系统。总账系统是整个会计信息系统的核心。

第二节 总账系统流程分析

一、手工总账系统的业务处理流程

从信息处理的角度分析，总账系统的处理流程实质上是一种数据流程，它反映了原始会计数据（原始凭证等）经过了哪些步骤的处理后最终形成会计信息。在手工条件下，由于考虑到每个会计人员能够完成的工作量，因此，不同规模和不同业务量的企业可能采用不同的会计核算形式（也称账务处理流程），这些会计核算形式主要包括：记账凭证账务处理形式、汇总记账凭证账务处理形式、科目汇总表账务处理形式和日记总账账务处理形式。这四种流程有许多共同之处，其差别主要体现在登记总账的方法和依据不同。为了便于分析计算机总账系统处理流程，这里简要说明这四种手工会计核算形式及其特点：

（一）汇总记账凭证账务处理形式

该流程特点是根据汇总收款凭证、汇总付款凭证和汇总转账凭证登记总账，具体流程为：

1. 根据原始凭证或原始凭证汇总表编制收款凭证、付款凭证和转账凭证。
2. 根据收款凭证、付款凭证逐笔登记现金日记账、银行存款日记账。
3. 根据原始凭证或原始凭证汇总表，收款凭证、付款凭证和转账凭证逐笔登记各种明细分类账。
4. 根据收款凭证、付款凭证、转账凭证，定期填制汇总收款凭证、汇总付款凭证和汇总转账凭证。
5. 根据汇总收款凭证、汇总付款凭证和汇总转账凭证登记总分类账。

6. 月终，现金日记账和银行存款日记账的余额以及各种明细分类账户的余额合计数分别与相应的总分类账户余额核对相符。

7. 月终，根据总分类账、各种明细分类账的有关资料编制会计报表。

（二）记账凭证账务处理形式

该流程特点是根据每一张记账凭证直接逐笔登记总账，其具体处理除直接根据记账凭证登记总分类账外，其他各相关步骤与汇总记账凭证账务处理形式相同。

（三）科目汇总表账务处理形式

该流程特点是根据科目汇总表登记总账，具体处理与汇总记账凭证账务处理形式的差异在于第4、5步。其他各相关步骤与汇总记账凭证账务处理形式相同。该会计核算形式最为常见，其处理流程如图3-2所示。

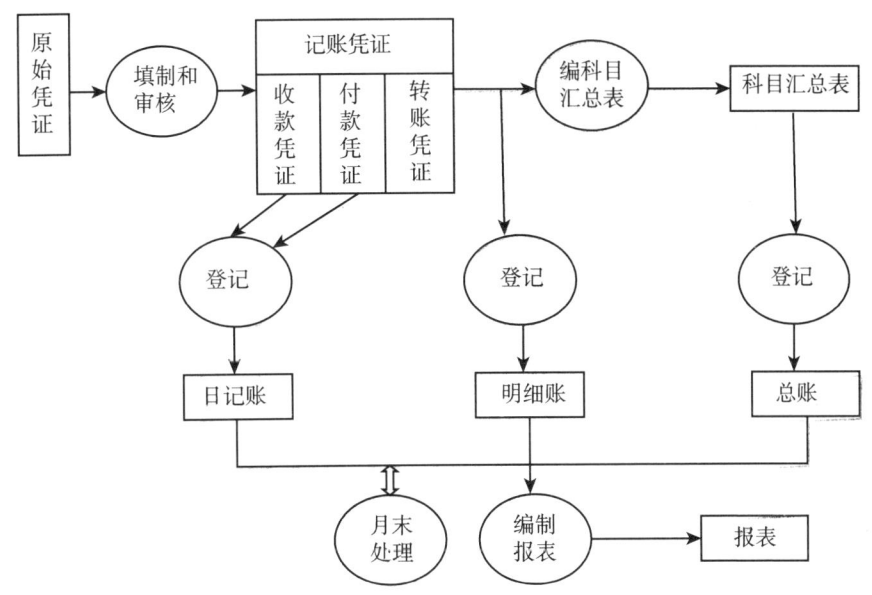

图3-2 科目汇总表核算形式业务处理流程

（四）日记总账账务处理形式

该流程特点是日记总账既是日记账又是总账，与汇总记账凭证账务处理形式的差异在于根据记账凭证登记日记总账。其他相关各步骤与汇总记账凭证账务处理形式相同。

二、手工会计下总账系统处理流程的缺陷

通过以上分析可以看出，手工会计下的会计核算形式都是围绕如何减少工作量而产生的，因此也就决定了这些处理形式先天带有手工处理的局限性，主要缺陷有以下四点：

1. 数据重复加工。记账凭证是总账系统的数据源，它提供各种明细账、总账以及会计

报表所需的全部信息来源。从信息量的角度来看，明细账、总账、报表只是从不同视角对凭证数据进行的转录、汇总及加工。如当一笔反映现金支出业务的记账凭证编制完毕之后，需要由不同财会人员在现金日记账、相关的明细分类账、总账上同时转抄凭证上的日期、凭证号、摘要、金额等数据。同一数据的大量重复加工，不仅造成存储浪费，还极易导致数据的抄写错误。手工会计下的账证不符、账表不符现象与数据的大量重复登记有直接关系。

2. 时效性差。各种会计账表是总账系统的"最终产品"，是企业内部管理部门、银行部门及财政等部门了解企业的财务状况和经营成果的重要资料，也是这些部门进行有关决策的依据。但由于总账系统处理的数据量较大，再加上手工处理速度缓慢，往往需要延迟一个相当长的时间才能编制出各种会计账表，严重削弱了会计账表所起的作用。

3. 准确性差。在长期的账务处理实践中，人们总结出了一套特有的方法来避免和发现错误。如记账凭证过账之后，一般在它上面加注"V"号以防止重复登账；明细账和总账采用平行登记的方法，以便相互核对发现明细账或总账中的过账错误和计算错误。但无论财会人员的素质如何，在从记账凭证的编制到报表输出的每一个环节中，转抄错误和计算错误都难以避免，而会计账目又不允许有一分钱的差错，为此常常因为几分钱的差错，多次进行手工汇总和核对，既费时又费力。特别是在月底，为了尽快报出各种会计报表而又保证账表相符，有时不得不根据报表来修改总账。类似做法不能不影响到会计数据的准确性。

4. 工作强度大。为了达到既要算得快又要算得准的目标，在其他条件不变的情况下，只能靠加重财会人员劳动强度的方式来实现目标，这是手工进行账务处理的必然结果。

三、总账系统的数据处理流程

总账系统的数据处理流程如图 3-3 所示：

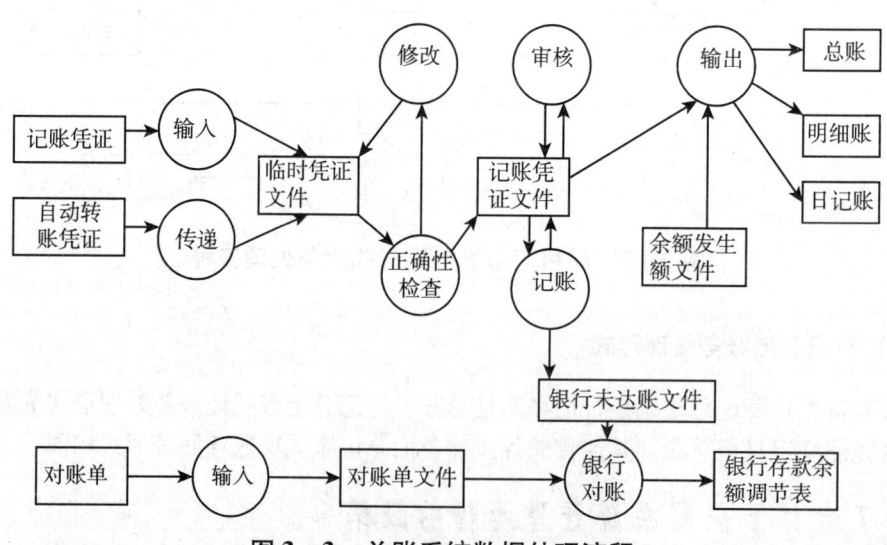

图 3-3 总账系统数据处理流程

1. 会计人员通过手工输入凭证或从其他子系统获取自动转账凭证，经过正确性检查无误后存入记账凭证文件。

2. 对记账凭证文件中未审核的凭证进行审核。

3. 根据记账凭证文件中已审核的凭证进行记账，同时分别更新科目余额发生额文件、银行未达账文件。

4. 根据科目余额发生额文件和记账凭证文件编制输出总账、明细账和现金日记账、银行存款日记账。

5. 根据银行未达账文件和对账单文件进行银行对账，编制输出银行存款余额调节表。

四、计算机方式和手工方式下总账系统处理流程的区别

计算机方式和手工方式下的总账系统处理流程的区别有很多不同之处，主要表现在以下几个方面：

1. 数据处理的起点与终点不同。在手工方式下，会计业务的处理起点为原始会计凭证，而计算机方式下总账系统可以以记账凭证、原始凭证、机制凭证作为处理起点；手工方式下会计期间的会计业务以财会人员编制并上报会计报表为工作终点，而在总账系统中，则以计算机自动输出账簿为终点，将各种格式变动的内部及外部报表的编制与输出工作，交由单独的会计报表系统来完成。

2. 数据处理方式不同。在手工方式下，会计数据是通过将记账凭证由不同的财会人员分别登记到不同的账簿中，完成数据处理；在计算机方式下，总账系统进行数据处理时，记账只是一个数据处理的过程，不需要人工登记，数据间的运算与归集由计算机自动完成，大大减轻了财会人员的记账工作量。

3. 数据存储方式不同。在手工方式下，会计数据存储在凭证、日记账、总账、明细账等纸张中；在计算机方式下，会计数据以电子形式存储磁盘或光盘中，在需要时，通过打印机输出。

4. 对账的方式不同。在手工方式下，按照复式记账的原则，总分类账、日记账、明细分类账必须采用平行登记的方法，根据每张记账凭证登记明细账，而利用汇总数据登记总分类账，然后财会人员定期将总分类账、日记账与明细账中的数据进行核对。当明细账和总账的数据不相符时，说明必然有一方或双方有记账错误。从一定的意义上可以说，这是手工方式下一种行之有效的查错方法。在计算机方式下，由于总账系统采用预先编制好的记账程序自动、准确、高速地完成记账过程，明细与汇总数据同时产生。只要预先编制好的程序正确，计算错误完全可以避免，这样就没有必要进行总分类账、日记账、明细分类账的核对。

5. 会计资料的查询统计方式不同。在手工方式下财会人员为编制一张急需的数据统计表，或查找急需的会计数据，要在大量纸质档案中翻阅查找，需付出很多劳动；在计算机总账系统中，由于计算机具有快速查询能力，财会人员只需借助系统提供的查询功能，就可以以很快的速度完成数据的查询统计工作。

五、总账系统的功能模块

总账系统的任务就是利用建立的会计科目体系，输入和处理各种记账凭证，完成记账、

结账以及对账工作，输出各种总分类账、日记账、明细账和有关辅助账。

总账系统适用于各类企事业单位。主要提供凭证处理、账簿处理、出纳管理和期末转账等基本核算功能，并提供个人、部门、客户、供应商、项目核算和备查簿等辅助管理功能。在业务处理的过程中，可随时查询包含未记账凭证的所有账表，充分满足管理者对信息及时性的要求。

总账系统功能模块划分为：系统设置、凭证处理、出纳管理、账簿管理、期末处理等模块。模块结构如3-4图所示。

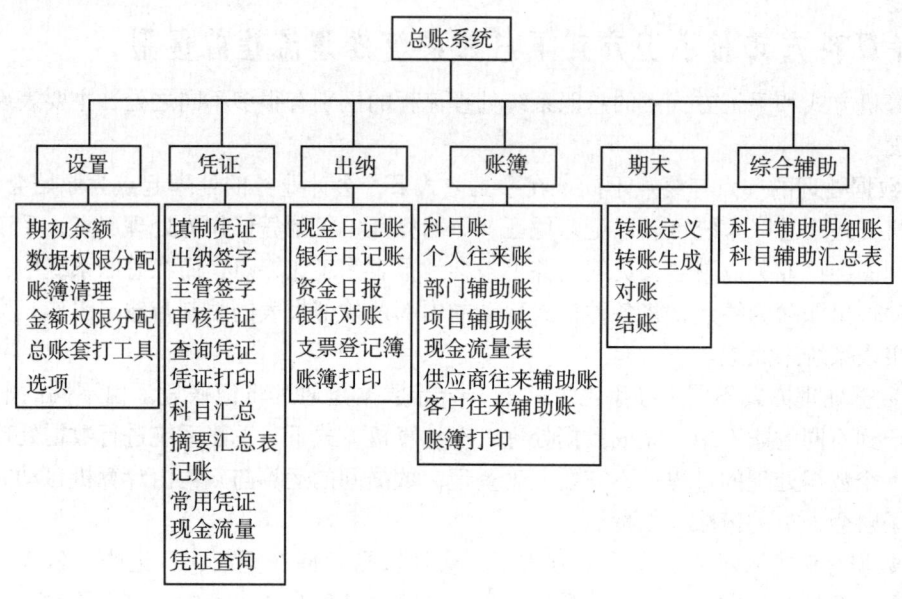

图3-4 总账系统功能模块

1. 系统设置。通过严密的制单控制保证填制凭证的正确性。提供资金赤字控制、支票控制、预算控制、外币折算误差控制以及查看科目最新余额等功能，加强对发生业务的及时管理和控制。制单赤字控制可控制出纳科目、个人往来科目、客户往来科目和供应商往来科目。

2. 凭证处理。输入、修改和删除凭证，对机内凭证进行审核、查询、汇总和打印。根据已经审核的记账凭证登记明细账、日记账和总分类账。

3. 账簿管理。提供按多种条件查询总账、日记账、明细账等，具有总账、明细账和凭证联查功能，月末打印正式账簿。

4. 出纳管理。为出纳人员提供一个集成办公环境，加强对现金及银行存款的管理。提供支票登记簿的功能，用来登记支票的领用情况；并可完成银行日记账、现金日记账、随时出最新资金日报表。定期将企业银行日记账与银行出具的对账单进行核对，并编制银行存款余额调节表。

5. 期末处理。自动完成月末分摊、计提、对应转账、销售成本、期间损益结转等业务。进行试算平衡、对账、结账、生成月末工作报告。

第三节 总账系统的初始设置

总账系统初始设置是应用总账系统的基础工作，是结合企业的实际情况，将一个通用的总账系统改造为适合本企业核算要求的"专用总账系统"的过程。

一、设置系统参数

在首次启动总账系统时，需要确定反映总账系统核算要求的各种参数，使用通用总账系统适用于本单位的具体核算要求。总账系统的业务参数将决定总账系统的输入控制处理方式、数据流向、输出格式等，设定后一般不能随意更改。

二、设置会计科目

会计科目是对会计对象具体内容进行分类核算的目录。会计科目是填制凭证、登记会计账簿、编制会计报表的基础。

（一）设置会计科目的原则

1. 会计科目的设置必须满足会计核算与宏观管理和微观管理的要求。
2. 会计科目的设置必须满足编制财务会计报告的要求。
3. 会计科目的设置必须保持科目与科目之间的协调性和体系完整性。
4. 会计科目要保持相对稳定，会计年中不能删除。
5. 设置会计科目要考虑到与其他子系统的衔接。

（二）增加会计科目

如果用户需建立的会计科目体系与所选行业标准会计科目基本一致，则可以在建立账套时选择预置标准会计科目，这样在会计科目初始设置时只需对不同的会计科目进行修改，对缺少的会计科目进行增加处理即可。

如果用户需建立的会计科目体系与所选行业标准会计科目相差较多，则可在系统初始设置时选择不预置行业会计科目，这样可以根据自身的需要自行设置全部会计科目。

如图3-5增加"100201-光大银行"会计科目。

增加会计科目时，要遵循先建上级再建下级的原则；会计科目编码的长度及每级位数要符合编码规则；编码不能重复；科目已经使用后再增加明细，系统自动将上级科目的数据自动结转到新增加的第一个明细科目上，以保证账账平衡。

（三）修改会计科目

如果需要对原有会计科目的某些项目进行修改，如科目名称、账页格式、辅助核算、汇总打印、封存标识等，我们可以通过"修改"功能来完成。如图3-6修改"100201-银行存款-光大银行为工行存款"。

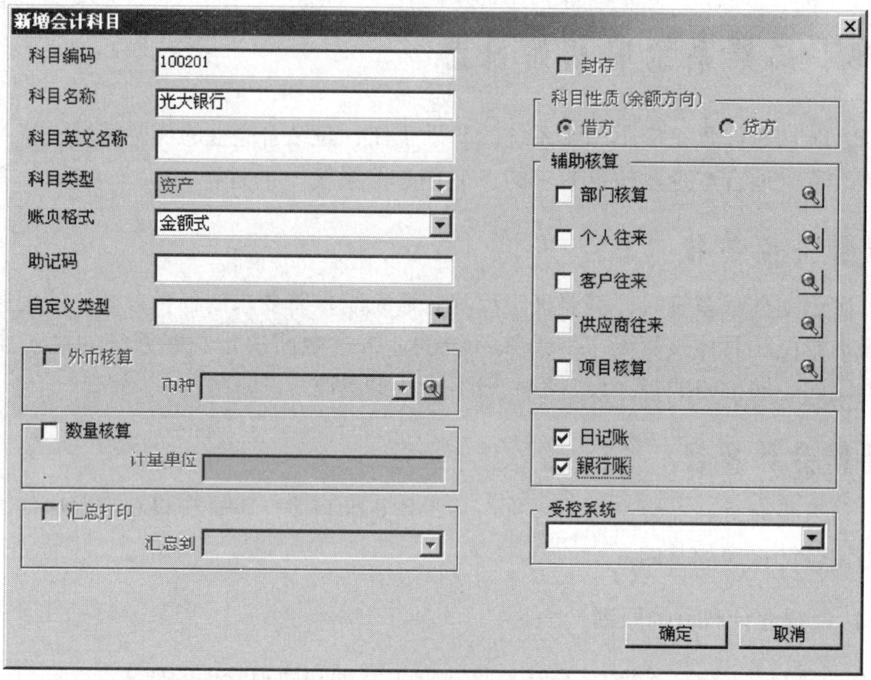

图 3-5 新增会计科目

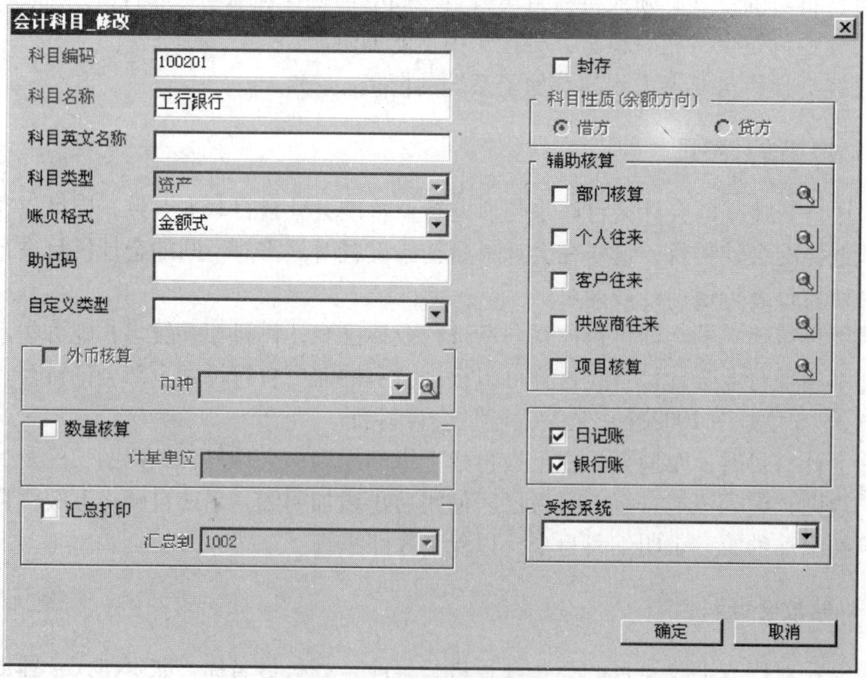

图 3-6 修改会计科目

三、输入期初余额

为了保证新系统的数据能与原系统的数据衔接,保持账簿数据的连续完整,在应用总账系统前,需要将一些基础数据输入到系统中。先将各账户的年初余额或启用月份的月初余额,以及年初到该月的累计发生额计算清楚,然后输入到总账系统中。

"期初余额"模块的功能包括:一是输入科目期初余额,用于年初输入余额或调整余额;二是核对期初余额,并进行试算平衡。

(一)确定方向,输入余额

当第一次使用总账系统时,首先应将原系统的账户余额整理好,编制科目余额表,然后输入到系统中。输入的内容主要包括:余额方向和余额。

主要要求如下:

1. 输入余额时必须注意调整有关科目余额的方向。如果借贷标志不能改变,余额可用"-"符号表示。

2. 只要求用户输入末级科目的余额,非末级科目的余额系统自动计算。

3. 如果在年中某月开始建账,需要输入启用月份的月初余额,以及年初到该月的借贷方累计发生额。假设为4月份建账,需输入4月初的期初余额以及1~3月的借、贷方累计发生额,系统自动计算年初余额。

4. 在输入期初余额时,如果某科目涉及辅助核算,则必须输入辅助账的期初数据。如,往来科目(即含个人往来、客户往来、供应商往来账类的科目)应输入期初往来未达项。如,某科目为数量核算,系统会自动要求输入期初数量余额。

(二)试算平衡

期初余额输入后,必须进行上下级科目间余额的试算平衡和一级科目余额试算平衡,以保证初始数据的正确性,检验过程直接由计算机自动进行。

系统的"试算"功能可显示期初试算平衡表,显示试算结果是否平衡,如果不平,需重新调整,如图3-7所示。

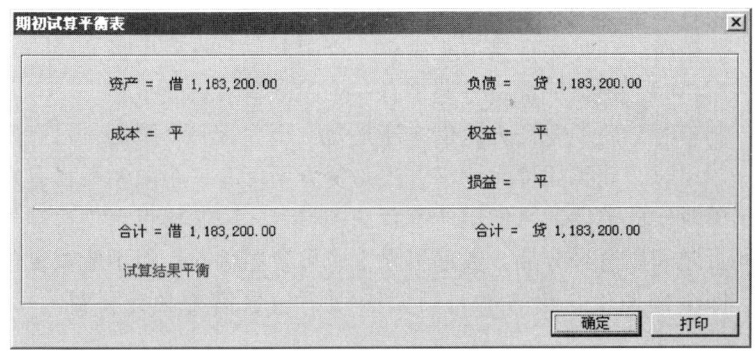

图3-7 试算平衡

（三）年初结转

年初结转是在旧的会计年度结束，新的会计年度开始时，为保持会计数据处理的连续性，将上一年度的期末余额结转为新会计年度的期初余额。

第一次使用账务系统或没有上年数据时，不能进行结转。第二年使用账务系统时，首先建立账簿，然后调整会计科目，最后结转上年余额，系统将自动结转各账户余额、往来未达账等。

一般情况下，新年度账套建立流程是：完成上年工作—年度账备份—建立新年度账—结转年度数据—调整科目、客户、供应商等—调整余额—新年度日常业务。

四、凭证类别设置

根据企业管理和核算要求，将会计凭证进行分类编制，系统提供了设置凭证类别的功能，以便于管理、记账和汇总。但是，无论如何分类都不会影响记账结果。

第一次使用总账系统，首先应正确选择凭证类别的分类方式。

（一）选择凭证类别

用户完全可以按照本单位的需要对凭证进行分类。如果是第一次进行凭证类别设置，可以按以下几种常用分类方式进行定义。

（1）记账凭证。
（2）收款、付款、转账凭证。
（3）现金、银行、转账凭证。
（4）现金收款、现金付款、银行收款、银行付款和转账凭证。
（5）自定义凭证类别。

（二）确定限制条件

选择凭证类别后，可以设置其限制条件，以便提高凭证处理的准确性。凭证类别的限制条件是指限制该凭证类别的使用范围。

系统一般有七种限制类型供选择：

借方必有：制单时，此类凭证借方至少有一个限制科目有发生额。
贷方必有：制单时，此类凭证贷方至少有一个限制科目有发生额。
凭证必有：制单时，此类凭证无论借方还是贷方至少有一个限制科目有发生额。
凭证必无：制单时，此类凭证无论借方还是贷方不可有一个限制科目有发生额。
无限制：制单时，此类凭证可使用所有合法的科目，限制科目由用户输入，可以是任意级次的科目，科目之间用逗号分隔，数量不限，也可参照输入，但不能重复输入。
借方必无：即金额发生在借方的科目集必须不包含借方必无科目。可在凭证保存时检查。
贷方必无：即金额发生在贷方的科目集必须不包含贷方必无科目。可在凭证保存时检查。

五、结算方式设置

为便于管理和提高银行对账的效率,提供了设置银行结算方式的功能,用来建立和管理用户在经营活动中所涉及的结算方式。它与财务结算方式一致,如,现金结算、支票结算等。

结算方式设置主要内容包括:结算方式编码、结算方式名称、票据管理标志等。

(1) 结算方式编码:用以标识某结算方式。用户必须按照结算方式编码级次的先后顺序进行输入,输入值必须唯一。

(2) 结算方式名称:是指其汉字名称,用于显示输出。用户根据企业的实际情况,必须输入所用结算方式的名称,输入值必须唯一。

(3) 票据管理标志:票据管理标志是为出纳对银行结算票据的管理而设置的功能,类似于手工系统中的支票登记簿的管理方式。用户可根据实际情况,选择该结算方式下的票据是否要进行票据管理。

第四节 总账系统的日常业务处理

初始化设置完成后,就可以开始进行日常账务处理了。日常业务处理的任务是通过输入和处理各种记账凭证,完成记账工作,查询和打印输出各种日记账、明细账和总分类账,同时对个人往来和单位辅助账进行管理。

一、填制凭证

记账凭证是登记账簿的依据,在实行计算机处理账务后,电子账簿的准确与完整完全依赖于记账凭证,因而使用者要确保记账凭证输入的准确完整。记账凭证是总账系统处理的起点,也是所有查询数据的最主要的一个来源。日常业务处理首先从填制凭证开始。

记账凭证的内容一般包括两部分:一是凭证头部分,包括凭证类别、凭证编号、凭证日期和附件张数等;二是凭证正文部分,包括摘要、会计分录和金额等。如果输入会计科目有辅助核算要求,则应输入辅助核算内容。

(一) 增加凭证

在总账中,记账凭证的来源有三种:一是根据审核无误的原始单据直接在计算机上编制记账凭证,或是由人工编制记账凭证,再输入计算机;二是从其他业务系统自动传递到总账中的凭证;三是从外部导入的凭证,如凭证引入或接口开发。

填制记账凭证时,应先输入凭证头部分,然后输入凭证正文部分。企业应该根据具体经济业务内容,采用不同方式填制完成。

例:辽宁天府股份有限公司 2007 年 1 月 5 日发生的经济业务如下:从光大银行提取现

金568 812元,以备发放工资。(现金支票号:11236)

  借:现金(1001)   568 812

   贷:银行存款——光大银行(100201)   568 812

  1. 输入凭证头部分,如图3-8所示。记账凭证的凭证头部分包括:凭证类别、凭证编号、凭证日期和附件张数。

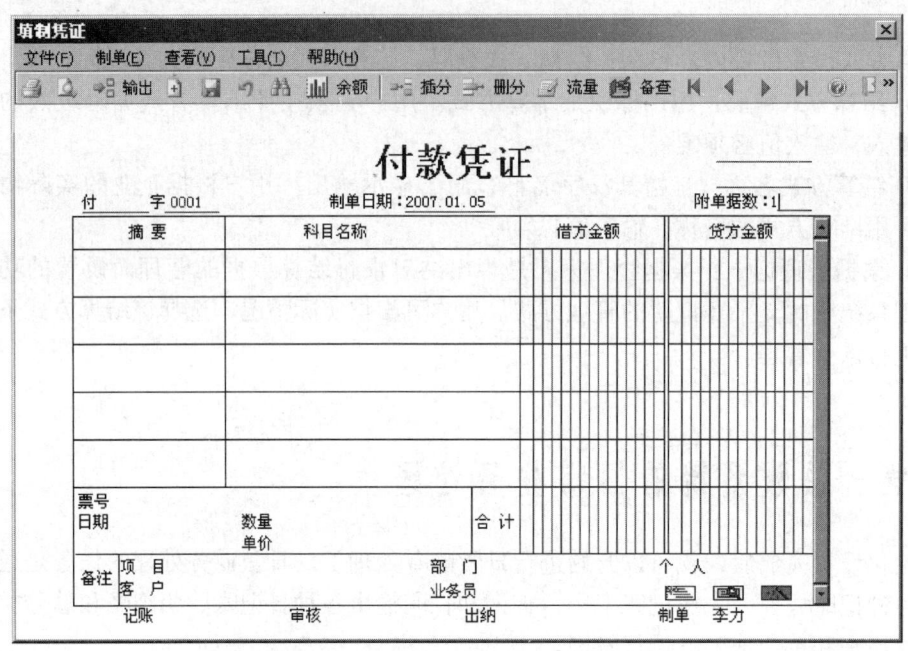

图3-8 填制凭证——输入凭证头部分

  (1)凭证类别。输入初始化时已定义的凭证类别代码或名称。

  (2)凭证编号。一般地采用自动编号时,计算机自动按凭证类别按月对凭证进行顺序编号。编号由凭证类别编号和凭证顺序编号组成,如收款001、收款002等。

  (3)凭证日期。凭证日期包括年月日,由于日期的正确性将影响经济业务在明细账和日记账中的顺序,所以日期应随凭证号递增而递增。凭证日期应大于等于启用日期,不能超过业务日期。

  (4)附件张数。指本张凭证所附原始单据张数。

  (5)凭证自定义项。在"附单据数"的上方,主要根据企业实际自定义一些辅助事项。

  注意:系统默认凭证保存时不按凭证号顺序排列而按日期顺序排列,如不按序时制单将出现"凭证假丢失"现象;如有特殊需要可将其改为不按序时制单,则在制单时凭证号必须按日期顺序排列;凭证一经保存,其凭证类别、凭证编号不能修改。

  2. 输入凭证正文部分。凭证正文部分包括:摘要、科目、方向、金额和科目辅助核算内容。

  (1)摘要。即对本凭证所反映的经济业务内容的说明,凭证的每行必须有摘要内容,不同行的摘要内容可以不同，每行的摘要将随其内容在明细账、日记账中出现。

（2）科目。输入科目时，一般输入科目编码，计算机将根据科目编码自动切换成对应的会计科目名称。输入的科目编码必须在建立科目时已经定义，必须是最底层的科目编码。

（3）方向。每一科目的发生额均有它的方向，即借方或贷方。

（4）金额。金额不能为"零"，红字以"-"号表示。

3. 输入科目辅助明细项目和科目备查内容。如果在科目设置时定义了相应的"辅助账"，则在输入每笔分录时，同时输入辅助核算的内容。如果一个科目同时兼有几个核算要求时，则要求同时输入有关内容。

注意：如果还有其他辅助核算，则先输入其他辅助核算后，再输入外币信息；如使用固定汇率，汇率栏中的内容是固定的，不能输入或修改；如使用变动汇率，汇率栏中显示最近一次汇率，可以直接在汇率栏中修改。

（二）查询凭证

在制单过程中，可以通过查询功能，对凭证进行查看，以便随时了解经济业务发生的情况，保证填制凭证的正确性。

（三）修改凭证

凭证输入时，尽管系统提供了多种控制错误的措施，但错误凭证是难免的，记账凭证的错误必然影响系统的核算结果。为更正错误，系统提供了对错误凭证修改的功能。当然，我国会计制度和审计对错误凭证的修改有严格的要求，根据这些要求，在总账系统中，对不同状态下的错误凭证有不同的修改方式。具体方式如下：

1. 对已经输入但未审核的机内记账凭证，可随时找到错误凭证，在编辑状态下直接进行修改（凭证编号不能修改）。

2. 已通过审核但还未记账的凭证不能直接修改，可以先通过凭证审核功能取消审核后，再通过凭证的编辑功能进行直接修改。

3. 若已记账的凭证发现有错，不允许直接修改，针对此类凭证的处理，会计制度要求留下审计线索，可以采用"红字冲销法"或者"补充凭证法"进行更正。

注意：若已采用制单序时控制，则在修改制单日期时，不能在上一张凭证的制单日期之前；若选择不允许修改或作废他人填制的凭证权限控制，则不能修改或作废他人填制的凭证；如果涉及银行科目的分录已输入支票信息，并对该支票做过报销处理，修改操作将不影响'支票登记簿'中的内容；外部系统传过来的凭证不能在总账系统中进行修改，只能在生成该凭证的系统中进行修改。

（四）冲销凭证

红字冲销法，即将错误凭证采用增加一张"红字"凭证全额冲销，若需要，再增加一张"蓝字"凭证补充的方法。如：从光大银行提取现金65 000元，但输入反映该笔业务的付款凭证时，错输为6 500元，记账后发现错误，为修改此错误凭证，此时采用红字冲销法。首先编制一张红字凭证将错误凭证冲销，然后再编制一张蓝字凭证进行补充，如图 3-9 所示。

图 3-9 冲销凭证

注意：通过红字冲销法增加的凭证，应视同正常凭证进行保存和管理；必须是已记账的凭证修改才能采用冲销修改。

（五）作废与删除凭证

如果遇到有非法的凭证需要作废时，则可以使用"作废/恢复"功能，将这些凭证进行作废，作废凭证仍保留凭证内容及编号，只显示"作废"字样。自动编号时，作废凭证后，不整理断号，系统自动寻找最小的凭证断号。作废凭证不能修改，不能审核。只能对未记账凭证作凭证整理。在记账时，已作废的凭证应参与记账，否则月末无法结账，但不对作废凭证作数据处理，相当于一张空凭证。账簿查询时，查不到作废凭证的数据，如图 3-10 所示。

如果作废凭证不想保留时，则可以通过"整理凭证"功能，将其彻底删除，并对未记账凭证重新编号，如图 3-11 所示。

（六）科目汇总

记账凭证全部输入完毕并进行审核签字后，可以进行汇总并同时生成一张"科目汇总表"。

进行汇总的凭证可以是已记账的凭证，也可以是未记账凭证，因此，财务人员可以在凭证未记账前，随时查看企业当前的经营状况和其他财务信息。

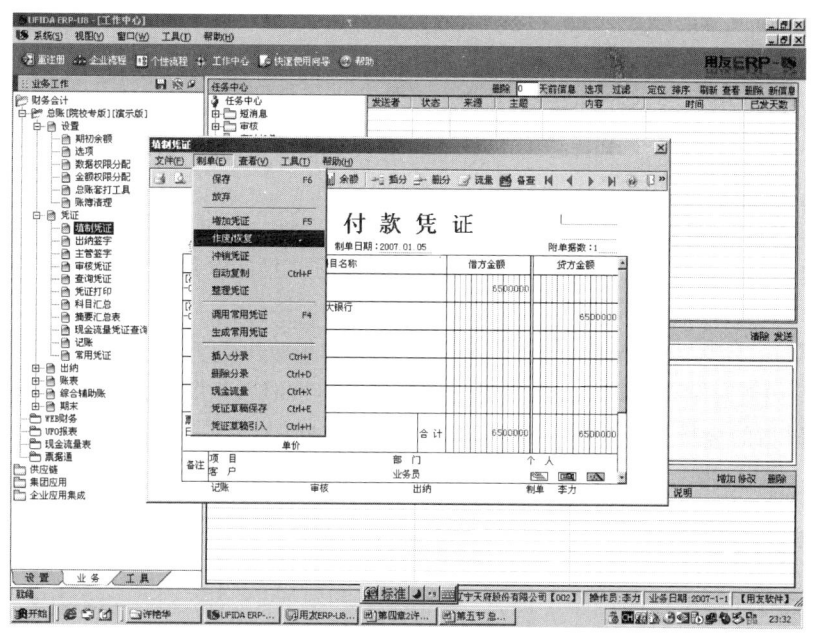

图 3-10 作废/恢复凭证

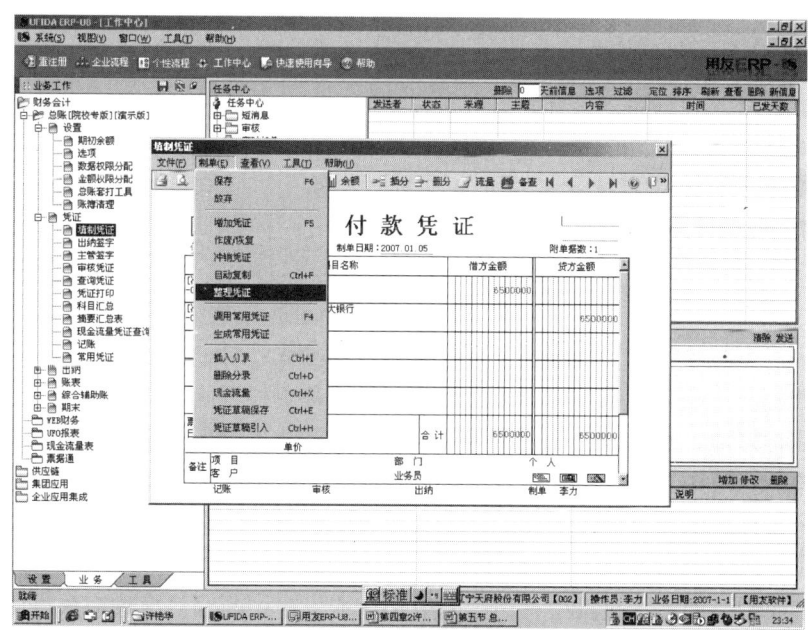

图 3-11 整理凭证

二、审核凭证

审核是指由具有审核权限的操作员按照会计制度规定,对制单人填制的记账凭证进行合法性检查。主要审核记账凭证是否与原始凭证相符，会计分录是否正确等。审查认为错误或有异议的凭证，应交与填制人员修改后，再审核。经过审核后的记账凭证才能作为正式凭证进行记账处理。

审核凭证包括出纳签字和审核员审核凭证两方面工作。

（一）出纳签字

会计凭证填制完成之后，如果该凭证是出纳凭证，且在系统"选项"中选择"出纳凭证必须经由出纳签字"，则应由出纳核对签字。

出纳凭证由于涉及企业现金的收入与支出，应加强对出纳凭证的管理。出纳人员可通过"出纳签字"功能对制单员填制的带有现金或银行科目的凭证进行检查核对，主要核对出纳凭证的出纳科目的金额是否正确。审查认为错误或有异议的凭证，应交与填制人员修改后再核对。

（二）审核凭证

审核方法有屏幕审核和对照审核。

1. 屏幕审核。屏幕审核可直接根据原始凭证，对屏幕上显示的记账凭证进行审核，对正确的记账凭证，执行审核命令，计算机在凭证上填入审核人名字；对错误的记账凭证，不予审核或执行标错命令。如查标错，计算机在凭证上标明"有错"字样。

注意：审核人和制单人不能是同一人；取消审核签字只能由审核人自己进行；凭证一经审核，就不能被修改、删除，只有取消审核签字后才能进行修改或删除；作废凭证不能被审核，也不能被标错。

2. 对照审核。对照式审核是通过对凭证的二次输入，达到系统自动审核凭证的目的，确保经济业务处理不会发生输入错误。

三、记账

记账凭证经审核签字后，即可用来登记总账、明细账、日记账、部门账、往来账、项目账以及备查账等。记账工作采用向导方式，使记账过程更加明确。

记账即登记账簿，它是以会计凭证为依据，将经济业务全面、系统、连续地记录到具有账户基本结构的账簿中去，是会计核算主要方法之一。登记账簿是由有记账权限的操作员发出记账指令，由计算机按照预先设计的记账程序自动进行合法性检验、科目汇总、登记账簿等操作，如图3-12所示。

由于某种原因，如记账过程中，由于断电使登账发生中断等，导致记账错误，或者记账后发现输入的记账凭证有错误，需进行修改。为了解决这类问题，可调用"恢复记账前状态"功能，将数据恢复到记账前状态，待调整完后再重新记账。

注意：第一次记账时，若期初余额试算不平衡，不能记账；未审核凭证不能记账，记账范围应小于等于已审核范围；如果有不平衡凭证时不能记账；作废凭证不需要审核可直接记账；上月未记账，本月不能记账；上月未结账，本月不能记账；在记账过程中，不得中断退

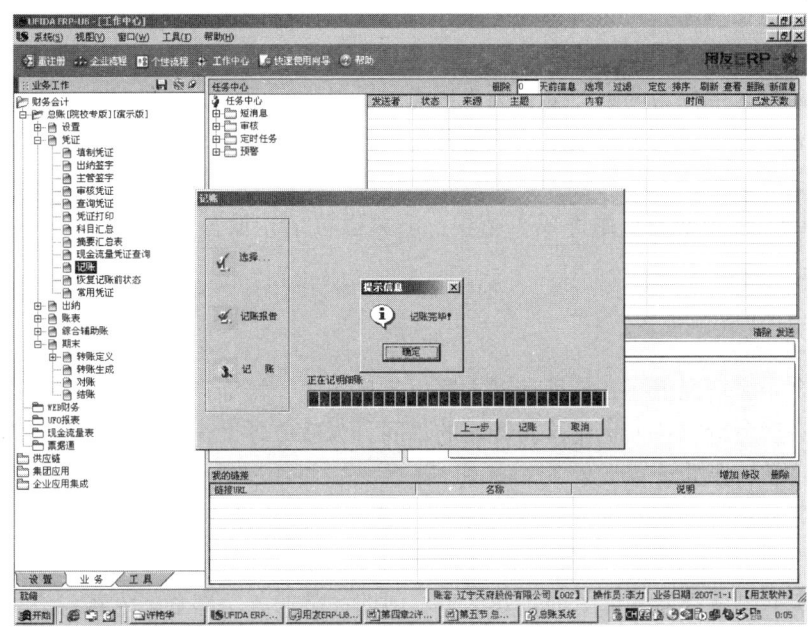

图 3-12 记账

出；记完账后不能整理凭证断号；记账过程一旦断电或其他原因造成中断后，系统将自动调用"恢复记账前状态"恢复数据，然后再重新记账。

第五节 总账系统的期末处理

月末处理是指在将本月所发生的经济业务全部登记入账后所要做的工作，主要包括计提、分摊、结转、对账和结账。期末会计业务与日常业务相比较，数量不多，但业务种类繁杂且时间紧迫。在手工会计工作中，每到会计期末，会计人员的工作非常繁忙。而在计算机处理下，由于各会计期间的许多期末业务具有较强的规律性，由计算机来处理这些有规律的业务，不但节省会计人员的工作量，也可以加强财务核算的规范性。

一、定义转账分录

转账分为外部转账和内部转账。外部转账是指将其他专项核算子系统生成的凭证转入总账系统中；内部转账是指在总账系统内部把某个或某几个会计科目中的余额或本期发生额结转到一个或多个会计科目中。

第一次使用总账系统，应先进行"转账定义"，即设置自动转账分录。定义完转账分录后，在以后各月只需调用"转账生成"功能，即可快速生成转账凭证。但当某转账凭证的转账公式有变化时，需先在"转账定义"中修改转账凭证内容，然后再转账。

设置自动转账分录就是将凭证的摘要、会计科目、借贷方向以及金额计算方法存入计算机中的过程。包括增加、删除、修改分录和对自动转账分录进行查询打印。如何设计金额的计算公式是自动转账的关键。

自动转账分录可分为两类：第一类为独立自动转账分录，其金额的大小与本月发生的任何经济业务无关；第二类为相关自动转账分录，其金额的大小与本月发生的业务有关。

"转账定义"功能提供了7种转账功能的定义：自定义转账、对应转账设置、销售成本结转设置、售价（计划价）销售成本结转、汇兑损益结转设置、期间损益结转设置和自定义比例转账。

（一）自定义转账设置

由于各个企业情况不同，各种计算方法也不尽相同，特别是对各类成本费用分摊结转方式的差异，必然会造成各个企业这类转账的不同。为适应各个企业不同转账的需要，用户可以自行定义自动转账凭证。

设置转账分录时，首先设置转账分录的基本内容，如凭证的摘要、会计科目和借贷方向等。

系统在生成自动转账凭证之前，要求将以前的经济业务全部登记入账，方可采用自定义转账分录生成机制凭证。

（二）对应结转设置

对应结转就是对两个科目进行一一对应转账。对应结转的科目可以为非末级科目，但其下级科目的结构必须一致（相同明细科目），如有辅助核算，则两个科目的辅助账类也必须一一对应，如图3-13所示。

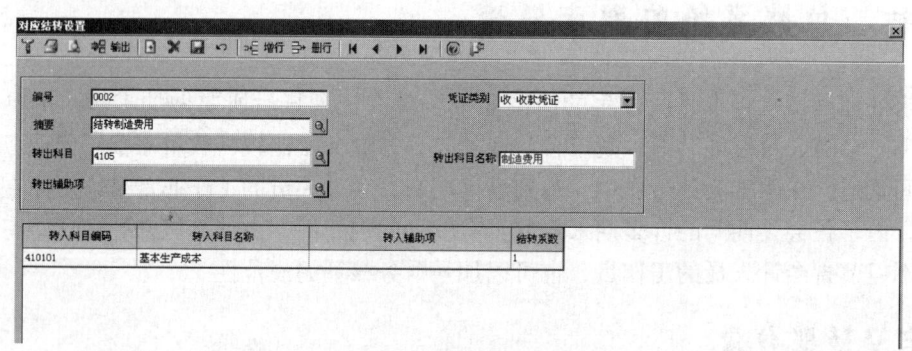

图3-13 对应结转设置

（三）销售成本结转设置

销售成本结转是指将月末商品（或产成品）销售数量乘以库存商品（产成品）的平均单价计算各类商品销售成本并进行结转。

(四) 期间损益结转设置

期间损益结转主要用于在一个会计期间终了将损益科目的余额结转到本年利润科目中,从而及时反映企业利润的盈亏情况。主要是对于管理费用、营业费用、财务费用、销售收入、营业外收支及营业成本等科目的结转。

二、生成机制凭证

在定义完转账分录后,每月月末只需执行本功能,即可由计算机自动生成转账凭证,在此生成的转账凭证,需经审核、记账后才真正完成结转工作。

由于转账是按照已记账的数据进行计算的,所以在进行月末转账工作之前,请先将所有未记账凭证记账,否则,生成的转账凭证数据可能有误。特别是对于一组相关转账分录,必须按顺序依次进行转账生成、审核、记账。

如果使用了应收账款、应付账款系统,那么,总账系统中,不能按客户、供应商进行结转。

1. 自定义转账生成。自定义转账凭证是企业根据自身业务需要所采用的转账方式,因此,在生成凭证时必须注意业务发生的先后次序,否则计算金额时就会发生差错,特别是相关自动转账分录。如图3-14所示。

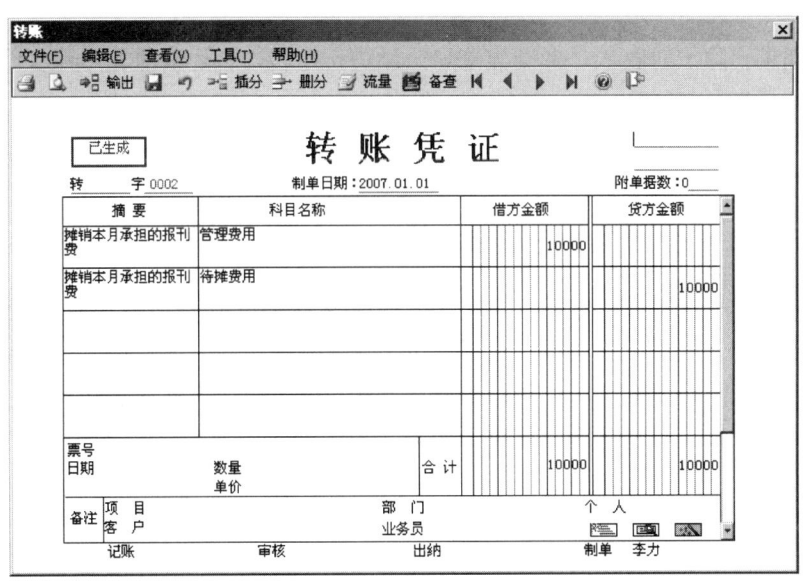

图3-14 自定义转账凭证

转账定义完成后,每月月末只需执行转账生成功能即可快速生成转账凭证,在此生成的转账凭证将自动追加到未记账凭证中去。

独立自动转账分录可以在任何时候用于填制机制凭证,通常一个独立自动转账分录每月只使用一次。

相关自动转账分录只能在某些相关的经济业务入账后使用，否则计算金额时就会发生差错。

按照合理的先后次序逐一填制机制凭证，自动转账凭证可以单独编号。

在产生机制凭证时，自动转账分录中的摘要、借贷标志、会计科目直接作为凭证的内容存入凭证临时文件；同时，计算机根据金额计算公式自动计算结果存入机制凭证的金额栏。转账凭证生成后，并未记账。

同一张转账凭证，年度内可根据需要多次生成，但每月一般只需结转一次。

2. 对应结转生成。生成对应结转凭证的操作与自定义转账生成的操作基本相同。结转时应视实际情况按照合理的先后次序逐一生成。

3. 销售成本结转生成。生成销售成本结转凭证的操作与自定义转账生成的操作基本相同。

4. 期间损益结转生成。生成期间损益结转凭证的操作与自定义转账生成的操作基本相同。期间损益结转既可以按科目分别结转，也可以按损益型结转，又可以按全部结转，结转方式应视实际情况而定。

生成期间损益结转凭证之前，应先将所有未记账凭证审核记账，否则，生成的凭证数据可能有误。

三、对账

在会计期末，除了对收入、费用类账户余额进行结转外，还要进行对账、结账，并在结账之前进行试算平衡。

对账是对账簿数据进行核对，以检查记账是否正确，以及账簿是否平衡。它主要是通过核对总账与明细账、总账与辅助账数据来完成账核对。

试算平衡是将系统中设置的所有科目的期末余额按会计平衡公式"借方余额＝贷方余额"进行平衡检验，并输出科目余额表及是否平衡信息。

一般说来，实行计算机记账后，只要记账凭证输入正确，计算机自动记账后各种账簿都应是正确、平衡的，但由于非法操作或计算机病毒或其他原因有时可能会造成某些数据被破坏，因而引起账账不符，为了保证账证相符、账账相符，应经常使用本功能进行对账，至少一个月一次，一般可在月末结账前进行，如图3－15所示。

四、结账

每月月底都需要进行结账处理，结账实际上就是计算和结转各账簿的本期发生额和期末余额，并终止本期的账务处理工作，如图3－16所示。

在计算机方式下，结账工作与手工相比简单多了，结账是一种成批数据处理，每月只结账一次，主要是对当月日常处理的限制和对下月账簿的初始化，由计算机自动完成。

注意：结账前，要进行数据备份；已结账月份不能再填制凭证；结账只能由有结账权的人进行。

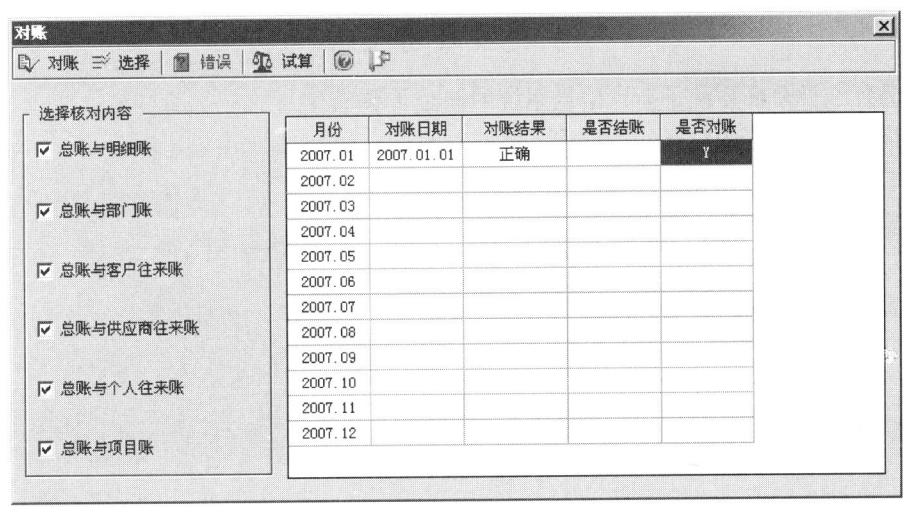

图 3-15 对账

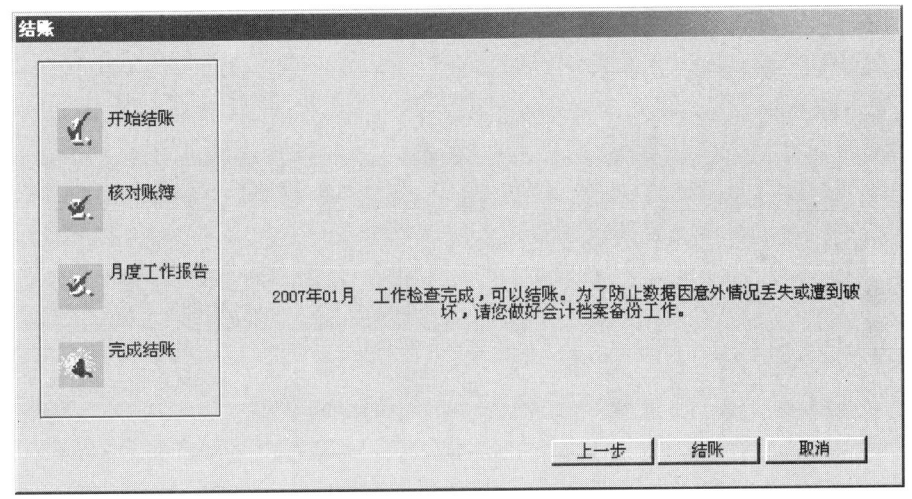

图 3-16 结账——完成结账

【本章小结】

  总账作为会计电算化使用范围最广、业务量也相对多、处于核心位置的一个模块，是每一个财会人员必须掌握的内容。本章首先介绍总账的基本理论知识，即总账的任务、总账与其他子系统的关系、总账的特征；其次，介绍了总账的数据流程和功能模块；最后重点讲解了总账系统的初始设置、日常业务处理和期末处理，为体现高职的实际动手能力，在这里重点倾向于实务操作。

复习思考题

1. 为什么说总账系统是会计信息系统的核心子系统？
2. 描述总账系统的数据处理流程。
3. 总账系统有哪些功能模块？
4. 总账系统的初始设置包括哪些内容？
5. 总账系统的日常业务处理有哪些？
6. 总账系统中如何修改错误的凭证？

第四章 报表系统

【本章学习目的】 了解报表系统的基本概念、处理流程和主要功能；了解计算机报表系统编制现金流量表的方法；理解计算机报表系统编制会计报表的基本工作原理和使用流程；掌握报表系统的基本使用方法。

【案例导引】

某集团的合并报表系统

集团公司从 1997 年起根据财务核算的需求及相关联公司的经验，购买了金蝶单机、标准版 2.7 的集成账务系统，后升级到 6.2 版。1999 年年底又成功引进了基于 SQL server 7.0 大型数据库的 K/3 系统 V8.0 集团财务管理解决方案。2000 年，根据集团公司的实际情况，采用 K/3 系统 V8.0.6 的报表系统。该系统不仅能完成一般的报表汇总、合并等工作，而且还能自动接收、审核有关数据，允许灵活设置合并周期。一般集团公司是按月合并，但有时某些报表要按日或季等口径合并，并能辅助进行报表分析。由于分公司数据较多，该系统的多账套取数功能尤为切合集团公司的需要。集团公司从分公司账套中取数生成下属企业的财务报表及分析数据，进而采用集团 K/3 系统 V8.0.6 的合并报表系统，该系统直接接受一级法人企业上报的模板数据，自动生成用户设定的合并报表，大量的运算工作由系统自动完成，准确快捷。同时实现数据的自动接收和自动生成及接收用户录入的抵销分录，并进行抵销分录的审核、汇总。这减少了很多中间环节，工作效率高、合并数据准确。

第一节 报表系统概述

财务报表（也称为会计报表）是综合反映单位内部一定时期财务状况和经营成果的书面文件，是企业经济活动的缩影。财务报表作为单位财务状况和经营成果的综合性反映，是在日常核算的基础上,进一步加工汇总形成的综合性经济指标。财务报表由报表本身和附注两部分组成。而报表应当包括以下组成部分:资产负债表、利润表、现金流量表和所有者权益(或股东权益)变动表。

一、会计报表简介

在企业日常的会计核算中,企业所发生的各项经济业务都已按照一定的会计程序进行了连续、系统地记录。在某一时点的财务状况和一定时期的经营成果在日常会计记录中已经得到反映。但这些日常核算资料数量巨大且比较分散,难以集中概括地反映企业的财务状况和经营成果。企业的管理者、投资者(及潜在的投资者)、债权人、政府有关管理部门(财政、税务、企业的上级主管部门等)及与企业有利害关系的其他单位和个人,无法使用这些分散的会计资料来分析评价企业的财务状况和经营业绩,据以作出正确决策。因此,有必要定期的将日常会计核算资料加以分类、调整、汇总,按照一定的格式编制报表,总括、综合地反映企业的经济活动过程和结果,为财务报表使用者决策提供有用的信息。

由于企业会计资料的使用者多种多样,不同的使用者对提供的会计资料有不同的要求,财会部门提供的会计资料就要采取不同的格式反映不同的内容,从而形成不同的会计报表。按报送的对象不同,可以分为外部报表和内部报表;按编制的日期不同,可以分为月报表、季报表、半年报表和年报表等定期编制的报表及企业为某种特定的需要编制的一次性报表;按报表的编制单位不同,可以分为单位会计报表(独立核算单位编制的报表)和合并财务报表(企业集团公司编制的财务报表)。根据财政部于2006年2月发布的《企业会计准则第30号——财务报表列报》的规定,会计核算工作中需要编制的财务报表至少应当包括资产负债表、利润表、现金流量表、所有者权益(或股东权益)变动表和附注。

二、会计报表子系统概述

目前,我国大多数单位使用计算机编制会计报表时,有以下两类常用报表处理软件:一类是使用计算机会计软件本身配备的报表处理系统;另一类是使用为系统或行业特定需要设计开发的专用表处理系统。后者专用性强、运行速度快、使用简便,但只能编制规定的专门报表,通用性差。前者通常是通用会计报表处理系统,一般提供有报表生成、维护、加工和处理的完整体系,甚至对不同行业编制好一系列常用的报表,供用户选择使用,为用户提供了良好的平台。这些软件格式设计和数据处理功能强大、安全性保密性好、可靠性高,基本能够满足企业会计报表数据处理和管理的需要。这种通用会计报表系统的使用方法是会计软件学习的重点。

需要说明的是,通用会计报表处理系统虽然有强大的会计报表格式设计和数据处理能力,但与通用表处理软件EXCEL、LOTUS 1-2-3等比较,在数据分析、统计及根据报表数据生成各种统计图形等功能上有较大差距,难以编制复杂或特殊格式的会计报表。因此不少单位在编制复杂或特殊格式的会计报表时常常借助EXCEL、LOTUS等通用表处理软件,对会计报表系统生成的报表数据进行二次处理。由于二次处理时需要将数据调入通用表处理系统,因此一个好的会计信息系统的报表处理子系统通常应该具有数据接口,可以方便的将会计系统生成的报表转换成 EXCEL、LOTUS 或 TXT 格式的文件,也可以直接打开多种格式的文件,从而使用户可以根据自己的需要灵活处理编制报表和进行财务分析使用,也可实现和其他会计软件之间的数据交换。因此,会计人员能够熟练使用 EXCEL、LOTUS 等通用表处理软件就具有重要的实际意义。

三、报表系统的基本概念

(一)报表基本结构

在会计报表处理系统中,报表格式实质上是一个保存在计算机中的模板,使用这个模板可以无限复制相同格式的表格供用户使用。一张会计报表通常是由以下几部分构成的,如表4-1所示。

表 4-1　　　　　　　　　利润表　　　　　　　　　← 标题

会企02表
编制单位:　　　　　　　　年　月　　　　　　　单位:元　　　} 表头

项　目	本期金额	上期金额
一、营业收入		
减:营业成本		
营业税金及附加		
销售费用		
管理费用		
财务费用		
资产减值损失		
加:公允价值变动收益(损失以"-"号填列)		
投资收益(损失以"-"号填列)		
其中:对联营企业和合营企业的投资收益		
二、营业利润(亏损以"-"号填列)		
加:营业外收入		
减:营业外支出		
其中:非流动资产处置损失		
三、利润总额(亏损总额以"-"号填列)		
减:所得税费用		
四、净利润(净亏损以"-"号填列)		
五、每股收益		
(一)基本每股收益		
(二)稀释每股收益		

} 表体

审核:　　　　　　　　　　　制表:　　　　　　　← 表尾

1. 标题，用来表示报表名称标题，可能有一行也可能有若干行。
2. 表头，用来表示报表的编制日期、编制单位、使用的货币单位及栏目等内容。
3. 表体，表体是报表的主要组成部分，由若干行、列交叉的单元格组成，单元是组成报表的最小单位。单元名称由所在行、列标识。通常将确定某一单元位置的要素称为"维"。

在报表编制过程中，向报表单元中填入的内容一般有两种：一种是文字；一种数字。其中有些文字部分用来作为每行（或列）的标题，称为表样。与表头表尾等一样，表样单元的内容在编制不同会计期间的同一会计报表时，它的内容是固定不变的，因此表样是报表格式的一部分。

4. 表尾，是指表格线以下进行辅助说明的部分。有的报表表尾部分有内容，有的报表则没有内容，但无论有无内容，表尾这一结构在报表中是一定存在的。

报表处理子系统的基本工作原理就是软件提供给用户设置表头、表体和表尾的功能，用户运用这些功能，就能得到满足需要的报表。

（二）报表的基本概念

1. 表：指表的种类（资产负债表、利润表等）。
2. 表页：指表的组成部分（一个 UFO 报表文件中最多容纳 99 999 张表页）。
3. 单元格：由行、列标识的报表的最小单位。
4. 区域：临近几个单元格的组合。
5. 关键字：决定表页取数的关键信息，是表页取数的标志。通常将可以决定表页取数期间的信息设置为关键字（如年、月、日、季）。
6. 格式状态：表样定义。如增加行（或列）设置关键字、设置公式等。
7. 数据状态：数据处理。如增加表页、录入关键字、自动计算等。

（三）报表公式和关键字

1. 报表公式。在会计报表系统中，报表的格式和报表的数据是分开处理和管理的。其中报表的格式起着说明数据的经济含义和管理数据的作用，而报表数据则起到反映相应经济指标大小的作用。报表数据一般不由手工从键盘输入而是通过设置所谓报表单元公式，由计算机根据公式自动从指定的文件中调用。这些单元公式就是报表公式的主要构成部分。

报表公式除了报表单元公式外还有报表审核公式和报表舍位平衡公式。

2. 报表关键字。在报表系统中的主要作用是在编制报表时由系统自动的在报表相应位置填列报表编制的年、季、月、日等日期和报表编制单位名称等内容。报表关键字通常在报表格式设置中进行设置。

3. 表页。一张表页类似于 EXCEL 软件中的一张工作表，而一个报表文件通常包含多张表页，要确定报表中的一个数据，需要知道的要素是：报表名、表页、行和列。

第二节 报表系统流程分析

一、报表编制前的准备工作

在会计报表编制前应先完成各个子系统的期末处理,将本期所有会计凭证进行审核、过账。凭证过账后,在报表系统中就可以取得相应的数据。

二、报表处理流程

在报表子系统中,各种会计数据都以计算机数据格式保存,编制会计报表所需的数据资料已经存在会计核算软件的数据库中,会计报表处理软件可以通过会计核算软件系统中的数据传递,数据加工完成会计报表的自动编制。

通常,会计报表中的数据可能来源于记账凭证、总账、明细账各科目的发生额或余额、明细账汇总统计数据、本表计算数据、其他会计报表数据、会计核算软件其他子系统的数据资料、直接规定字符或常数及临时输入数据等。会计报表处理软件只要将报表数据的上述来源规定统一的数据传递和加工方法即可实现报表数据的自动生成,这一方法就是报表取数公式定义。因此,在会计核算软件其他子系统(主要是账务处理系统)数据处理完毕的情况下,编制报表的关键就是正确定义相应的报表取数公式。

编制会计报表的处理流程如图4-1所示:

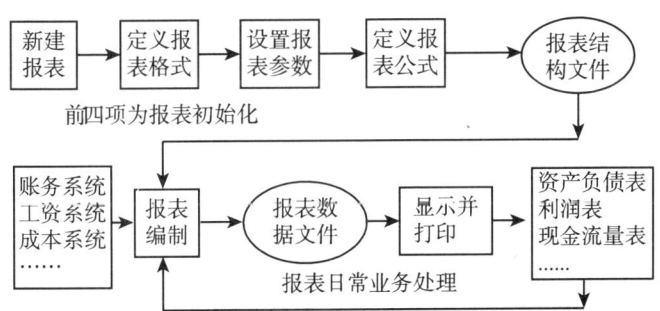

图4-1 编制会计报表的处理流程

报表数据来源定义完成后,即取数公式定义完成后,会计报表处理软件形成了一个报表结构文件,这个文件规定了报表的格式、数据的来源和生成步骤,当我们在功能中选择生成会计报表时,报表处理软件按照这个文件的内容和顺序自动进行数据采集,编制会计报表。所以,在会计报表处理软件下,会计报表是由操作员一次性定义,按期自动生成的,数据采集工作是一个完全自动化的过程。

三、报表系统功能模块

（一）报表系统的主要功能

1. 新建报表。因为计算机中所有程序和数据都以文件的形式存放，因此必须给报表文件确定名称，以便需要时调用这些文件。通常新建报表或报表结构设置完毕进行存盘。

2. 报表格式设置。实质上是设置一个模板，使用这个模板可以无限复制相同格式的表格供用户使用。因此报表格式设置是一种一次设置长期使用的操作。

3. 报表公式设置。报表公式设置是实现计算机自动处理报表数据的关键步骤。从报表编制的角度看，报表数据处理主要有两个方面：一是从其他业务系统调取数据、计算并填入表中相应位置；二是根据会计数据的钩稽关系检查报表中数据的正确性。故报表公式设置包括报表单元公式设置和报表审核公式设置两个基本功能。

4. 报表编制。报表编制功能目的是根据用户设置的报表格式和报表公式，产生填好需要数据的会计报表，并根据表间数据钩稽关系检查报表数据的正确性。对于设置好的报表只要运行报表编制功能即可产生需要的报表，无需每次重新定义该报表。

5. 报表输出。报表输出功能除可以在屏幕显示编好的报表外，更主要的是打印输出已编好的报表。因此报表输出功能中一般都设有打印设置功能，该功能可以根据需要灵活设置打印的字型字号，并在一定程度上调整报表长宽和在纸上的位置，从而打印出的报表更美观。

（二）报表系统功能结构

随着计算机网络技术的日益发展和普及，网络中工作站、各个局域网间报表数据的传输已越来越受到用户的关注。目前，一些报表系统已将通讯功能，特别是远程通讯功能作为系统的基本功能。报表的功能结构如图4-2所示。

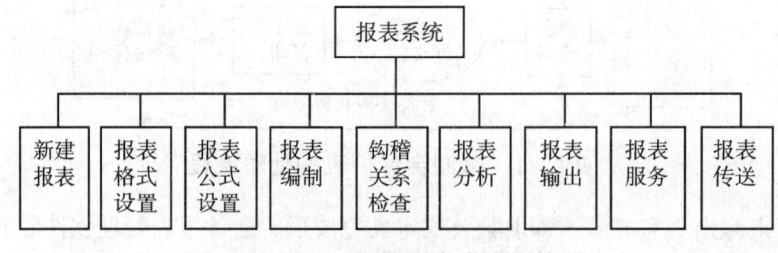

图4-2 报表系统功能结构

第三节 报表系统的初始设置

一、新建报表

新建立一张报表并保存为报表文件（UFO 报表文件扩展名为 . REP）。不同的报表，报表名不能相同。

通常报表应用方式分以下两种情况：第一，套用模板：适用于对外报送的通用报表，如资产负债表、利润表等。第二，自定义报表：适用于企业内部管理报表，如部门费用明细表、业务员销售分析表等。

二、报表格式设置

对已建立的报表进行格式设置，设计报表的表样、固定的文字、栏目标题、文字字体字型等格式，设置报表的标题、表头、表尾等属性。

（一）格式状态与数据状态

格式状态：在此状态下定义报表的格式，如表尺寸、行高列宽、单元属性、组合单元、设置公式和关键字设置等。

数据状态：在数据状态下管理报表的数据，如输入数据、增加或删除表页、审核、舍位平衡、汇总、合并报表等。在数据状态下不能修改报表的格式。

报表"格式"/"数据"状态如图 4 – 3 所示，切换方法如下：（1）点击窗口左下角"格式"与"数据"切换按钮；（2）使用 [编辑] 菜单——格式/数据状态命令；（3）使用快捷键 Ctrl + D。

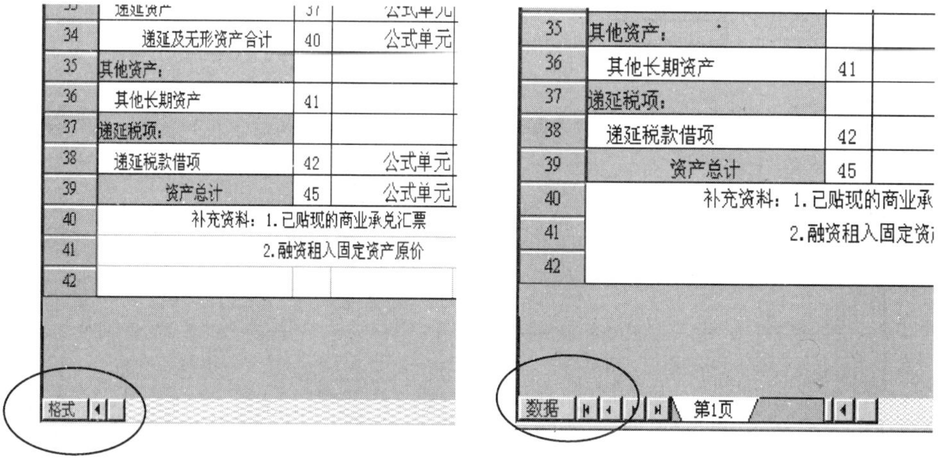

图 4 – 3　报表状态切换

(二) 报表文件及表页

一个报表文件中通常可以包含多个表页。新建的 UFO 报表默认包含 3 张表页，每张表页上最多包含 9 999 行 ×255 列，如图 4-4 所示：

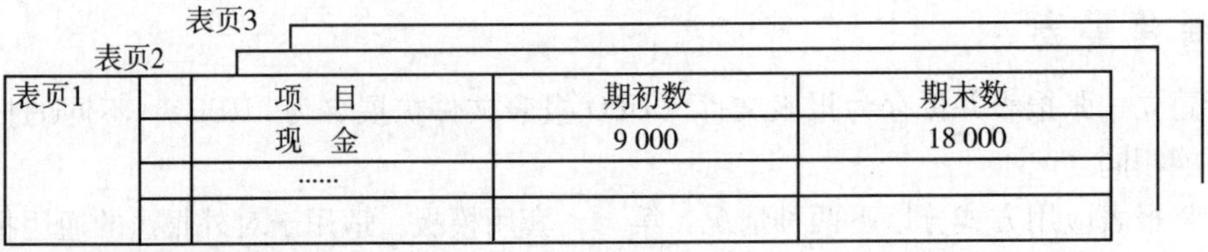

表页1	项　目	期初数	期末数
	现　金	9 000	18 000
	……		

UFO 报表的技术指标：
行数：　1~9 999　　　（缺省值为 50 行）
列数：　1~255　　　　（缺省值为 7 列）
行高：　0~160毫米　　（缺省值为 5 毫米）
列宽：　0~220毫米　　（缺省值为 26 毫米）
表页数：1~99 999页　 （缺省值为 1 页）

图 4-4　表页及技术指标

(三) 格式设置的具体使用

UFO 报表界面，如图 4-5 所示：

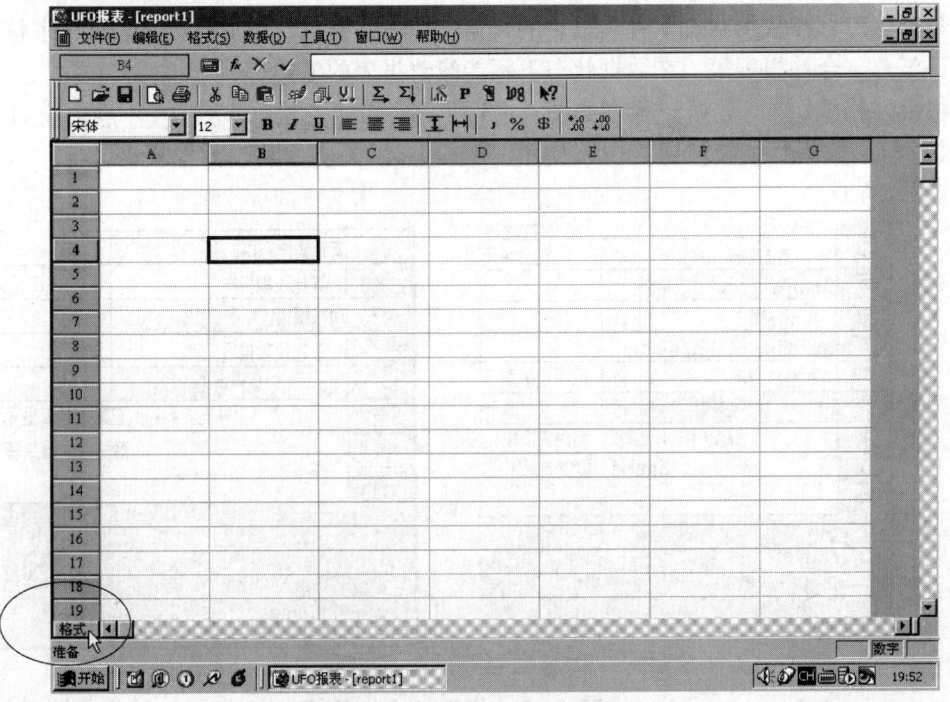

图 4-5　UFO 报表界面

— 74 —

1. 报表尺寸。在"格式"状态下，使用［格式］菜单下的"表尺寸"命令，打开"表尺寸"对话框，再输入确定报表的行数和列数，单击"确认"按钮。

2. 组合单元。是指将一个区域组合成一个单元格，作为一个单元格来进行使用。选择需合并的区域"A1：D1"，使用［格式］菜单下的"组合单元"命令，打开"组合单元"对话框，选择组合方式"整体组合"或"按行组合"，该单元即合并成一个单元格。

单元类型包括：（1）数据类型，为缺省单元类型，数据下可以输入数字；（2）字符类型，数据状态下可以输入任何字符，最多31个汉字；（3）表样类型，在格式状态下定义，在数据状态下不可以更改，如在格式状态下编辑的公式，定义的文字内容都属于表样型。

3. 画表格线。报表尺寸设置完成后，可能没有任何表格线，为满足查询和打印的需要，可设置表格线。使用［格式］菜单下的"区域画线"命令。

4. 输入报表项目。报表项目主要包括表头内容、表体项目和表尾项目等。选中需要输入内容的单元或组合单元，在该单元或组合单元中输入相关文字内容。

5. 定义报表行高和列宽。选中需调整行高或列宽的单元所在行或列，使用［格式］菜单下的"行高"和"列宽"命令。行高、列宽的单位为毫米。

6. 设置单元风格。单元风格主要指的是单元内容的字体、字号、字型、对齐方式、颜色图案等设置。设置单元风格会使报表更符合阅读习惯，更加美观清晰。使用［格式］菜单下的"单元属性"命令，打开"单元属性"对话框，再进行必要的设置。

注意：（1）格式状态下输入内容的单元均默认为表样单元，未输入数据的单元均默认为数值单元，在数据状态下可输入数值。若希望在数据状态下输入字符，应将其定义为字符单元。（2）字符单元和数值单元输入后只对本表页有效，表样单元输入后对所有表页有效。

7. 设置关键字。是特殊的格式，可以唯一标识一个表页，用于在大量表页中快速选择表页，以及以此为依据从总账中进行取数。在"格式"状态下设置，在"数据"状态下录入。关键字包括：单位名称、单位编码、年、季、月、日以及自定义关键字。

（1）单位名称。该报表表页编制单位的名称。

（2）单位编号。该报表表页编制单位的编号。

（3）年。该报表表页反映的年度。

（4）季。该报表表页反映的季度。

（5）月。该报表表页反映的月份。

（6）日。该报表表页反映的日期。

（7）自定义关键字。可以根据自己的需要设置相应的关键字。

注意：每个报表可以同时定义多个关键字。如果取消关键字，使用［数据］菜单下的"关键字"——"取消"命令。

8. 调整关键字位置。如果关键字的位置不合适，可通过调整偏移量的方式来调整关键字位置。

注意：关键字的位置可以用偏移量来表示，负数值表示向左移，正数值表示向右移，在调整时，可以通过输入正或负的数值来调整。关键字偏移量单位为像素。

三、报表公式设置

报表系统中的公式分为单元公式、审核公式和舍位平衡公式,见图4-6。必须在"格式"状态下设置公式。

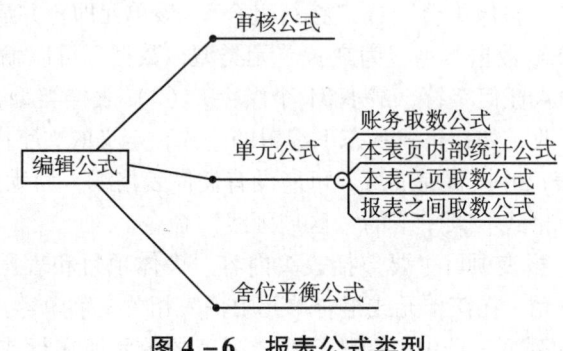

图4-6 报表公式类型

(一) 单元公式的设置

单元公式定义报表数据之间的运算关系,可以实现报表系统从其他子系统取数,确定单元公式时,主要考虑以下几个方面:

1. 确定表元的数据来源及取数所要满足的条件。

(1) 从账务系统取数,这是报表系统数据的主要来源。

(2) 从其他核算系统取数,如工资子系统、固定资产子系统等的数据。

(3) 从报表系统自身取数,可以从其他报表取数,也可以从同一报表的不同表页或同一表页的不同单元取数。

(4) 从系统外部取数,包括直接通过键盘录入、从软盘读入或通过网络传送。

取数所要满足的条件一般包括:借方发生额、贷方发生额、期初(末)借方余额、期初(末)贷方余额、累计数(包括借方累计、贷方累计)等。

2. 单元公式的构成。

(1) 表单元及坐标,表示表单元在表中的位置。选中需要定义公式的单元。再使用[数据]菜单下的"编辑公式"——"单元公式"命令,打开"定义公式"对话框。可直接输入公式,也可使用引导输入的方式自动生成公式。

(2) 运算符,包括"+"、"-"、"×"、"/"、"="等。

(3) 表达式,将常量、变量、函数用运算符连接起来。

3. 函数。为简化报表数据来源的定义,通用报表软件一般是将报表编制中比较固定的处理过程作成独立的模块,为用户提供针对性较强的一整套从各种数据库文件中调取数据的函数。如QC("科目编码",会计期间,方向,账套号)就是一个取数函数。不同的报表系统函数的具体表示方法不同,但这些函数所提供的功能和使用方法一般是相同的。

(1) 账套取数函数。

期初函数 QC（ ）
期末函数 QM（ ）
发生额函数 FS（ ）
累计发生额函数 LFS（ ）

} 要指定科目代码，会计期间，方向

（2）本表取数函数。SELECT 指定取相应表页及单元格中的数据。

① 本表他页取数举例如下：？C5 + SELECT（？D5，年@ = 年 and 月@ = 月 + 1）。表示：本月数 + 同年上月累计数。

② 从其他表取数举例如下："文件路径"→C5@1（强调表页的位置）。"文件路径"→C5 Relation 月 with "文件路径"→月（强调时间的一致性）。

注意：第一，公式中可以在单元格表述前加上"？"，能够使公式在表格式样发生变化时随着行或列的变动而自行调整，保证取数正确。第二，对于同一张报表上的同一数据栏，只要定义了第一个单元格的取数公式，下面的单元格可以通过复制公式再进行修改。

（3）统计函数。PTOTAL 对指定的单元格数据求和。如 PTOTAL（？C3:？C10）表示对 C3~C10 的连续单元格中的数据求和；PTOTAL（？C3,？C10）表示仅对 C3 和 C10 两个单元格中的数据求和。

（二）审核公式的设置

用于审核报表内或报表之间的钩稽关系是否正确。审核公式不是必须定义的。报表审核公式的设置和报表单元公式的设置方法类似。它们的主要区别在于：审核公式用于对报表数据的钩稽关系进行检验，因此审核公式中允许使用的运算符除单元公式允许使用的运算符外还可以使用">"、"<"、"<>"等逻辑运算符。

（三）舍位平衡公式的设置

舍位平衡公式是指用来重新调整报表数据进位后的小数位平衡关系的公式。如将以"元"为单位的报表数据变成为以"万元"为单位的报表数据，且表中的平衡关系仍然成立。舍位平衡公式不是必须定义的。

注意：舍位公式中只能使用"+"、"-"符号，不能使用其他运算符及函数。报表格式设置完成后切记要及时将这张报表格式保存下来，以便以后随时调用。

第四节　报表系统的日常业务处理

一、报表编制

设置报表格式和报表公式只是定义了报表的结构，要得到填有所需数据的报表，还需进行报表的编制工作（即报表数据处理）。报表数据处理主要包括生成报表数据、审核报表数据和舍位平衡操作等工作。处理时，软件会根据已定义的单元公式、审核公式和舍位平衡公式自动进行取数、审核及舍位等操作。报表数据处理一般是针对某一特定表页进行的,因此,在数据处理时还涉及表页的操作,如增加、删除、插入、追加表页等。

注意:报表数据处理工作必须在"数据"状态下进行。

生成报表数据包括以下内容:

(1)增加表页。追加表页是在最后一张表页后追加 N 张空表页,"插入"表页是在当前表页后插入一张空表页。一张报表最多只能管理 99 999 张表页,演示版最多为 4 页。

(2)录入关键字。关键字是表页定位的特定标识,在"格式"状态下设置完成关键字以后,只在"数据"状态下对其实际赋值才能真正成为表页的鉴别标志,为表页间、表间的取数提供依据。日期关键字可以确认报表数据取数的时间范围,即确定数据生成的具体日期,如图 4-7 所示。

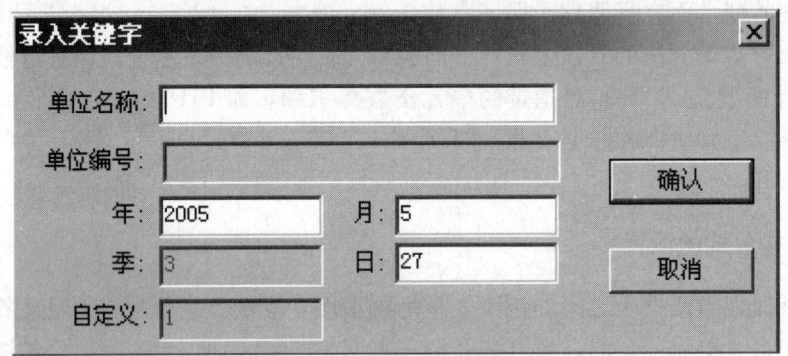

图 4-7 录入关键字

(3)生成报表。计算报表数据是在录入完成报表的关键字后直接计算的。

二、报表输出

报表处理系统输出有两种方式:一种是屏幕显示输出,这种输出主要为用户检查报表设置和编制是否正确,因此为了显示尽量多的实质性内容,不是很必要的表格线一般不显示;另一种输出是打印输出,此时输出的是按正规要求生成的正式报表。

系统提供的打印设置功能,可以对报表的字型、字号作设定以调整报表的大小;也可以对行距和列距进行设定来调整报表的大小;还可以设置表的上、下、左、右边距,以调整报表在打印纸上的位置。用户在打印报表前应使用该功能对相应内容进行设置,以得到满足需要的会计报表。

三、报表分析

报表分析就是使用各种方法对报表的数据进行分析。在报表软件中一般提供图表分析法。图表分析法就是将报表中选定的数据以图形方式显示,使用户直观地得到数据的大小或变化的情况。图形实际上是报表的延伸,它反映的仍然是所分析报表中的数据,只不过表现形式不同而已,一张分析表可以采用各种图形表示方式。

图表主要有点图、线图、直方图和饼图四种基本形式，其余各种图表都是基本形式的派生物。目前国内流行的通用报表处理软件一般提供饼图、直方图、折线图和立体图四种图表分析功能。

四、报表维护

报表维护是报表系统的一项基本功能，报表维通常包括：报表备份、报表恢复、报表删除、结构复制等。其中备份和恢复与账务系统的备份和恢复功能类似，本处不再赘述。

1. 报表删除。在实际工作中，每次编制报表都将生成一个存放数据的文件，系统运行几年后报表数据文件会很多，这些文件会占用大量的硬盘空间。为了系统的正常运行，需要定期（一般保留 1~2 年的数据即可）从系统中删除以前的报表。但值得注意的是，报表删除功能不仅可以删除编制得到的数据表，也可以删除表结构（报表模板）。一般情况下，即使是不常使用的报表，不是绝对必要，也不应删除报表结构。这样一旦需要编制该报表，只要运行报表编制功能即可方便的生成需要的数据表。

2. 结构复制。为了方便用户定义新的报表，报表处理子系统一般都提供了多个行业的多种报表模板。使用结构复制功能可以在定义新报表时，选择结构类似的报表进行复制，对复制过来的报表结构按需要进行修改即可，从而减少用户设置的工作量。需要注意的是，报表结构复制功能只复制报表的结构（即报表格式和报表公式）不能复制编制后生成的数据报表。

第五节 现金流量表的编制

编制现金流量表，是为会计报表使用者提供企业在一定会计期间的现金流入、流出信息，以便报表使用者了解和评价企业获得现金和现金等价物的能力，并据以预测企业未来的现金流量。

一、现金流量表概述

（一）现金与现金等价物

现金流量表是专门用于反映企业在一定会计期间现金及现金等价物流入和流出情况的报表。因此，现金及现金等价物是该表的核心内容。

现金流量表中的现金是个广义的概念，它包括库存现金、银行存款和其他货币资金。其中，库存现金指的是企业持有、可随时用于支付的现金金额，亦即"现金"账户核算的现金（即狭义的现金）；银行存款指的是企业存放在金融机构、随时可用于支付的存款，它与"银行存款"账户核算的银行存款基本一致；其他货币资金指的是企业存放在金融机构、有特定用途的资金，亦即"其他货币资金"账户核算的银行存款，如银行汇票存款、银行本票存款、外埠存款、信用保证金存款、在途货币资金等。

现金流量表中的现金等价物则指企业持有期限短、流动性强、易于转换为已知金额的现金、价值变动风险很小的投资,例如,购买可流通的三个月内到期的短期债券。现金等价物虽然不是现金,但其支付能力与现金差别不大,可视为现金。企业应根据具体情况,确定现金等价物范围,并且一贯性地保持其划分标准,如改变划分标准,应视为会计政策的变更,并在会计报表附注中披露。

(二)现金流量表的结构与编制基础

现金流量表分为主表和附表(见表4-2和表4-3)。

表4-2　　　　　　　　　　　　现金流量表

会企03表

编制单位:　　　　　　　　　　年度　　　　　　　　　　单位:元

项目	行次	金额
一、经营活动产生的现金流量:		
销售商品、提供劳务收到的现金	1	
收到的税费返还	2	
收到的其他与经营活动有关的现金	3	
现金流入小计	4	公式单元
购买商品、接受劳务支付的现金	5	
支付给职工以及为职工支付的现金	6	
支付的各项税费	7	
支付的其他与经营活动有关的现金	8	
现金流出小计	9	公式单元
经营活动产生的现金流量净额	10	公式单元
二、投资活动产生的现金流量:		
收回投资所收到的现金	11	
取得投资收益所收到的现金	12	
处置固定资产、无形资产和其他长期资产所收回的现金净额	13	
收到的其他与投资活动有关的现金	14	
现金流入小计	15	公式单元
购建固定资产、无形资产和其他长期资产所支付的现金	16	
投资所支付的现金	17	
支付的其他与投资活动有关的现金	18	

续表

项　　目	行次	金额
现金流出小计	19	公式单元
投资活动产生的现金流量净额	20	公式单元
三、筹资活动产生的现金流量：		
吸收投资所收到的现金	21	
借款所收到的现金	22	
收到的其他与筹资活动有关的现金	23	
现金流入小计	24	公式单元
偿还债务所支付的现金	25	
分配股利、利润或偿付利息所支付的现金	26	
支付的其他与筹资活动有关的现金	27	
现金流出小计	28	公式单元
筹资活动产生的现金流量净额	29	公式单元
四、汇率变动对现金的影响额	30	
五、现金及现金等价物净增加额	31	公式单元

制表人：　　　　　　　　　　会计主管：

单位负责人：

表4-3　　　　　　　　　　　　　现金流量表附表

编制单位：　　　　　　　　年度　　　　　　　　　　单位：元

补充资料	行次	金额
1. 将净利润调节为经营活动的现金流量：		
净利润	32	
加：计提的资产减值准备	33	
固定资产折旧	34	
无形资产摊销	35	
长期待摊费用摊销	36	
待摊费用减少（减：增加）	37	
预提费用增加（减：减少）	38	
处置固定资产、无形资产和其他长期资产的损失（减：收益）	39	
固定资产报废损失	40	

续表

补充资料	行次	金额
财务费用	41	
投资损失（减：收益）	42	
递延税款贷项（减：借项）	43	
存货的减少（减：增加）	44	
经营性应收项目的减少（减：增加）	45	
经营性应付项目的增加（减：减少）	46	
其他	47	
经营活动产生的现金流量净额	48	公式单元
2. 不涉及现金收支的投资和筹资活动：		
债务转为资本	49	
一年内到期的可转换公司债券	50	
融资租入固定资产	51	
3. 现金及现金等价物净增加情况		
现金的期末余额	52	
减：现金的期初余额	53	
加：现金等价物的期末余额	54	
减：现金等价物的期初余额	55	
现金及现金等价物净增加额	56	公式单元

制表人：　　　　　　　　　会计主管：
单位负责人：

　　主表基本是按照不同类别的现金流量来分类和列示的，它包括五个大项：经营活动现金流量、投资活动现金流量、筹资活动现金流量、汇率变动对现金的影响和现金及等价物净增加额。与其他会计报表编制基础（权责发生制下的会计凭证和账簿）不同，现金流量表的编制基础是收付实现制下的会计凭证和账簿。

　　附表的编制基础则是按权责发生制下的会计凭证和账簿经过调整后编制的，其内容包括：将净利润调节为经营活动产生的现金流量、不涉及现金收支的投资和筹资活动和现金及等价物净增加额。

　　现金流量表的主表与附表相关项目间存在的钩稽关系，包括：一是主表第一项经营活动产生的现金流量净额应等于附表第一项经常活动产生的现金流量净额；二是主表第五项现金及等价物净增加额应等于附表第三项中的现金及等价物净增加额；三是主表的数字是流入与流出的差额，附表中的数字是权责发生制下的账户期末数与期初数的差额。

(三) 现金流量表的内容

现金流量表是反映现金流量的报表。所谓现金流量是指企业某一段时期内现金流入和流出的数量。企业的现金流量可分为三类：经营活动产生的现金流量、投资活动产生的现金流量和筹资活动产生的现金流量。我们一般按现金流入和流出总额反映，且以"现金流入－现金流出 ＝现金净流量"这一公式为基础列示。其具体反映的内容如下：

1. 经营活动产生的现金流量。经营活动是指企业投资活动和筹资活动以外的所有交易和事项。就企业来说，经营活动主要包括：销售商品、提供劳务、经营租赁、购买商品、接受劳务、广告宣传、推销商品、交纳税款等。各类企业由于行业特点不同，对经营活动的认定也存在一定差异，因此，在编制现金流量表时，应根据企业的实际情况，从现金流入和现金流出两个角度对现金流量进行合理的归类。

2. 投资活动产生的现金流量。投资活动是指企业长期资产的购建和不包括在现金等价物范围内的投资及其处理活动，主要包括：取得和收回投资，购建和处置固定资产、无形资产和其他长期资产等。其中，长期资产是指固定资产、在建工程、无形资产、其他资产等持有期限在一年或一个营业周期以上的资产。已包括在现金等价物范围内的投资应视为现金，不属于投资活动产生的现金流量项目。

3. 筹资活动产生的现金流量。筹资活动是指导致企业资本及债务规模和构成发生变化的活动。其中：资本包括实收资本（股本）、资本溢价（股本溢价）；与资本有关的现金流入和流出项目，包括吸收投资、发行股票、分配利润等；债务指企业对外举债所借入的款项，如发行债券、向金融企业借入款项以及偿还债务等。

二、现金流量表编制方法

(一) 直接法

直接法通过现金收入和支出的主要类别反映来自企业经营活动、投资活动、筹资活动的现金流量。在实务中，一般是以利润表中的主营业务收入为起算点，调整与经营活动各项目有关的增减变动，然后分别计算出现金流量表各类别的现金流量。直接法一目了然，现金流入的来源和流出的去向明显列示，这正体现了编制现金流量表的目的。

(二) 间接法

间接法是以本期利润表中的净利润为起算点，调整不涉及现金收支的收入、费用、营业外收支以及应收应付等项目的增减变动，据此计算并列示经营活动的现金流量。本期利润表中的净利润是按权责发生制计算的，而有些收入、费用项目并没有发生实际的现金流入和流出，通过对这些项目的调整，即可将净利润调整为经营活动现金流量。结果与按照直接法编制的相一致，从而可相互核对，以保证结果的正确性。间接法的优点是其提供的信息有助于分析企业本期净利润与经营活动产生现金流量的差异及其原因，从而可从现金流量角度分析企业净利润的质量。

我国会计准则规定，企业在用直接法填报现金流量主表的同时，以间接法计算经营活动的现金流量，作为现金流量表的补充资料。

（三）计算机环境下现金流量表的编制方法

手工会计现金流量表编制采用的是工作底稿法或T形账户法，都是以"资产负债表"和"利润表"数据为编制基础，以总账、明细账及记账凭证等资料为依据，对每一项目进行分析并编制调整分录，最后编制出现金流量表。由于计算机工作的特点，现金流量表的编制可在经济业务发生、会计数据输入到计算时开始，将与现金流量变化有关和与现金流量无关的数据进行分类，以便编制现金流量表时将分类汇总直接在表中列示，这就从根本上解决了手工会计环境下期末编制现金流量表的困难。计算机编制现金流量表的方法概括起来有以下几种：

1. 现金科目明细化法。现金科目明细法是一种较简捷的编制现金流量表方法，也即在现金科目下按现金流量表各项目设置明细科目，当每笔现金业务发生时，按现金流量表的项目要求分析现金流向，然后选择相应的明细科目做账务处理，期末对各种现金明细科目进行汇总后，其发生额实际上就是现金流量表项目应分别填列的金额。这种编制方法的思路简单明了，报表数据精确程度高，但它要求录入员在输入凭证时分析和判断现金科目的流向，因此对用户的要求较高。

2. 辅助项目核算法。辅助项目核算法的思路是：将现金和现金等价物科目设置为辅助核算，其辅助核算项目可直接按现金流量表表外取数项目设置。在编制记账凭证时，将涉及现金流量变化和不涉及现金流量变化的事项按设定项目分类，期末根据项目总账统计表和项目明细统计表设置公式，由计算机自动编制现金流量表。这种方法的原理实际上和第一种方法类似，不同之处在于它用总账中的辅助核算功能代替了现金科目下的明细账设置，其不足之处依然是需要会计人员具有较高的会计业务分析和判断能力。

3. 标志字段法。设立标志字段方法的基本思路是：按影响现金流量变化和不影响现金流量变化的分别建立标志字段，在输入记账凭证时对于程序能够根据对应科目自动区分的业务分别加以标记，如销售商品业务，通常的会计分录为：借记"现金（或银行存款、应收账款）"科目，由于对应关系明确，计算机程序完全可以根据对方科目自动将现金（银行存款、应收账款）按商品价款金额和税款金额分别加以标记。对于计算机程序难以区分的一些涉及多借多贷的复杂业务，则由会计人员在输入凭证时或在编制现金流量表前手工操作计算机，对相应的内容加以标示。期末根据不同的标记分别进行汇总，自动填列现金流量表。这种编制方法是一种非常简便而且数据精度较高的处理方法，一些通用会计软件都采用此种方法。

4. 凭证摘要标注法。凭证摘要标记法的基本原理是：在输入收付现金及现金等价物的记账凭证时，在凭证摘要中标明所涉及的现金流量表行次，在设计现金流量表表外取数项目的取数公式时，直接按凭证库摘要字段中所涉及的现金流量表行次取数。其思路和上述三种方法类似。

三、现金流量表编制的操作

(一) 初始化

无论采用何种编制方法,在计算机编制现金流量表前都要做一些初始化工作。这些初始化工作由于所采用的编制方法不同而有较大的差异,甚至同一会计软件的不同版本间也存在不同。以用友 U8 的现金流量表模块为例,其初始化设置的主要内容如下:

1. 基本科目设置。一般情况下,现金流量表的现金对应企业会计账户中的现金、银行存款、其他货币资金等科目。由于不同的企业科目设置有所不同,因此,在编制现金流量表时首先要对现金及现金等价物科目加以定义。

2. 定义计算项目和填报项目的数据来源。填报项目是反映在现金流量表上的项目,通常系统会按制度要求对现金流量表的项目进行预置。计算项目是为了反映填报项目的组成而设置的中间项目。计算机项目描述具体的数据来源,即用户按照计算项目设定现金流量表的取数公式,然后指定计算项目和填报项目之间的关系。例如,可以定义填报项目为"销售商品、提供劳务收到的现金",定义计算项目为"销售商品收到的现金"和"提供劳务收到的现金"。则填报项目"销售商品、提供劳务收到的现金" = 计算项目"销售商品收到的现金" + 计算项目"提供劳务收到的现金"。

对于计算项目的数据来源,系统提供了四种方法:凭证分析、查账指定、取自报表和取自总账。

(1) 凭证分析。首先由用户定义凭证的取数条件,包括:摘要、借方必有科目和贷方必有科目,然后系统根据指定的条件,对分析期间内的拆分凭证进行筛选,将所有满足条件的凭证发生额进行汇总,得到需要的数据。

(2) 查账指定。指用户无法通过凭证分析得出数据时,系统提供了人机交互的条件查账界面,使用户可逐步缩小数据搜索范围,最终找到符合条件的凭证,将其数据归入现金流量表的计算项目。

(3) 取自报表。在生成现金流量表附表时,许多数据可来源于相应的资产负债表和利润表。因此系统提供了取自它表数据的功能。

(4) 取自总账。只要指定需要取数的科目编码和月份,系统就会自动从总账系统中取得数据。

3. 拆分"多借多贷"凭证和凭证准备。由于现金流量表的填报要求,在生成现金流量表之前,要对企业的凭证进行规范性处理,以明确每笔业务内所包含的现金流向,其内容是将多借多贷的凭证、一借多贷的凭证、一贷多借的凭证按需要都拆分成一借一贷的凭证。经过拆分的凭证,只是从形式上发生了变化,各科目的金额仍与总账系统相等。凭证拆分有两种方式:一是自动拆分,系统根据一般用户填制多借多贷凭证的形式,采用金额对应型、成批金额对应型、比例分配型和月末结转型四种自动拆分方法;二是手动拆分,由人工干预拆分多借多贷凭证。

通常用户只需要拆分多借多贷凭证,其余工作通过执行"凭证准备"模块,系统自动将一借多贷的凭证、一贷多借的凭证进一步拆分成一借一贷的凭证。

(二) 生成现金流量表

当进行完初始化工作后,就可以自动生成现金流量表。系统在协助用户自动调平现金流量表的基础上,还要提供手工调整的功能。如果用户对自动计算的结果不满意,认为个别项目中的数据可能"张冠李戴",就可以通过手动调整,将部分或全部数据调整到其他项目中,此外,用户还可通过查询功能,随时查阅已生成的现金流量表及拆分的凭证。

在计算机环境下,现金流量表除了可以按日、按月、按季、按年编制外,同时还有汇总生成的功能。例如,如果用户是按月进行现金流量表的编制工作,那么到年底就可以将全年12个月的月表汇总为年现金流量表。如果用户对不同账套的相同期间分别编制了现金流量表,那么也可以汇总生成总的现金流量表。

【本章小结】

会计报表是会计核算工作的结果,是反映会计主体财务状况、经营成果和现金流量等的书面文件,也是财务部门提供财务信息资料的重要手段。编制会计报表是财务部门工作的重要内容。由于会计报表的编制过程有一定规律性,所以在一般计算机会计软件中都提供了会计报表子系统或会计报表模块,帮助用户及时、方便地编制各种会计报表。

计算机报表编制的基本流程是:报表名称登记、报表格式及数据处理公式设置、报表编制和报表输出。其中报表格式及数据处理公式设置是处理的关键。由于编制现金流量表的依据原则与编制其他报表有所不同,因此,在报表系统中对现金流量表的编制方法采用了一些特殊的处理。对这些特殊处理方式应该有所了解。报表格式和报表数据处理公式的设置,现金流量表的编制方法是本章的难点。

复习思考题

1. 简述会计报表系统的基本处理流程。
2. 报表格式设置和报表公式设置的要点是什么?
3. 报表编制和报表输出的基本要点是什么?

第五章
工资系统

【**本章学习目的**】 了解工资系统的任务、特点和目标；理解工资系统的业务流程和数据流程；掌握工资系统的初始设置和日常业务处理方法。

【**案例导引**】

某公司的工资系统

某公司是一家大型的航空电子企业，主要制造各种军事电子设备系统、卫星系统，以及这些系统的商业用副产品。该公司在遍布整个地区的16个场所中共有65 000多名员工。整个公司被划分成12个主要部门。商用产品部就是其中之一。

商用产品部负责制造各种电子设备和雷达产品。该部门共有约2 500名员工，部门上一年收入为7.81亿美元。现有的工资系统存在着下面一些问题，所以急需开发一个新的工资系统。

第一，存在重复性的数据输入工作。即数据字段需要在不同文件或表格中输入一次以上。例如，考勤表中的数据既要单独地输入到工资单文件中，又要单独地输入到汇总工资文件中。

第二，内部文档不得不在多个地点来回转移。例如，考勤表起始于信息系统部门，然后送交给工资管理部门，接着再被送到各个不同的部门中，最后再把考勤表送交回工资管理部门。书面表格的这种持续性的移动，会增加整个处理过程的时间。此外，文档的多次"传接球"，还会增加人为错误、数据丢失和欺诈行为等风险。

第三，工资管理系统是独立的，而不是与某个综合性的数据库相统一的。这就会导致这样一种风险：在不同的文件中，同一字段可能会被更新成不同的数值。这也会导致相当程度的数据冗余——即在不同的文件中包含有相同的字段。

第四，工资管理系统只适用于永久性全时工作员工的情况。公司的首席执行官最近向商用产品部提交了一份备忘录，其中解释了公司的长期计划要求将永久性员工与合同制员工的比例从8:2改变到6:4。为了更好地适应这种战略性转变，必须对工资管理系统进行相应的修改。

第五，在当前的工资管理系统中，在计算加班的时候，使用的是传统的计算方法，即把每周中超出40小时的小时数定义为加班工时。但是在最近相关的立法规定中，对于加班的定义方法采用的则是如下的方式：

一是每天超出8小时的小时数就算作加班工时，无论员工在那个星期里的工作时间是否超过40个小时；二是对于每天超过12个小时或每周超过55个小时的情况，所超出的小时数应当支付正常情况下双倍的工资。

第六，商用产品部正在从事大量的项目工作。在一个项目的持续期间，来自各部门的人员会被分派给一位项目经理。而这些项目通常都是按照成本加成的方式，向业主开具账单的。因此，有必要对包括人员工时在内的所有成本，都进行更为详细的追踪。但是早在这种项目导向的工作方式开始实施之前，当前的工资管理系统就已经付诸实施了。

第一节 工资系统概述

工资是企业依据职工付出劳动的数量和质量，在一定时期内以货币形式付给职工的劳动报酬。工资核算是所有单位会计核算中最基本的业务之一。工资核算和管理的正确与否关系到企业每一个职工的切身利益，对于调动每一个职工的工作积极性，正确处理企业与职工之间的经济关系具有重要意义。企业的工资费用是产品成本的重要组成部分，加强劳动工资管理，合理调配人员组织生产，有效控制工资费用在成本中的比例，可以有效地降低产品成本。

工资系统是企业会计信息系统中一个重要子系统。在职工较多的单位工资核算与管理是一项任务繁重、时效性较强的工作，因此，也是会计人员要求迫切，使用广泛的一个专项子系统，很多企业的会计信息系统的研制与开发都是从工资系统开始的。

一、工资管理

工资管理的基本过程涉及工资的计算、汇总、发放和分摊。工资制度围绕职工劳动报酬，对工资等级、工资标准、工资形式、奖励与津贴制度等做出有关规定。工资总额是企业在一定时期内直接支付给本企业职工的全部劳动报酬。工业企业中目前我国规定的工资组成有计时工资、计件工资、奖金、津贴和补助、加班加点工资和特殊情况下支付的工资。

工资管理包括的内容主要有：

1. 企业应按照劳动工资制度的规定，根据考勤记录、工时记录、产量记录、工资标准和工资等级等，编制"工资单"（也称工资结算单、工资表、工资计算表等），准确及时的计算职工的应发工资、代扣款项和实发工资。企业一般可按单位、部门编制工资结算单。工资结算单通常一式三份：一份由劳动工资部门保存；一份按每一职工裁成单条，连同工资一并发给职工，以便核对；一份由职工签章后作为财会部门工资结算和支付的凭证。工资结算单中的应付工资，一般由劳动工资部门按有关资料计算填列，代扣款项和实发工资一般由财会部门根据有关部门的扣款通知单填列。

2. 财会部门将"工资单"进行汇总，编制"工资汇总表"，按规定手续向银行提取现金发放工资，也可以由银行代发。现金发放时，需考虑票面的分布以及零头的扣除的处理，以方便财务人员的发放工作。银行代发需要每位职工的银行账号，以便企业通知银行发放。

3. 企业职工在各自不同的岗位上，从事着不同性质的工作，不同类型的职工工资支出体现为不同的成本、费用，需按受益的情况，进行准确的分配。因此，在处理工资时需要区分不同性质的职工，例如，企业的行政管理人员、工厂专设销售机构的人员、生产车间的管理人员、生产车间的生产人员、固定资产工程建设人员等，他们的工资分别需要分摊到不同的成本费用项目上，因此需要做出准确的区分。此外，与职工工资密切相关的还有应付福利费、应付工会经费和职工教育经费，这些项目均需要按照职工工资总额（扣除按规定标准发放的住房补贴）的一定比例计提，分摊到相应的成本费用上。其中，应付福利费的比例为14%，工会经费为2%，职工教育经费为1.5%。

4. 企业职工发生调入、调出、内部调动或者调整工资时，需要及时处理。

二、工资系统的特点和目标

（一）工资系统的特点

由于工资涉及国家、企业、职工等多方面的利益，因而决定了工资系统具有区别于其他子系统的特征。

1. 涉及面广。工资的核算和管理不仅涉及企业的每个职工，而且涉及企业的所有组织机构。同时工资又是成本的重要组成部分，合理地组织工资的核算与管理，能有效地控制产品成本中的工资费用，达到降低成本，提高经济效益的目的。

2. 项目繁多。我国工业企业应付工资项目和应扣款项内容繁多。

3. 计算复杂。计算过程中需要严格遵守国家有关法规与政策，计算过程复杂。

4. 重复性强。一般来说工资核算的方法较固定，每名职工工资的计算方法大都是重复同样的流程。

5. 原始数据来源分散，数据量大。如房租、水电来自水电房管部门，人员变动来自人事部门等，必须建立完善的数据采集制度，保证原始数据及时、准确地到达数据处理部门。

6. 时间性强。工资的发放有一定的时间限制，必须严格按规定时间完成计提和发放，并保证工资计算准确无误。

（二）工资系统的目标

根据工资系统的上述特点，一个完善的工资系统的目标应包括以下几方面：

1. 对职工档案和部门档案进行管理，以便在此基础上计算、分摊工资，并进行相关的统计分析。职工发生调入、调出或内部调动时，及时更新职工档案。

2. 对工资项目中固定数据进行管理，并且在固定数据发生调整时及时更新。

3. 及时准确地输入每月变动的考勤记录、工时记录、产量记录和代扣款项，根据工资标准、工资等级相关规定，正确计算应付工资、代扣款合计、实发工资和个人所得税，编制工资单和工资汇总表。

4. 及时为工资的发放做好准备，例如，现金票面的分解、扣零处理，或者银行代发文件的及时传输，以保证工资发放业务能及时进行。至于现金的实际支付或者银行存款的实际转账，一般不在这个系统处理。

5. 月末根据职工所属的部门以及工作的性质对职工工资进行准确的分摊,并计提相关的费用,以正确反映企业的成本费用。

6. 提供上述有关信息的动态查询和打印功能,并传递数据给总账系统和成本系统。

7. 提供各种工资管理信息,辅助人力资源的相关决策和管理。

第二节 工资系统流程分析

本节我们以工业企业为例,介绍工资系统的业务流程与数据流程。

一、工资系统的业务流程

工资业务处理过程的主要步骤如下:

(1) 对来源于企业各部门的考勤、加班和产量工时记录进行审核,并计算病事假扣款、个人所得税和应发工资等,综合行政部门的代扣款计算职工实发工资。

(2) 根据以上原始数据和计算结果编制工资表。

(3) 对工资表数据按职工所属部门和工作性质,进行汇总编制工资汇总表及工资费用分配表、个人所得税申报表、职工福利费计提表等。

(4) 根据各汇总报表编制记账凭证并进行账务处理。

工资业务处理流程如图 5-1 所示。

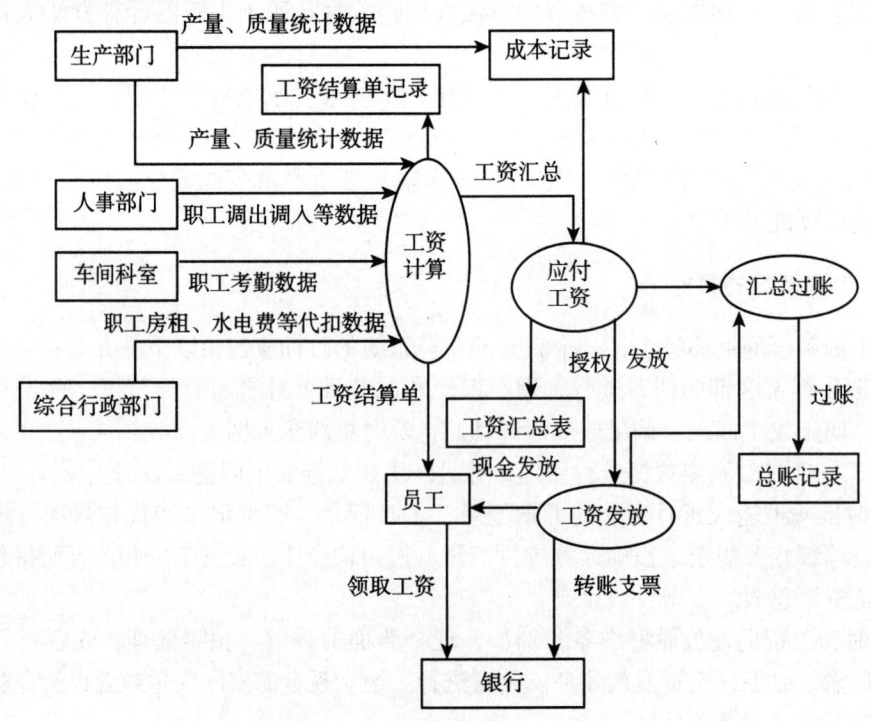

图 5-1 工资系统业务流程

二、工资系统的数据流程

从图5-1中我们知道工资系统业务流程主要包括各种工资资料的输入、审核确认、工资的计算、分摊和发放，同时包含工资数据向总账系统和成本系统的传递。工资系统包含三类数据：一类是固定业务数据，例如，职工编码、职工姓名、所属部门、人员类别和标准工资等每月固定不变或相对固定的数据，这类数据在系统启用以后即可输入，当发生变动时再行修改；第二类是变动业务数据，例如，事假、病假、加班工资、计件工资、代扣水电费等每月变动的数据，需要在每月进行工资业务处理时进行编辑修改；第三类是基础数据，包括系统参数设置、扣税设置、扣零设置、人员编码设置、工资项目设置、人员附加信息设置、银行名称设置、人员类别设置、人员档案管理、计件工资标准和方案设置，这些一般也在系统启动后即可输入。工资系统数据流程图如图5-2所示。

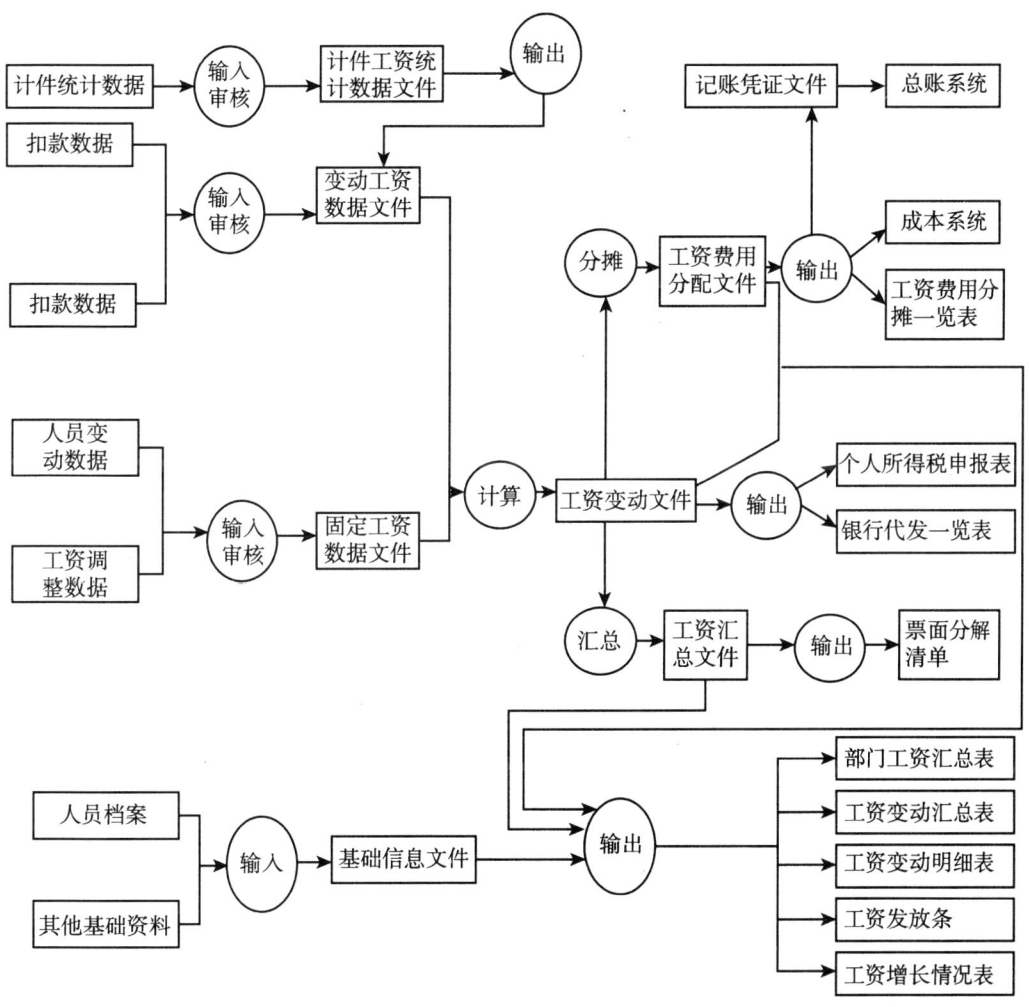

图5-2 工资系统数据流程

流程图说明如下：

（1）用户首先完成基础数据录入，数据保存在基础信息文件中，以备调用。

（2）依据人员变动数据和工资调整数据，更新固定工资数据文件。

（3）输入计件统计资料，存入计件工资统计数据文件。

（4）输入事假、病假、加班工资、代扣水电费等每月变动的数据，并接收当月的计件工资统计文件的数据，形成当月的变动工资数据文件。

（5）依据固定工资数据文件和变动工资数据文件的数据，计算应发工资、代扣款项、实发工资等项目，存入工资变动文件。有的软件不区分固定工资数据文件和变动工资数据文件，而是设置一个工资变动文件，直接进行工资计算，计算结果仍然保存在工资变动文件中。

（6）月末对应付工资进行分摊，并计提工资的相关的费用，包括应付福利费、工会经费和职工教育经费。分配的结果存入工资费用分配文件。

（7）工资费用分配文件中的工资以及福利费分摊的数据传递到成本系统，作为人工成本计算的依据。

（8）系统自动将工资费用分配文件中工资以及福利费、工会经费、职工教育经费的数据加工成机制凭证存在记账凭证文件，并通过自动转账模块传递到总账系统。

（9）根据用户的需要，系统通过基础信息文件、工资变动文件、工资汇总文件和工资费用分配文件输出各种统计表。

三、工资系统的功能模块

工资系统主要的功能模块包括：初始化模块、业务处理、账表输出、自动转账和系统服务五个模块，每个功能模块下又可设置若干个相对独立的子模块，如图5-3所示。

1. 初始化设置。工资系统的初始化设置主要是完成参数设置、扣税设置、扣零设置、人员编码设置、工资项目设置、人员附加信息设置、银行名称设置、人员类别设置、人员档案设置、计件工资设置和方案设置以及年初建账。

2. 业务处理。工资系统业务处理主要是输入职工调动数据，更新人员档案以及与此相关的工资变动文件，输入工资调整数据、计件工资数据、考勤数据、病假事假数据和代扣款项数据，据此编辑工资变动文件，计算应发工资、代扣款项和实发工资，在计算实发工资时，可以进行扣零处理，方便工资的发放；按照工资变动的文件，遵循个人所得税的规定，进行所得税扣缴处理；对各个职工的工资变动数据进行汇总，并进行工资费用的分摊，将工资以及相关的费用分配到各种成本费用科目，编制工资费用分摊一览表；为了便于现金发放，子系统提供票面分解的功能，编制分钱清单；如果企业委托银行代发，可以进行银行代发处理，编制和传输银行代发一览表。

3. 账表输出。输出用户需要的各种统计报表。

4. 自动转账。自动转账包括三个模块：转账凭证设置、编制转账凭证和自动转账。该模块的作用是根据用户输入的业务数据生成记账凭证并自动传递到总账系统。

5. 系统服务。系统服务模块主要包括工资系统相关数据的备份、数据恢复、系统维护、修改口令等功能。

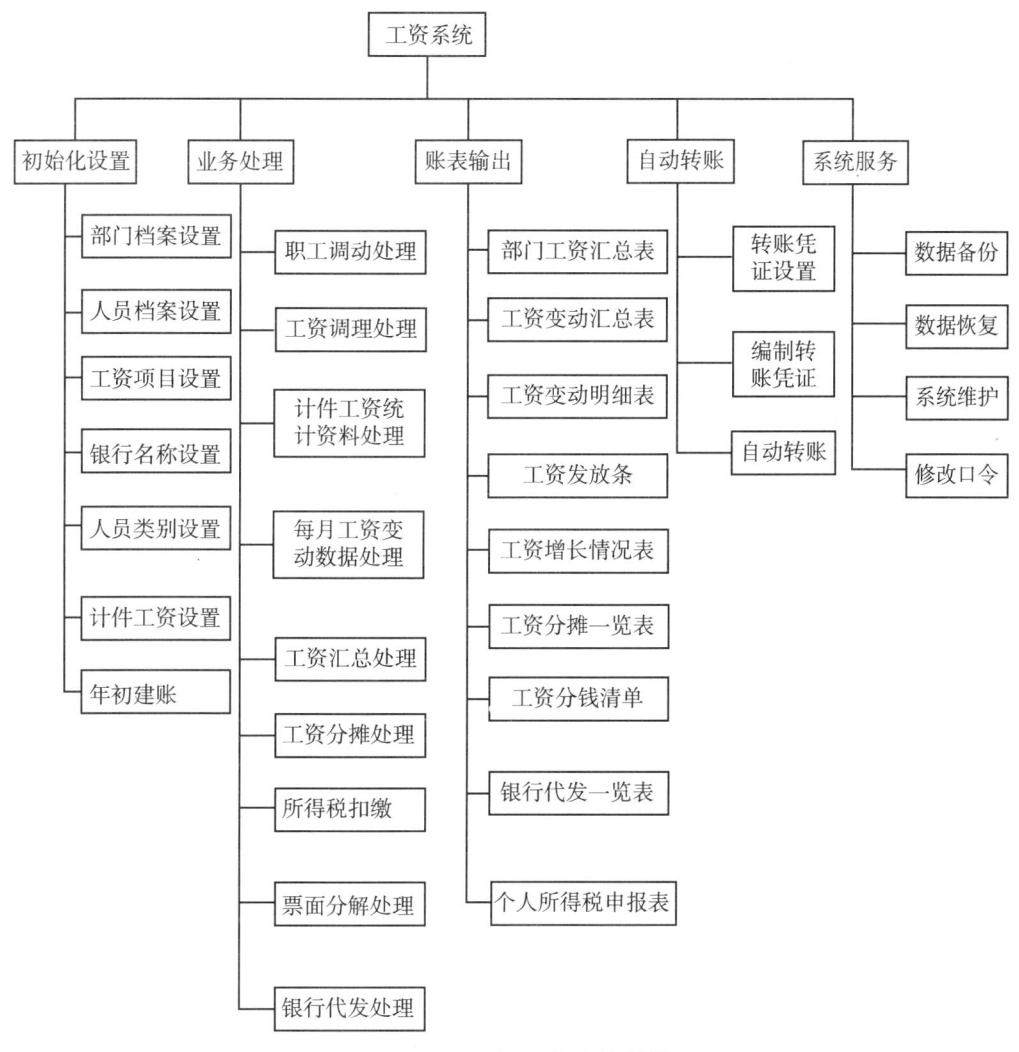

图 5-3 工资系统功能模块

第三节 工资系统的初始设置

工资系统的初始设置是为用户在计算机上处理企业的工资业务提供一个合适的运行环境而设计的模块，其目的是使通用的工资业务管理系统能够适应本企业工资业务的管理需要，同时，也提供了企业在经济业务处理发生变化时对已有的设置进行修改的平台。系统初始化设置主要内容包括：工资核算币种、扣零处理、个人所得税扣税处理、是否核算计件工资等账套参数设置、人员附加信息设置、人员类别设置、人员档案设置、部门档案设置、代发工资银行名称设置、工资项目及计算公式设置、计件工资标准设置和工资方案设置。

一、账套参数设置

在新建账套时，即需要设置各种参数，这些参数以后一般可以在选项中查询，但账套如果使用以后一般不能修改。设置分为四个步骤：

1. 参数设置。一般系统允许账套处理多个工资类别，如单位按周或月发多次工资，或者是单位中有多种不同类别（部门）的人员，他们的工资发放项目不尽相同，计算公式亦不相同，但需进行统一工资核算管理，则应选择"多个"工资类别。如果单位中所有人员的工资统一管理，而人员的工资项目、工资计算公式全部相同，就应选择"单个"工资类别，以提高系统的运行效率。系统如设置多个工资类别，在工资业务处理时，就需选择相应的工资类别，类别的设置还与成本核算系统有关，当成本核算系统人工费用来自工资系统时，需要选择工资类别。

如果企业的某一工资类别采用人民币，就应选择人民币币种；如果企业的某一工资类别采用外币，则需要选择相应的外币币种。

如果企业采用了计件工资，就需要选择核算计件工资，这样该账套才能显示计件工资核算的相关信息，即在工资项目设置中显示"计件工资"项目；在人员档案中显示"核算计件工资"选项；在系统中显示"计件工资标准设置"功能菜单、"计件工资方案设置"功能菜单以及"计件工资统计"功能菜单。

2. 扣税设置。如果企业选择从工资中代扣个人所得税，工资核算时系统会根据输入的税率自动计算个人所得税额。

3. 扣零设置。如果企业选择扣零处理，系统在计算工资时将依据所选择的扣零类型将零头扣下，并在积累成整时补上。扣零的计算公式将由系统自动定义，无须设置。扣零类型可以根据扣零的方法加以选择，例如，扣零至元表示工资发放时不发 10 元以下的元、角、分，扣零至角表示工资发放时不发 1 元以下的角、分。

4. 人员编码设置。设置人员编码长度，最长不超过一定的位数，人员编码长度的选择主要依据职工编码方式以及职工人数而定。人员编码选择长度设置以后，就决定了工资账套中职工代码的长度。

二、人员附加信息设置

人员档案包含一些通用的基本项目，例如，部门名称、人员编号、姓名、人员类别、银行账号、是否核算计件工资等项目，这些基本项目一般都是工资业务处理时需要明确的属性。此外，为了对人员进行更加有效的管理，可以通过人员附加信息的设置，增加人员信息，丰富人员档案的内容。例如，增加设置人员的性别、民族、婚否等。如果觉得有些未使用的项目没有太大的意义，就可以删除，如果觉得有些项目的名称不妥，可以进行修改。

三、人员类别设置

人员类别的设置主要是为了便于按人员类别进行工资汇总计算，并进行工资费用的分摊设置。因为在有些情况下，人员所属的部门可以决定工资费用分摊的去向，例如，行政管理部门的人员工资分摊到管理费用中；而在有些情况下，则需要进一步区分同一部门的不同类别的人员，才能确定工资费用的分摊，例如，同属于某个生产车间，车间管理人员的工资费用一般应分摊到制造费用，车间生产工人的工资费用一般应分摊到生产成本。企业可以根据管理、决策的需要以及工资核算的需要进行设置，例如，可以设置企业管理人员、车间管理人员、销售人员、后勤人员；全员工、临时工等人员类别。不同的人员类别也可以用于工资项目的公式设置中，例如，为不同的人员类别设置不同的资金数额。在类别设置中可以增加新的类别，可以修改类别的名称，可以删除未使用的类别。在职工编码中，一般自动包含了人员类别的信息。这也便于按照不同的人员类别分类汇总工资数据，提供管理、决策需要的信息。

四、工资项目设置

工资包含的各种工资项目以及相应的计算公式的设置，可以说是工资初始设置中的一个重要内容。企业应按照工资制度的规定进行设置。企业可以增加新的工资项目，并设置该工资项目的类型、长度、小数位数和工资增减项。增项直接计入应发合计，减项直接计入扣款合计。工资项目的设置界面如图5-4所示。

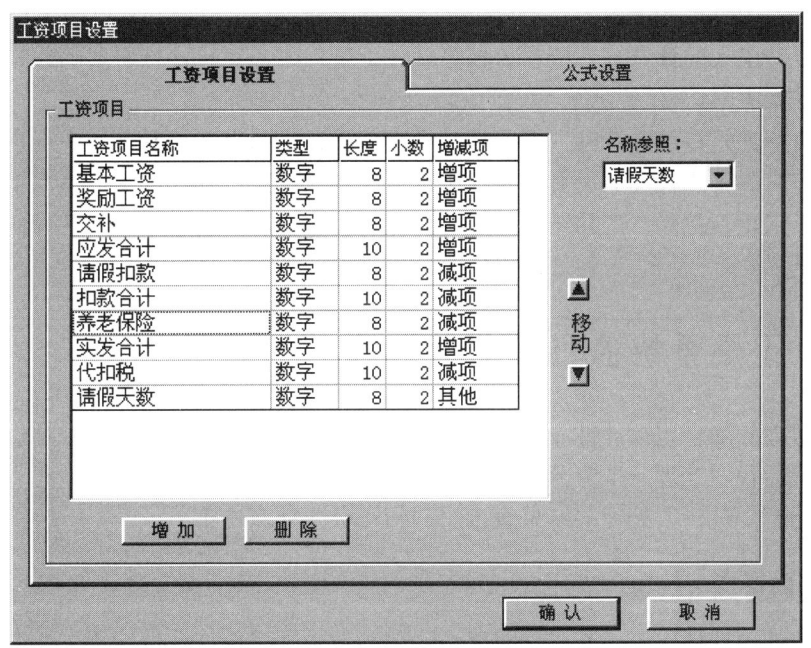

图5-4 工资项目的设置

在各个工资项目中，应发工资自动为各个增项之和，扣款合计自动为各个减项之和，实发工资自动为应发工资减去扣款合计的金额。在公式设置中，先增加需要设置公式的工资项目，或者选择一个已有的工资项目修改公式。设置公式时，可以包含已设置公式的其他项目，相同的工资项目也可以重复定义，多次计算，以最后的运行结果为准，因此定义公式时要注意先后顺序，先得到的数应先设置公式，例如，系统自动确定的应发合计、扣款合计和实发合计的公式应是公式定义框的最后三个公式，且实发合计的公式要在应发合计和扣款合计公式之后。定义工资项目计算公式要符合逻辑，系统将对公式进行合法性检查。

五、银行名称设置

如果企业委托银行代发工资，就需要进行银行名称的设置。企业可设置多个发放工资的银行，以适应不同的需要。例如，同一工资类别中的人员由于在不同的工作地点，需在不同的银行代发工资，或者不同的工资类别由不同的银行代发工资。

六、人员档案的设置

人员档案，又称为职工档案，是人力资源管理的重要基础数据。在工资系统中，工资业务的处理与每位职工的数据息息相关。人员档案用于记录职工的姓名、编号、部门、类别、变动等信息。

七、计件工资标准及方案的设置

在工业企业中，生产工人的工资可以包含计件工资项目，这样可以在日常的生产经营活动中，输入生产工人的计件统计资料，核算计件工资。为了支持计件工资的核算，需要设置计件工资标准及方案。

计件工资标准是指统计计件数据的统计标准和口径，只有在账套参数中选择核算计件工资，才能进行计件工资标准的设置。系统中来自成本核算系统的计件工资标准不能修改或删除，但可以不启用，例如，产品结构和工序。此外，企业可以自己定义其他计件工资标准。

第四节 工资系统的日常业务处理

工资日常业务处理包括计件工资统计、工资数据变动、工资分钱清单处理、扣缴个人所得税处理、银行代发处理、工资分摊处理和工资系统的账表输出处理。至于职工的调动处理可以在人员档案中进行，处理的结果直接反映到工资变动文件中。

一、计件工资统计

如果企业使用计件工资核算，就需要在账套参数中选择核算计件工资，在初始设置中设置计件工资标准和方案，在人员档案中设置该职员核算计件工资。

二、工资变动处理

工资变动处理进行工资数据的变动、汇总处理。工资变动表如表5-1所示。在工资变动处理中，除了显示相对固定的人员编码、姓名、部门和人员类别数据以外，还包含了企业设置的所有工资项目，此外，为了方便工资的发放，系统支持扣零处理，于是在工资变动中相应增设了本月扣零和上月扣零项目。关于扣零的处理,系统自动按照扣零参数的设置处理,无须设置公式,关于所得税扣缴的设置也有专门的模块进行处理,在工资变动中,只需要执行计算系统就可以根据所得税扣缴的规则自动计算代扣税金额。此外,在工资变动处理中应注意的事项如下:

(1) 当企业统一调整符合某条件的人员的某个工资项目的金额时,可以采用工资数据替换的功能,设置相应的条件照某个规则进行替换,以提高操作效率。

(2) 日常水电费扣发、事病假扣发、奖金录入等,因为每个职工各异,一般需要逐个输入。

(3) 若在个人所得税功能中修改了"税率表"或重新选择了"收入额合计项",则在退出个人所得税功能后,需要到本功能中执行重新计算功能,否则系统将保留修改个人所得税前的数据状态。

(4) 在修改了某些工资项目的数据、重新设置了工资项目的计算公式、进行了工资数据替换或在个人所得税中执行了自动扣税等操作以后,最好能对个人工资数据重新计算,以保证数据的正确。一般在工资数据变动以后,系统会自动提示重新计算和汇总。

表 5-1 工资变动表

人员编号	姓名	部门	人员类别	应发合计	扣款合计	实发合计	本月扣零
0000000001	李厂办	厂办	管理人员	1 050.00	12.50	1 038.00	
0000000002	刘运输	运输科	管理人员	850.00	12.00	838.00	
0000000003	王铸钢	铸钢车间	管理人员	900.00	5.00	895.00	
0000000026	刘铸纲	铸钢车间	生产人员	900.00	5.00	895.00	
0000000027	张铸钢	铸钢车间	生产人员	1 350.00	30.00	1 320.00	
0000000004	王锻压	锻压车间	管理人员	900.00	5.00	895.00	
0000000028	李锻压	锻压车间	生产人员	900.00	5.00	895.00	
0000000029	张锻压	锻压车间	生产人员	900.00	5.00	895.00	

三、工资分钱清单

工资分钱清单处理主要是提供部门分钱清单、人员分钱清单和工资发放取款单。工资分钱清单是按单位计算的工资发放分钱票面额清单,会计人员根据此表从银行取款并发给各部门。执行此功能必须在个人数据输入调整完之后,如果个人数据在计算后又做了修改,须重新执行本功能,以保证数据正确。

进行票面额设置时,先要选择会计月份,再选择票面组合,确定后,系统根据实发工资项目自动计算出各种面额的张数。

工资分钱清单有三个,分别是部门分钱清单、人员分钱清单,工资发放取款单。部门分钱清单,可以查看最上一级带明细级部门分钱的各种票额张数;人员分钱清单,可以按部门查看人员分钱的各种票据的张数；工资发放取款单，可以查看该工资类别的分钱总数，可按此面额取款，便于工资现金发放。

四、扣缴个人所得税

一般软件可以提供个人所得税自动计算功能，在使用时，只需自定义所得税率，系统就可以按照设定的所得税税率，自动控制计算个人所得税，如图5-5所示。

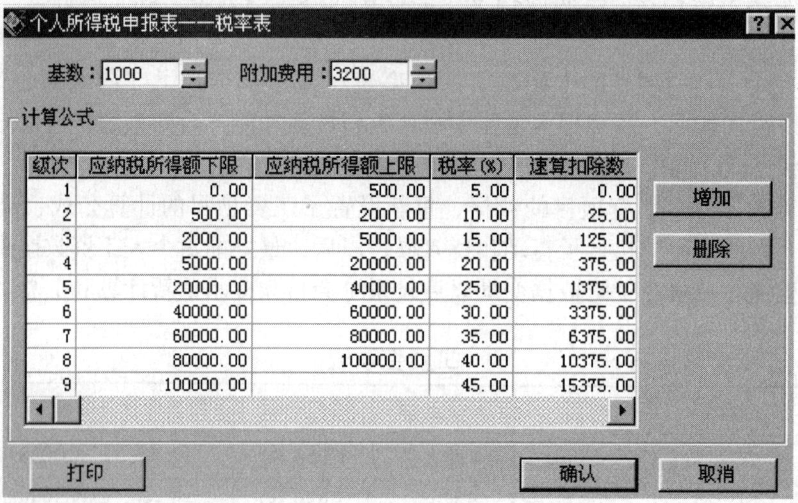

级次	应纳税所得额下限	应纳税所得额上限	税率(%)	速算扣除数
1	0.00	500.00	5.00	0.00
2	500.00	2000.00	10.00	25.00
3	2000.00	5000.00	15.00	125.00
4	5000.00	20000.00	20.00	375.00
5	20000.00	40000.00	25.00	1375.00
6	40000.00	60000.00	30.00	3375.00
7	60000.00	80000.00	35.00	6375.00
8	80000.00	100000.00	40.00	10375.00
9	100000.00		45.00	15375.00

图5-5　个人所得税税率表

设置完个人所得税税率以后，系统就可以依据设置的扣除费用、税率和对应的收入额合计，自动计算每个职工的应纳税所得额和应缴纳的个人所得税税额，编制个人所得税扣缴申报表，如图5-6所示。

姓名	所得期间	所得项目	收入额合计	减费用额	应纳税所得额	税率（%）
李厂办	2	工资	1 050.00	800.00	250.00	5.00
刘运输	2	工资	840.00	800.00	40.00	5.00
王铸钢	2	工资	900.00	800.00	100.00	5.00
刘铸纲	2	工资	900.00	800.00	100.00	5.00
张铸钢	2	工资	1 350.00	800.00	550.00	10.00
王锻压	2	工资	900.00	800.00	100.00	5.00
李锻压	2	工资	900.00	800.00	100.00	5.00
张锻压	2	工资	900.00	800.00	100.00	5.00
王金工	2	工资	1 000.00	800.00	200.00	5.00
李金工	2	工资	900.00	800.00	100.00	5.00
张金工	2	工资	900.00	800.00	100.00	5.00

图5-6　个人所得税扣缴申报表

五、银行代发

企业如果由银行发放工资，就可以执行银行发放处理功能，在人员档案设置中选择了该员工采用银行代发，并且设置了银行账号以后，系统就可以根据工资变动文件中该员工实发工资的金额，编制银行代发一览表，列出所有采用银行代发的人员编号、账号和金额等信息。

六、工资分摊

工资分摊是指在月末自动完成工资分摊、计提和转账业务，并将生成的凭证传递到总账系统，实现各部门资源共享。工资分摊处理涉及下列操作：

（1）在处理工资分摊业务时，需要选择计提费用的类型、核算的部门、计提的会计月份、计提的分配方式。计提费用的类型一般和会计核算的需要相关。计提分配的方式一般按照部门就可以满足管理与核算的需要。处理界面如图 5－7 所示，接着执行工资分摊处理，就可以得出各种费用类型的一览表，如图 5－8 所示。

图 5－7　工资分摊处理

应付福利费计提一览表

类型：应付福利费计提

工资分摊 | 应付福利费计提 | 工会经费计提 | 职工教育经费计提

部门	类别	计提基数	提取比例（%）	提取额	借方科目编码
厂办	管理人员	1050.00	14.00	147.00	52102
运输科	管理人员	850.00	14.00	119.00	52102
铸钢车间	管理人员	900.00	14.00	126.00	40502
	生产人员	2250.00	14.00	315.00	40101
锻压车间	管理人员	900.00	14.00	126.00	40502
	生产人员	1800.00	14.00	252.00	40101
金工车间	管理人员	1000.00	14.00	140.00	40502
	生产人员	1800.00	14.00	252.00	40101
机装车间	管理人员	1050.00	14.00	147.00	40502
	生产人员	1800.00	14.00	252.00	40101
结构车间	管理人员	1000.00	14.00	140.00	40502
	生产人员	1800.00	14.00	252.00	40101

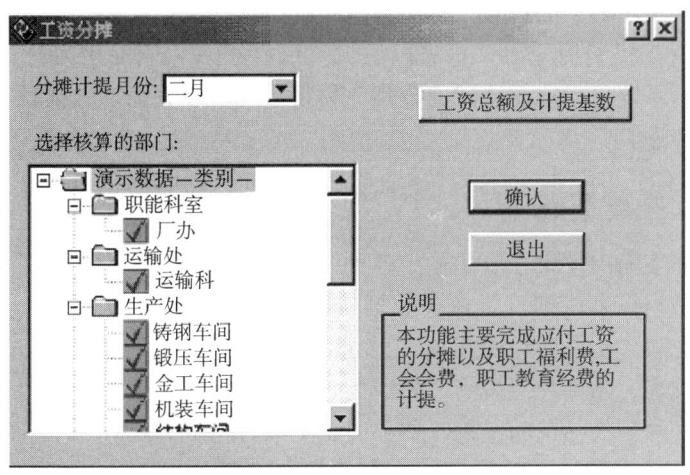

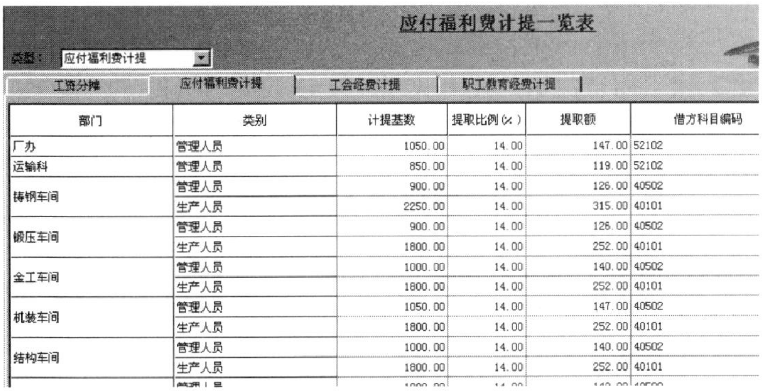

图 5－8　工资分摊一览表

(2) 在此之前,我们需要设置的是计提费用的类型。

(3) 执行增加以后就可以进入图 5-9 所示的工资计提比例设置的界面,在这里输入费用类型的名称,以及计提的比例。

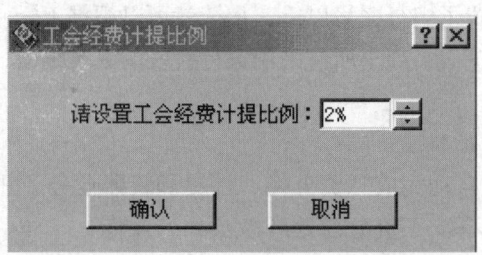

图 5-9　分摊计提比例设置

(4) 设置费用类型的名称和计提比例以后,就可以进入工资分摊构成设置了。

(5) 设置完分摊类型、分摊比例、部门名称、人员类别、项目、借方科目和贷方科目以后,就完成了该费用类型的设置,可以执行工资费用的分摊。

(6) 得出各种工资费用分摊一览表以后,就可以输入相应的借方科目和贷方科目,执行制单的功能,由系统自动按照分摊的金额、科目生成转账凭证。这样就实现了工资系统数据向总账系统的传递。

七、工资系统的账表输出

工资系统的账表输出模块主要是输出各种统计和分析报表。输出的账表可分为两类:一类是统计报表,该类报表依据日常业务数据按各种条件进行筛选后输出,如部门工资汇总表、工资变动汇总表、工资变动明细表、工资发放签名表、工资发放条、工资卡、人员类别汇总表、条件明细表、条件统计表等;另一类是工资分析类报表,是对两种以上输入数据进行比较后,再按各种条件筛选的结果,如部门工资项目构成分析表、工资增长情况表等。

【本章小结】

本章从工资核算和管理的需要出发介绍了工资系统的特点任务和目标;分析了工资系统的业务流程、数据流程和功能模块;重点讲解了工资系统的初始设置和日常业务处理。工资系统数据量比较大,除了固定数据外还有大量的变动数据需要处理,在学习过程中需要把握它与其他系统的联系。

复习思考题

1. 工资系统的任务有哪些?
2. 描述工资系统的数据处理流程。
3. 工资系统有哪些功能模块?
4. 工资系统的初始设置包括哪些内容?
5. 工资系统的日常业务处理有哪些?

第六章 固定资产系统

【本章学习目的】 了解固定资产的概念与固定资产系统的特点；理解固定资产流程的分析，明确固定资产功能模块的作用；掌握固定资产系统的初始化、日常处理及期末处理的基本原理和操作技能，能设计固定资产系统数据代码和功能模块；熟练运用固定资产系统的日常业务处理功能。

【案例导引】

条码与企业的完美结合

作为一种快捷、高效的自动识别技术，条码在各行业的应用日渐广泛，在被认为是关系企业成本的关键所在——固定资产管理方面，条码也成为许多用户的首选。近日中国联通有限公司广东分公司（以下简称广东联通）通过采用条码技术对其分散的、难于控制的资产管理系统进行进一步完善，其令人满意的成果再一次佐证了这一技术的可靠、安全。

随着市场的地域性发展，很多用户在固定资产管理方面都面临着固定资产使用地点分散的特点，即使在管理系统的支持下，固定资产标签的制定、填写或打印、粘贴，资产状态的跟踪，盘点等工作的质量和效率并没有得到良好的改善，固定资产管理依然是手工和计算机管理相结合。因此，需要引入条码来有效解决固定资产数据分散采集输入的瓶颈难题，这样才能将固定资产管理系统的功能最大化地发挥出来。

某公司从无到有，从小到大，业务从单一发展到综合，实现了飞跃式发展。和其他公司一样，越来越强劲的发展势头也同时为该公司带来了固定资产管理上的负担，面临的问题也是多种多样的：资产折旧数据不准确、账面价值统计不准确、盘点工作繁重、信息及时更新困难和耗时耗力等。

为了获得最佳的资产管理效果，达到资产实物和资产信息的统一，公司实施了固定资产管理流程优化项目，其中条码系统在整个项目中起了举足轻重的作用。

公司充分分析研究自身在固定资产管理业务上的需求，决定采用由国内先进的自动识别技术研发，产品应用和系统集成商为其量身定做的固定资产管理解决方案（IEAM），并将条码与无线技术引入其固定资产管理。在该系统中公司选用了国际先进的专业条码打印机，有效解决了固定资产数据分散采集输入的瓶颈难题，也将固定资产管理系统的功能最大化地发挥出来，实现更轻松、更有效地管理固定资产。

整套解决方案由资产日常管理、折旧管理、报表统计、重点资产、系统管理等模块组成。资产管理提供资产增加、减少、转移、租赁、停用、封存、闲置、报废和调拨等管理功能，提供所需各类报表，以及灵活多样的统计和查询。在固定资产上贴上条码以方便把其纳入数据库并保证及时的信息更新。同时，条码的唯一性使得公司可以对固定资产管理进行全程跟踪。在资产进行清查或巡检时可以更加方便、快捷和准确，大大提高了工作人员效率。固定资产系统与条形码设备之间的数据交换采用将固定资产系统资产信息下载到手持条码阅读采集设备，作为盘点时的基准；同时，将实际盘点数据上传至固定资产系统，辅助完成系统内的盘点数据核对功能。

条形码数据读取、检索必须按照公司要求的条件（包括资产分类、资产目录、卡片编号、使用部门、实物编号等）灵活进行；数据导入导出需支持多种方式（包括定制格式的 TXT、EXCEL 文件，或开放接口与 Oracle 系统直接对接）。条形码内容可包含固定资产的使用部门、数量、地址、资产性质的改变和其他备注信息。无论是在日常管理和一次性固定资产清查中，涵盖内容全面的条码都可以实现低错误率的快速管理效果。

在新的资产管理系统的帮助下，公司实现了高效率的固定资产管理，克服了固定资产种类、数量不断增长以及资产转移带来的账面无法及时反映等问题给管理带来的障碍。利用条码对资产的全程跟踪以及信息实时录入，使得固定资产信息可快速及时地更新，避免信息更新不及时带来的管理误差问题。

不仅如此，由于效率的提高所带来的人力资源成本削减，也使得公司有了更多的业务拓展资源。

第一节　固定资产系统概述

一、固定资产管理的意义

固定资产是指使用年限较长，单位价值较高，并且在使用过程中保持原有实物形态的主要劳动资料和其他物质设备。它是企业经营不可缺少的物资条件，是发展经济的物资技术基础。合理有效地组织固定资产的核算和管理工作，对于保证固定资产的安全完整并充分发挥其效能，保证企业再生产的资金来源等都具有重要的意义。

企业的固定资产是企业资产的重要组成部分，因此，应当加强固定资产的管理与核算。企业需要有一个健全的固定资产管理制度，明确管理责任，如实地反映固定资产的增减变动情况，保证其安全完整，并促使其得到合理补偿，保证成本费用得以正确计算；同时正确反映固定资产修理计划的执行情况和修理费支出，促使固定资产保持良好的工作状态；此外，正确反映固定资产建造工程支出，计算各项工程和交付使用固定资产的成本，促使固定资产建造工程支出的节约和成本的降低。

固定资产作为企业资产的主要组成部分是企业财务管理的重点，也是企业管理的重点。固定资产的正确核算是对企业固定资产进行严格管理的基础，但是仅仅提供会计制度规定的核算信息还远远不够。为了加强对企业固定资产的管理，企业的财务和固定资产的管理部门还应及时提供如"企业各部门、各类固定资产占用情况统计分析"、"企业生产设备役龄统计分析"、"生产、非生产用固定资产统计分析"、"闲置设备统计分析"等固定资产管理信息，以便反映固定资产的使用情况、分析固定资产的使用效率、挖掘固定资产的使用潜力和及时调配处理多余固定资产，促使企业合理配置和使用固定资产。为企业领导对企业拥有的固定资产进行管理决策提供依据。

固定资产管理是一项非常重要的工作。若疏于对固定资产的管理，将会造成固定资产账实不符，账目混乱，严重的还可能导致固定资产的流失。因此，采用固定资产系统就具有非常重要的意义。无论企业规模有多大，固定资产数量有多少，在使用固定资产系统后都能对固定资产实行严密、高效的管理。用友固定资产系统是一套用于固定资产核算和管理的软件，它能帮助企业财务部门进行固定资产价值、累计折旧数据的动态管理，为总账系统提供相关凭证，协助企业进行部分成本核算，同时还为设备管理部门提供固定资产的各项指标管理工作。由于企业固定资产的种类繁多、构成复杂，固定资产用于企业的生产经营活动而不是为了出售，因此与其他会计核算系统相比，固定资产的核算和管理有其固有的特点。了解这些特点对于正确地设计和使用固定资产系统具有重要的意义。

二、固定资产系统的特点和目标

（一）固定资产系统的特点

1. 数据量大，数据在计算机内保存时间长。企业所拥有的固定资产数量一般较多。为了便于企业各部门随时掌握固定资产的详细情况，系统内需要保留每一固定资产的详细资料。为了加强企业对固定资产的管理，保留必要的审计线索，即使是已淘汰的固定资产，这些资料也必须保留。因此系统保留的数据量较大、所有资料需要跨年度长期在系统中保留。

2. 数据处理频率较低。除了在系统初始设置时需要输入大量的固定资产详细数据外，在系统的日常业务处理中一般只需要输入少量的固定资产变动数据、每月计提折旧以及必要时输出报表和统计分析数据。数据处理的频率明显小于其他会计系统。

3. 数据处理方式较为简单。固定资产系统的数据处理主要是折旧的计算和各种统计分析报表的输出。虽然计提折旧的工作量较大，但计提折旧的算法比较简单。因此系统数据处理比较简单。

4. 数据综合查询和统计要求较高。为了满足企业对固定资产核算和管理的多方面需要，固定资产管理系统应该具有较强的查询和分类统计功能。数据输出主要以报表形式提供。

5. 需要灵活的自定义表功能。由于在实际工作中企业固定资产的各种信息通常以各种报表的形式提供。为了方便用户的使用，系统应该具有允许用户根据企业的需要自定义报表格式的功能。另外，各企业对固定资产管理要求不同，固定资产卡片的项目也不同，因此，需要有灵活的用户自定义固定资产卡片项目的功能。

(二) 固定资产系统的目标

1. 对固定资产卡片的格式进行管理,并录入初始的固定资产数据,以便在此基础上处理固定资产的增减变动,进行折旧的计提分配和固定资产减值准备的计提及冲回。
2. 根据固定资产增加的单据,及时准确的以固定资产卡片的方式录入到系统。
3. 根据固定资产减少的单据,及时进行资产减少的处理。
4. 在固定资产发生变动时,系统应当能根据相应的单据,及时准确地编制变动单进行相应的处理,从而为下一个期间折旧的进行和分配做好准备。
5. 在每个月月末,能根据每项固定资产的折旧方法、所属的部门、所属的类别、固定资产卡片中的相关数据,自动计提折旧和分配折旧费用。
6. 在固定资产全面检查以后,能根据固定资产可收回金额和账面价值的情况,及时准确地编制变动单,处理减值准备的计提和转回,反映固定资产的实际价值。
7. 提供上述有关信息的动态查询和打印功能,并在固定资产增加、减少、原值变动、累计折旧变动、折旧计提和分配、减值准备计提和冲回时,能自动生成记账凭证,传递数据给总账系统和成本系统。
8. 提供各种固定资产管理信息,辅助固定资产的相关决策和管理。

第二节 固定资产系统流程分析

一、固定资产系统的业务流程

固定资产核算与管理的业务流程如图6-1所示。

对于固定资产核算与管理的业务流程说明如下:

1. 月内发生固定资产增减变动后,根据相应的原始凭证建立或更新固定资产卡片并登记固定资产登记簿,以反映固定资产的实有数额和增减变动记录。
2. 根据月初的固定资产卡片及固定资产登记簿,按相关规定计提固定资产折旧,并作相应账务处理,产生转账凭证并提供总账系统所需的数据。
3. 根据管理需要,对固定资产卡片等资料和折旧额进行统计分析,编制各种报表。

二、固定资产系统的数据流程

从图6-1中,我们可以看出固定资产系统业务流程主要包括各种固定资产增减变动资料的输入和审核确认、折旧的计提分配、减值准备的计提和冲回三个环节,同时还包括固定资产数据向总账系统及成本系统的传递。固定资产系统基本数据流程如图6-2所示。

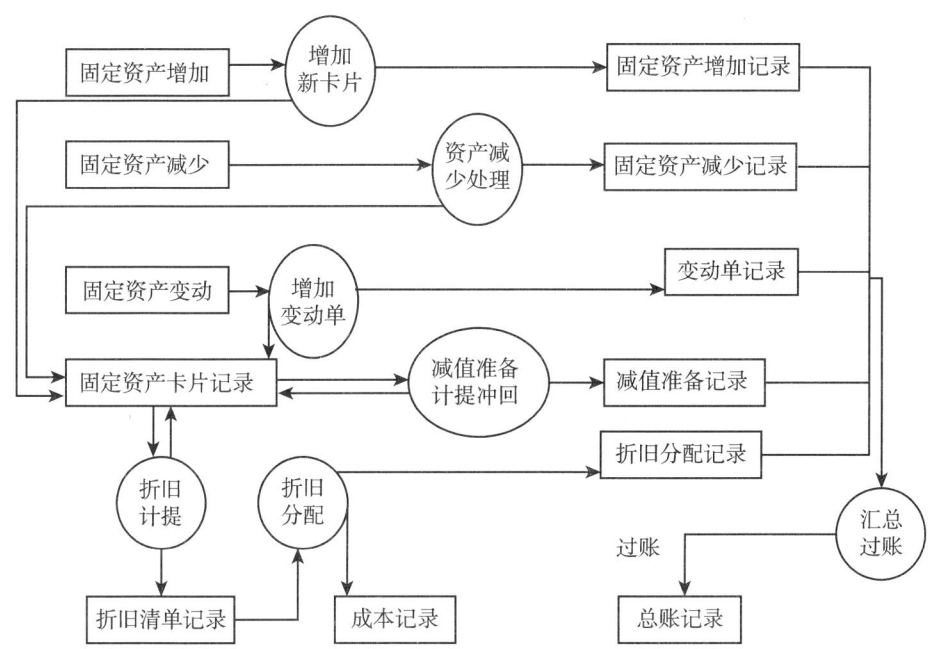

图 6-1 固定资产系统的业务流程

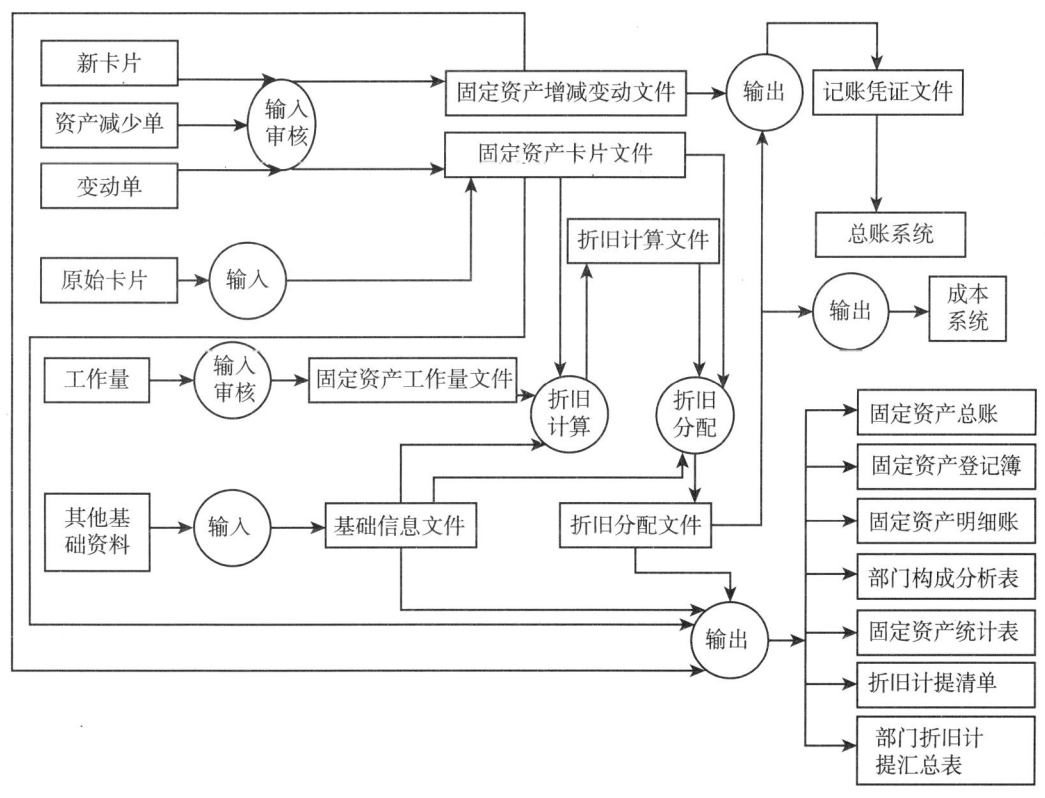

图 6-2 固定资产系统的数据流程

对于固定资产系统的数据流程说明如下：

1. 在初始化设置中，用户完成账套参数的设置、部门档案管理、部门对应折旧科目设置、资产类别设置、增减方式设置、使用状况设置、折旧方法定义、卡片项目及样式设置和原始固定资产卡片的输入。系统将这些数据保留在基础信息文件和固定资产卡片文件中，以备随时调用。

2. 依据固定资产增减变动数据，输入新的固定资产卡片、资产减少单、变动单，更新固定资产增减变动文件和固定资产卡片文件。这里也包含了减值准备的计提和转回数据的输入和处理。

3. 输入工作量统计资料，存入固定资产工作量文件。

4. 月末根据固定资产工作量文件、基础信息文件和固定资产卡片文件中的数据，执行折旧计算的处理，形成折旧清单文件。

5. 月末依据折旧清单文件、基础信息文件和固定资产卡片文件中的数据，执行折旧费用计算的处理，形成折旧分配文件。

6. 折旧分配文件中折旧费用分配原则的数据传递到成本系统，作为折旧费用进一步分配的依据。

7. 系统自动根据折旧分配文件、固定资产增减变动文件中的数据编制机制凭证存在记账凭证文件，并自动传递到总账系统。这些凭证有的不需要人工干预就可以生成，有的需要人工补充缺少的数据，传递的凭证包括前面会计核算中介绍的各种会计分录的凭证。

8. 根据用户的需要，系统通过基础信息文件、固定资产卡片文件、固定资产增减变动文件、折旧清单文件和折旧分配文件输出各种账表。

三、固定资产系统的功能模块

固定资产系统的主要功能模块应包括：初始化模块、业务处理、账表输出、自动转账和系统服务五个模块，每个功能模块又可以设置若干个相对独立的子模块，如图6-3所示。

1. 固定资产初始设置。固定资产系统的初始设置主要是完成账套参数的设置、部门档案管理、部门对应折旧科目设置、资产类别设置、增减方式设置、使用状况设置、折旧方法定义、卡片项目及样式设置和原始固定资产卡片的输入以及年初建账。

2. 固定资产业务处理。固定资产系统业务处理主要包括：新增卡片，输入新增的固定资产数据；输入固定资产减少的数据；新增变动单，输入固定资产变动的数据；输入按工作量计提折旧的固定资产的工作量数据；根据月初固定资产卡片数据进行固定资产折旧的计提和分配；进行减值准备处理。

3. 固定资产账表输出。用户需要及时掌握固定资产的统计、汇总和其他各方面的信息。账表输出模块可以输出用户需要的有关固定资产的各种账簿、统计报表、分析报表和折旧报表。如果所提供的报表不能满足需求，系统提供自定义报表功能，可以根据需要定义报表。

4. 固定资产自动转账。自动转账包括三个子模块：转账凭证设置、编制自动转账凭证和自动转账。该模块的作用是根据用户输入的业务数据生成记账凭证并自动传递到总账系统。由于固定资产的增减方式与核算需要的会计科目有一定的对应关系，固定资产的使用部

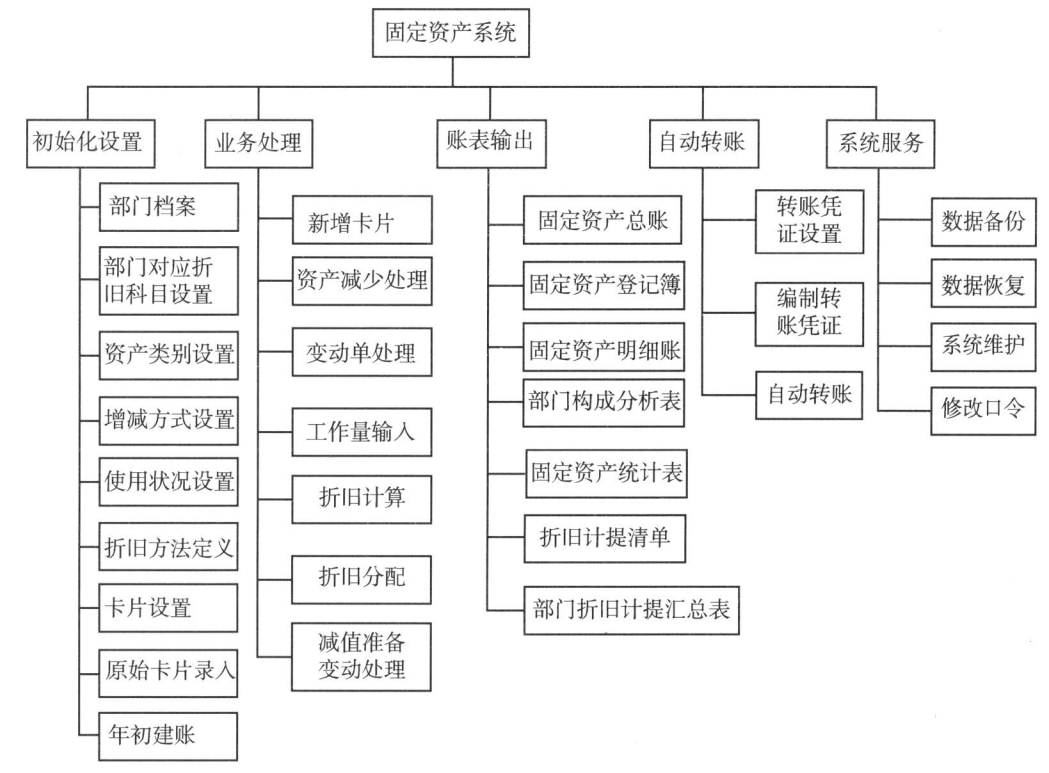

图 6-3　固定资产系统功能模块

门与折旧分配的会计科目也有很强的对应关系,所以一般可以通过使用状况设置和部门对应折旧科目设置来进行记账凭证的设置。

5. 固定资产系统服务。系统服务模块主要包括固定资产系统相关数据的备份、数据恢复、系统维护和修改口令等功能。

第三节　固定资产系统的初始设置

系统初始化是根据单位的具体情况,建立一个适合自己需要的固定资产子系统账套的过程,是使用固定资产系统管理资产的首要操作。固定资产系统的初始设置是为用户在计算机上处理企业的固定资产业务提供一个合适的运行环境而设计的模块,其目的是使通用的固定资产系统能够适应本企业固定资产业务的管理需要。同时,也提供企业在经济业务处理发生变化时进行修改的平台。运行固定资产系统并打开账套后,要进行必要的系统初始设置工作,具体包括:系统初始化、部门设置、类别设置、增减方式设置、使用状况设置、折旧方法设置、卡片项目设置、卡片样式设置等。

一、固定资产系统初始化设置

建立固定资产账套之前要设置的内容主要包括约定及说明、启用月份、折旧信息、编码方式、账务接口和完成设置等，如图6-4所示。

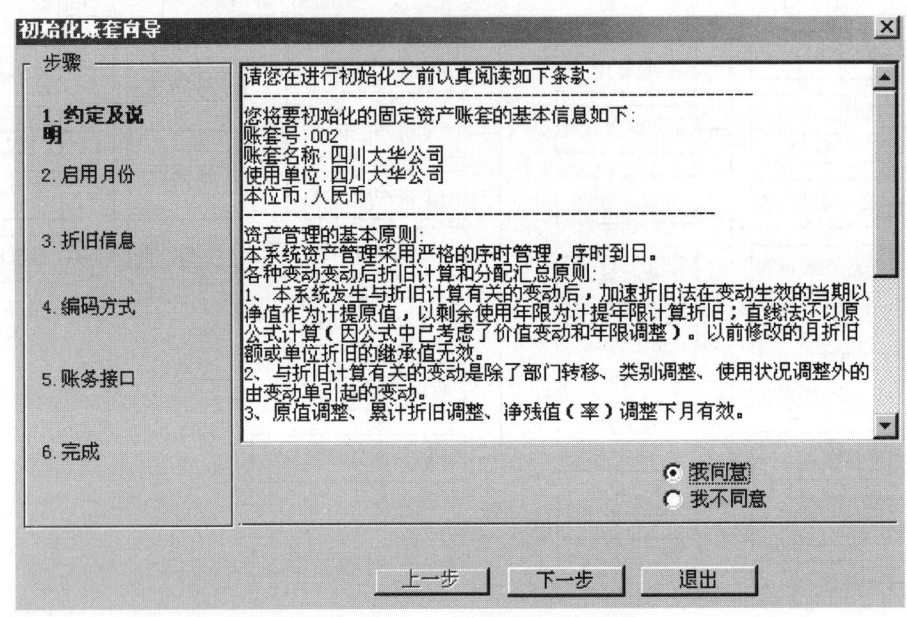

图6-4 固定资产系统初始化账套向导

1. 折旧信息。折旧设置主要包含与折旧相关的内容。例如，可以设置主要的折旧方法。企业在实际计提折旧时，不一定每个月计提一次，可能会因为行业或自身的情况，每季度、半年或一年计提一次，折旧费用的归集也按照这样的周期进行。

系统设定的处理方式是：每个自然月均计提折旧，但折旧的汇总分配原则按选择的周期进行，一旦选定，系统将自动在相应的月末生成折旧分配表，提示制作记账凭证。系统提供1、2、3、4、6、12几个分配周期。

2. 编码方式。一旦某一级设置了类别，在该级的长度就不能修改了，未使用过的各级的长度可以修改。此外，每一个账套的资产自动编码方式只能选择一种，一经设定，就不得修改。

3. 账务接口。在固定资产系统与总账系统集成使用的情况下，为了确保系统所有固定资产的原值总额等于总账系统的固定资产一级科目的余额，系统所有固定资产的累计折旧的总额等于总账系统中累计折旧一级科目的余额，可以选择与总账系统对账，这样在系统运行中的任何时候可执行对账功能，及时发现两个系统的偏差，予以调整。

如果选择与总账系统对账，相应地需要确定系统和总账系统中哪一会计科目对账，在正常情况下，一般固定资产对账科目应选择固定资产一级科目，累计折旧对账科目应选择累计折旧一级科目。选择了对账以后，还可以设置在对账不平的情况下是否允许结账。一般而言,应当保证两个系统一致,才能予以结账。

在固定资产系统中,可以根据各种业务,进行记账凭证的编制,在系统自动编制记账凭证时,可以参考固定资产缺省入账科目和累计折旧缺省入账科目进行编制,如果在这里没有设置缺省入账科目的代码和名称,固定资产系统制作记账凭证时,凭证中缺省科目为空。缺省科目的设置可以方便记账凭证的编制。

4. 完成设置。完成设置是审核系统给出的汇总报告,如图6-5所示。

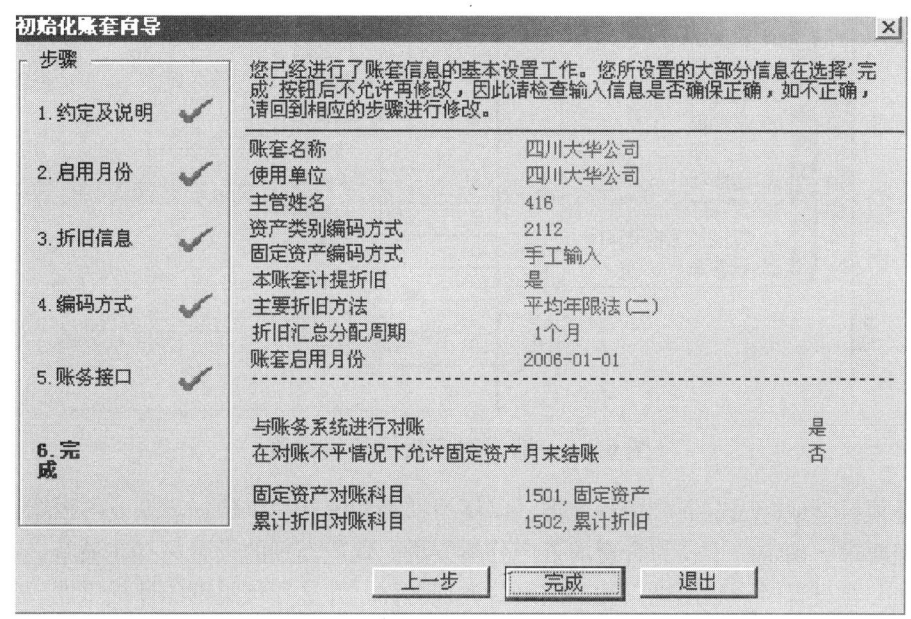

图6-5 固定资产系统初始化账套向导完成对话框

二、部门对应折旧科目设置

对应折旧科目是指折旧费用的入账科目。资产计提折旧后必须把折旧数据归入成本或费用科目,根据不同企业的不同情况,有按部门归集的也有按类别归集的。

一般情况下,一个部门内的资产折旧费用将归集到另一个比较固定的科目。因此,部门折旧费用的设置就是给每个部门选择一个折旧科目,这样在录入卡片时,该科目将自动添入卡片,而不必再一个一个地输入。

因为系统录入卡片时,只能选择明细级部门,所以设置折旧科目也只有给明细级部门设置才有意义。如果对某一上级部门设置了对应的折旧科目,下级部门将继承上级部门的设置。

部门对应折旧科目设置如图6-6所示。

三、资产类别设置

固定资产的种类一般比较繁多,且规格不一,要想强化固定资产管理,做好固定资产核

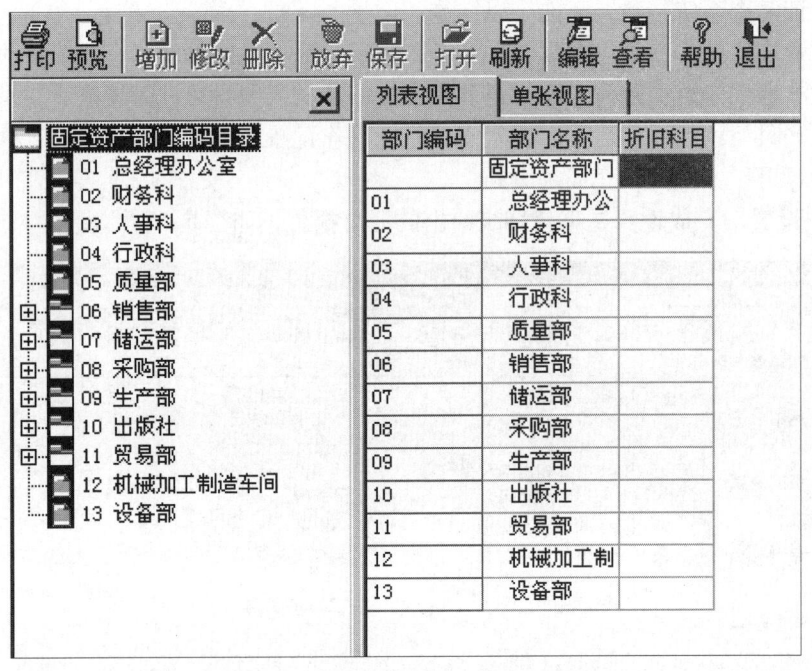

图 6-6　部门对应折旧科目设置

算，就必须科学地对固定资产进行分类，以便为核算和统计提供依据。企业可根据自身的特点和管理要求，确定一个较为合理的资产分类方法。资产类别的设置只有在最新会计期间时可以增加。在设置时，必须输入类别编码、类别名称，并选择该类别的计提属性、折旧方法和卡片样式。资产类别设置窗口见图 6-7 所示。

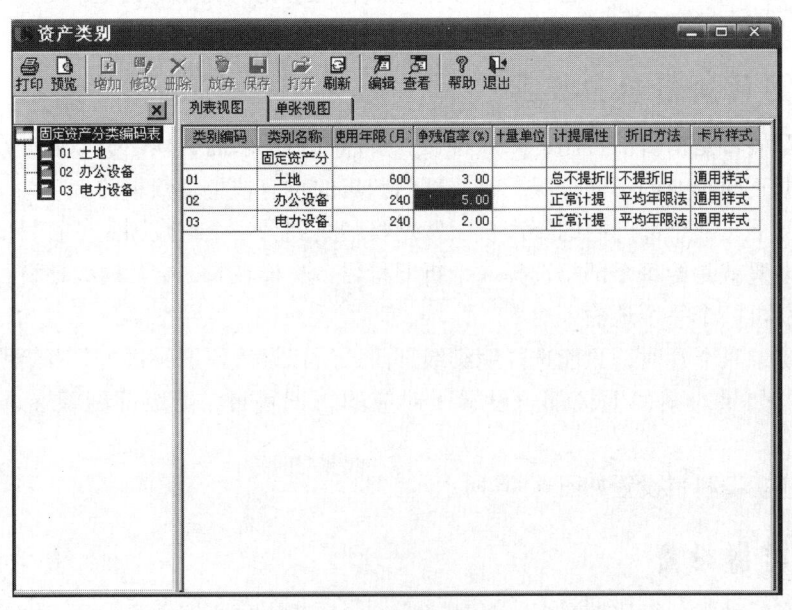

图 6-7　资产类别设置

只有在最新会计期间时可以增加固定资产类别,月末结账后则不能增加。资产类别编码不能重复,同级的类别名称不能相同。类别编码、名称、计提属性、折旧方法和卡片样式不能为空。其他各项内容的输入是为了输入卡片方便,可以为空。

四、增减方式设置

增减方式包括增加方式和减少方式两类。增加的方式主要有:直接购入、投资者投入、捐赠、盘盈、在建工程转入和融资租入;减少的方式主要有:出售、盘亏、投资转出、捐赠转出、报废、毁损和融资租出等。正如前面所介绍,不同的方式不仅有不同的计价方法,涉及的对应会计科目也不尽相同。为了在增减业务发生时,固定资产系统能根据不同的增减方式,快速生成相应的记账凭证,减少人工补充输入缺少数据的工作量,可以按照不同的增减方式设置对应的入账科目,以方便操作。例如,直接购入选择银行科目作为对应入账科目,这样在系统编制记账凭证时,银行存款科目将作为贷方科目的缺省值。增减方式如图 6-8 所示。

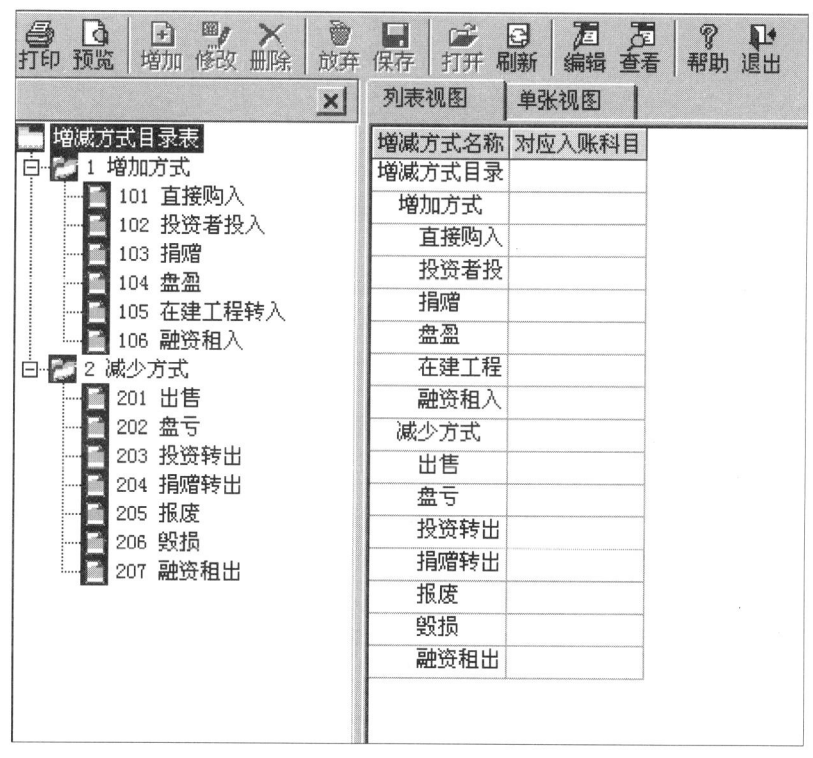

图 6-8 增减方式设置

五、使用状况设置

明确资产的使用状况,一方面可以正确地计算和计提折旧;另一方面也便于统计固定资产的使用情况，提高资产的利用效率。从而加强固定资产核算和管理。主要的使用状况有在用、季节性停用、经营性出租、大修理停用、不需用和未使用几种。用友 ERP – U8 固定资产子系统提供了基本的使用状况，只能有"使用中"、"未使用"和"不需用"三种一级使用状况，用户不能对其进行增加、修改或删除。但可以在一级使用状况下增加二级使用状况。使用状况设置窗口如图 6 – 9 所示。

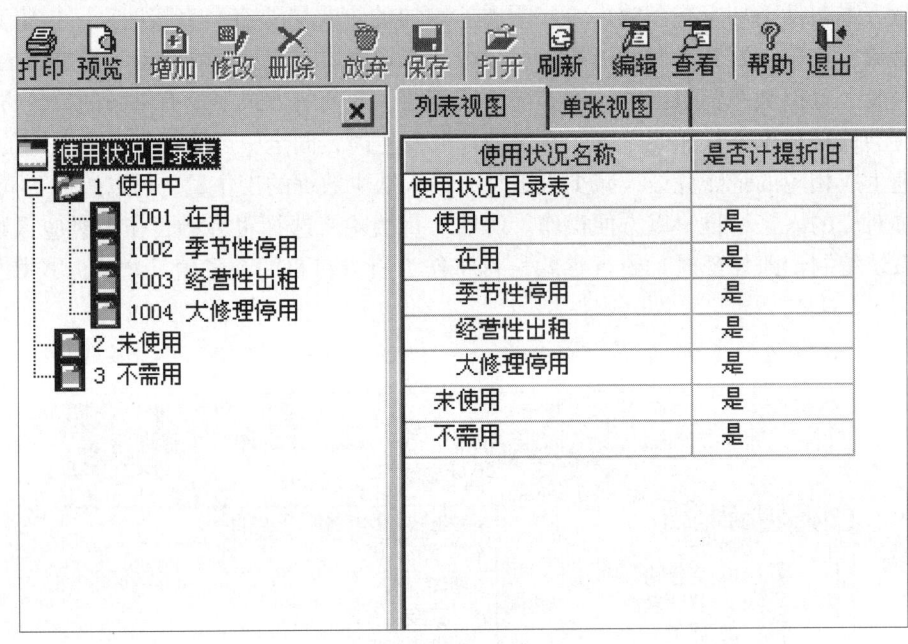

图 6 – 9　使用状况设置

六、折旧方法设置

固定资产系统之所以能自动计算每一项固定资产的折旧费，是因为每一项固定资产的卡片中都提供了折旧计算需要的月折旧额、月折旧率或单位工作量折旧额。而这些数据并非由用户自己输入，而是根据该项固定资产的折旧方法而来的，系统将根据相应的折旧公式以及固定资产卡片的各项数据自动计算。

折旧方法设置是系统自动计算折旧的基础。系统提供了常用的七种折旧方法，并列出了它们的折旧计算公式。这七种折旧方法是：不提折旧、平均年限法（一）、平均年限法（二）、工作量法、年数总和法、双倍余额递减法（一）和双倍余额递减法（二）。这七种折旧方法是系统默认的折旧方法，只能选用，不能删除和修改。此外，如果上述方法不能满足需要时，系统还提供了折旧方法的自定义功能，用户可以根据实际情况定义和设计折旧方法的名称和计算公式。折旧方法设置如图 6 – 10 所示。

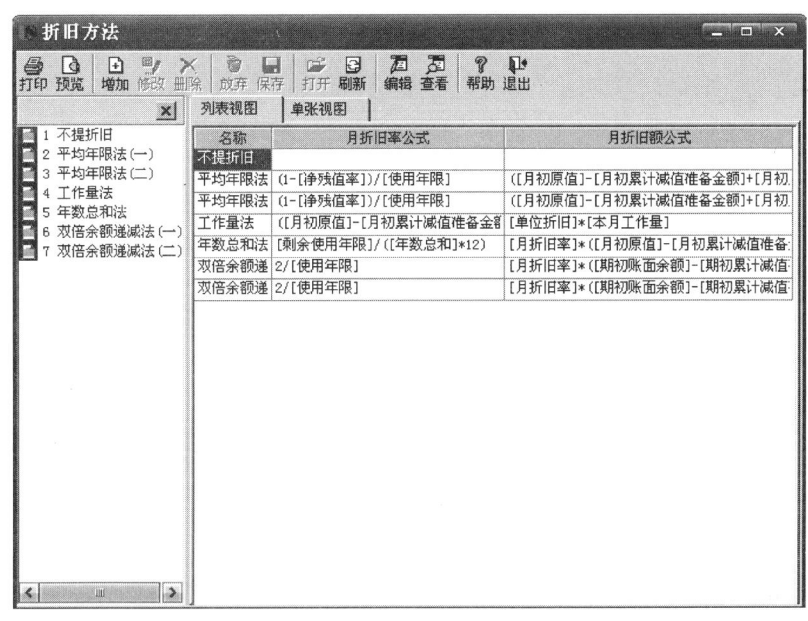

图6-10 折旧方法设置

七、卡片项目设置

固定资产卡片是固定资产系统最为重要的管理工具，固定资产卡片文件是最为重要的数据文件。固定资产卡片文件中的每一个记录包含的数据项体现为一个个卡片项目，正因为文件中包含了这些卡片项目，所以可以从各种卡片样式中选择安排组合各种卡片项目，并在处理某种卡片样式的固定资产卡片时，可以对卡片上的各种项目进行操作，操作的结果保存在固定资产卡片文件的相应记录的相应数据项中。

一般系统提供了预设的各种卡片项目，例如，原值、资产名称、使用年限、折旧方法等基本项目，也可自定义新的卡片项目。因为卡片项目实际上是固定资产卡片文件中的字段，所以定义卡片项目时，需要定义名称、数据类型、整数位长和小数位长。卡片项目设置如图6-11所示。

八、卡片样式设置

卡片样式即卡片的外观，包括其格式和项目的位置。由于管理的要求不同，不同企业或不同资产卡片的样式也不一样。系统提供的卡片样式为通用样式。在卡片项目能满足需要的情况下，用户可以设计卡片样式。系统自带的通用卡片样式，包含了固定资产卡片、附属设备、大修理记录、资产转移记录、停启用记录、原值变动、减少信息等页面。其中，固定资产卡片包含了固定资产编号、固定资产名称、类别编号、类别名称、规格型号、部门名称、增加方式、存放地点、使用状况、使用年限、折旧方法、工作总量、累计工作量、工作量单

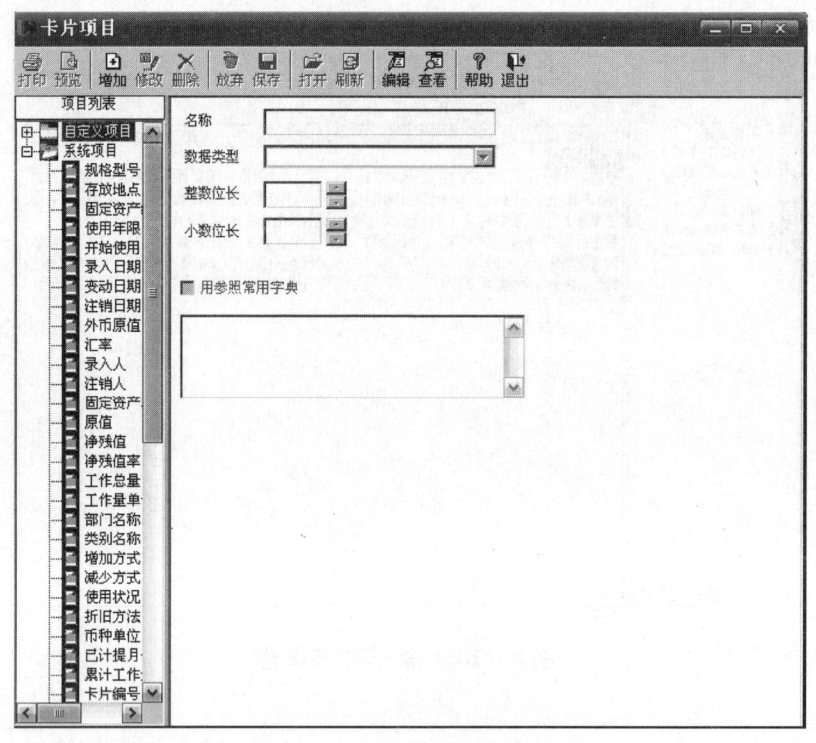

图 6-11 卡片项目设置

位、开始使用日期、已计提月份、币种、外币原值、汇率、币种单位、原值、净残值率、净残值、累计折旧、月折旧率、月折旧额、净值、对应折旧科目等卡片项目。这样的通用卡片样式一般能满足用户日常的管理要求,用户也可以定义新的样式。在定义时,可以在通用样式的基础上进行修改,用户选择适当的卡片项目,并安排好位置以后,就可以保存新的卡片样式,然后在设置固定资产类别中选择该卡片样式,这样在新增该固定资产卡片时,就可以调用新的卡片样式。定义一个新的卡片样式通常是在通用卡片样式上进行的。卡片通用样式如图 6-12 所示。

九、原始卡片录入

原始卡片是指在录入系统之前已使用过的并已计提折旧的固定资产卡片。录入原始卡片,即要将建账日期以前的数据录入到系统中,以保持数据的连续性。企业在使用固定资产系统进行核算前,必须将原始卡片资产录入系统,以保持历史资料的连续性。

卡片录入如图 6-13 所示。在录入原始卡片时,系统会提供资产类别参照,这有两个方面的作用:一是确定固定资产所属的类别;二是确定显示的卡片样式,因为一个资产类别对应着一种卡片样式。选择完以后,就可以进入相应的卡片操作界面,在卡片中也可再改变资产类别,相应地改变卡片样式。

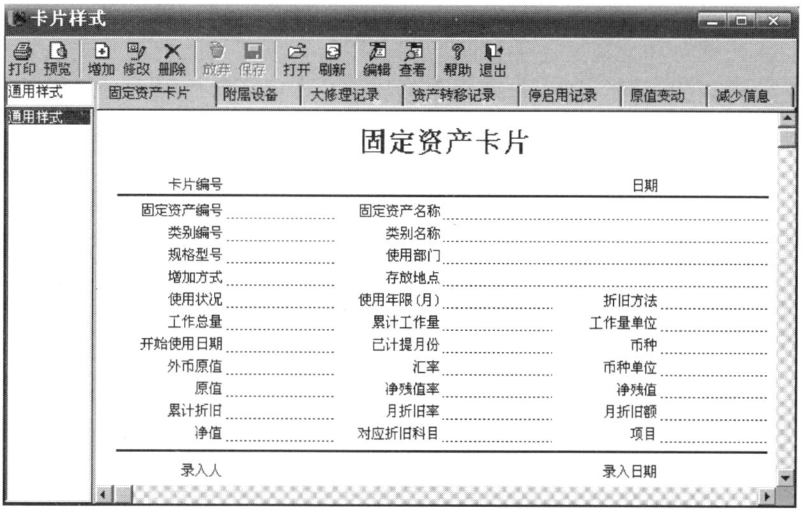

图 6-12 卡片样式设置

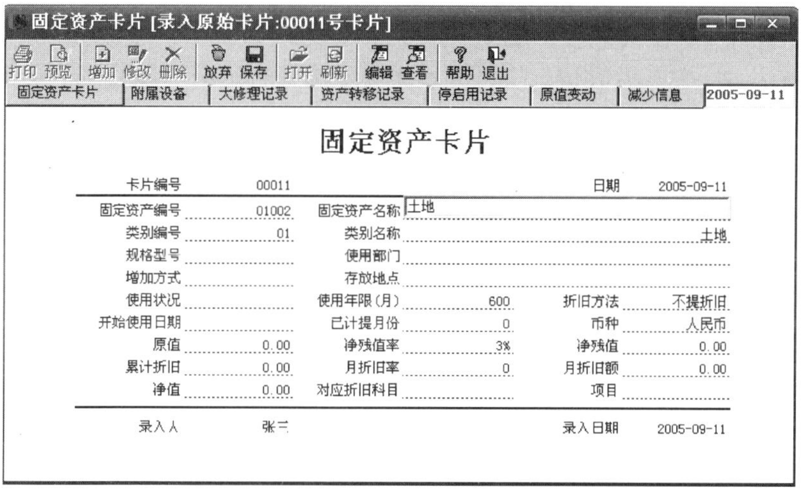

图 6-13 录入固定资产原始卡片

在固定资产卡片操作中，固定资产编号一般可以自动生成，如果在选项中选择了手工编号的方式，则需要人工输入。固定资产名称需要人工输入。类别编号和类别名称可以参照输入其中任何一个。部门名称是参照输入的使用部门。增加方式、使用状况也是参照输入的。使用年限和折旧方法及币种都是默认值，可加以修改，参照输入其他的选择项。除此之外，还必须输入开始使用的日期，系统根据开始使用日期计算的已计提月份可以修改；原值必须输入，累计折旧和净值其中一个可以输入，另一个自动计算；默认的净残值率和净残值其中任何一个可以修改，另一个自动调整；对应的折旧科目是根据部门设置的对应的科目而设的，如果是选择单个部门，可以修改默认的对应折旧科目；如果是选择多个部门，按照一定比例分配的，一般不能修改对应折旧科目。卡片中的月折旧额、月折旧率是系统自动计算的，不能修改。如果选择工作量法计提折旧，就需要输入工作总量、累计工作量和工作量单位、单位折旧由系统自动计算，不能修改。输入以上卡片项目的数据并确认无误以后，就可以保存。在系统启用的时候，需要整理好手工的卡片资料。准确录入计算机系统内，以保证计算机系统和手工系统的一致性，也要确保和实有的固定资产一致。

第四节 固定资产系统的日常业务处理

固定资产在日常情况下很少发生增加或减少的变动，主要核算内容是计提固定资产折旧。固定资产的增加、部门间的转移以及调整原值、使用年限或折旧方法的业务处理都可以在业务发生时进行。固定资产的日常管理主要涉及企业平时的固定资产卡片管理、固定资产的增减变动管理以及固定资产其他变动管理。

一、固定资产卡片管理

固定资产卡片管理是对固定资产系统中所有卡片进行的综合管理，包括查询卡片、修改卡片、删除卡片和打印卡片。

1. 查询卡片。一张卡片在固定资产列表中显示为一行记录。通过该记录行，用户可以查看该资产的详细信息，如图6-14所示。

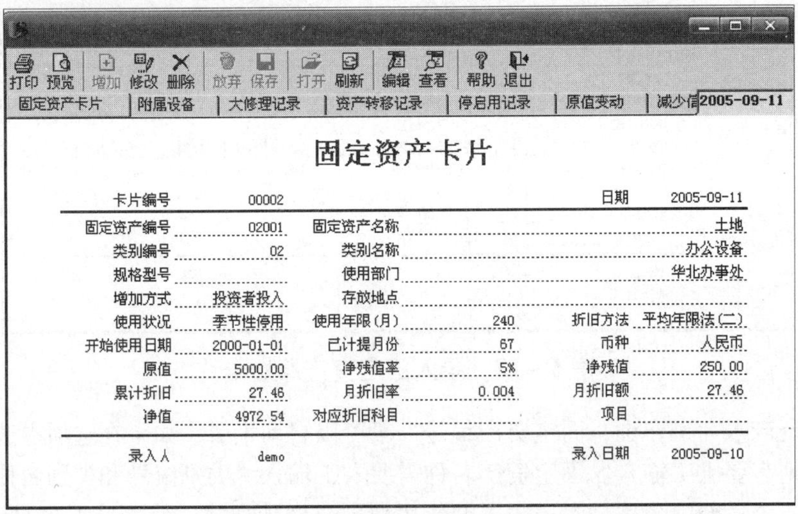

图6-14 查看固定资产卡片详细信息

查看卡片汇总信息，固定资产系统设置了按部门查询、按类别查询和自定义查询三种查询方式。

2. 修改卡片。当操作者发现卡片录入有错误，或需要进行修改卡片内容时，即可通过卡片修改功能来实现。不过，这种修改是无痕修改，即修改前的内容将不能再被查询到。

注意：原始卡片的原值、使用部门、工作总量、使用状况、累计折旧、净残值、净残值率、折旧方法、使用年限和资产类别在没有做变动单或评估单的情况下，录入当月可以进行修改。如果做过变动单，则只有删除变动单后才能进行修改；通过"资产增加"录入系统的卡片如果没有制作凭证和变动单或评估单的情况下，录入当月可以进行修改，如果作过变动单，则只有删除变动单后才能进行修改，如果已制作凭证，要删除凭证后才能进行原值或累计折旧的修改；原值、使用部门、使用状况、累计折旧、净残值、净残值率、折旧方法、使用年限和资产类别各项目在作过一次月末结账后，只能通过变动单或评估单进行调整，而不能通过卡片修改功能进行修改。

3. 删除卡片。删除卡片是指把卡片资料从系统中彻底清除，该功能只有在以下两种情况下才有效：一种是卡片录入当月若发现卡片录入有错误，想删除该卡片时；另一种是会计档案管理要求保留一定的时间，通过"资产减少"功能减少的固定资产，当超过了该年限后，就通过"卡片删除"将原始资料从系统中彻底清除。

注意：不是本月录入的卡片，不能删除；对已制作凭证或作过变动单、评估单的卡片进行删除时，必须先删除相应凭证或变动单、评估单；卡片作过一次月末结账后不能删除。

4. 打印卡片。固定资产卡片可打印输出，打印的方式可以进行卡片打印，也可以进行卡片列表打印。而卡片打印又可分为单张打印和批量打印两种形式。

二、固定资产增加管理

当资产的开始使用日期期间与录入期间相同时，可通过"固定资产增加"的方式进行录入。固定资产的增加可分为直接购入、盘盈、在建工程转入、融资租入等多种形式。当固定资产增加时，首先要填制增加的固定资产卡片，再进行凭证处理。资产增加也是一种新卡片的录入，与原始卡片录入相似，这里不再赘述。

三、固定资产减少管理

固定资产的减少是指由于出售、盘亏、投资转出、融资租出、报废、毁损等原因而发生的减少。按照会计制度规定，当月减少的固定资产当月仍要计提折旧，所以固定资产减少的处理必须是在计提了当月固定资产折旧后才能进行，如图6-15所示。

系统提供的资产减少的批量处理功能，为同时处理一批资产提供了方便。

四、固定资产的其他变动管理

固定资产的其他变动是指除了固定资产增减变动以外的原值调整、部门间调拨、使用状况变动、折旧方法调整、使用年限调整以及资产类别调整等与计提和分配固定资产折旧相关的变动管理。

1. 原值变动。会计制度对固定资产的原值调整有严格的规定，一般情况下发生的固定资产实际价值变动，不能通过调整固定资产的原值来处理。在固定资产发生减值时，只能通过计提固定资产减值准备来调整固定资产的价值。而在固定资产增值时，出于会计核算稳健性原则的考虑，一般不调整固定资产的账面价值。因此，只有在根据国家规定对固定资产进

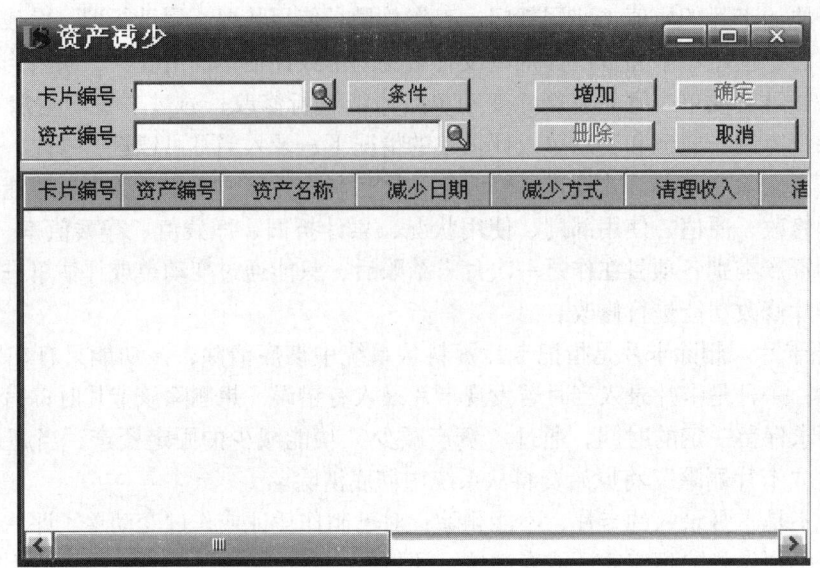

图 6-15 【资产减少】窗口

行重新估价、固定资产改良、调整原来暂估入账的固定资产价值等少数情况下,才对固定资产进行原值调整。

原值变动包括原值增加和原值减少两部分,如图 6-16 所示。

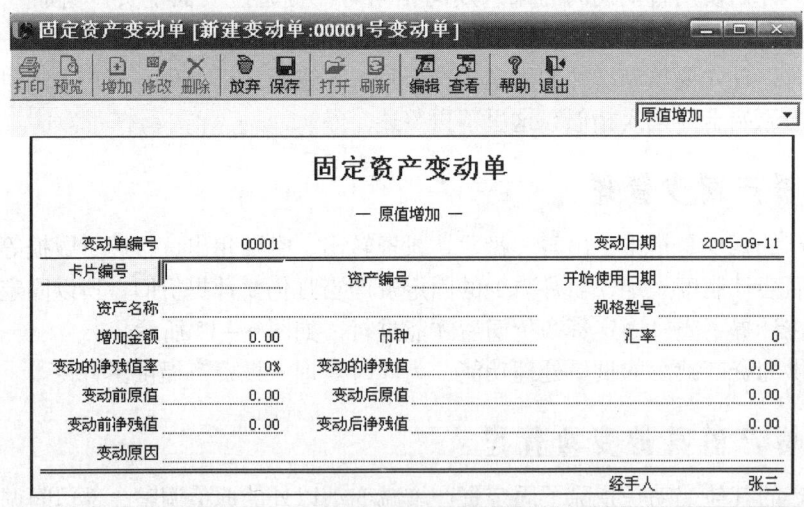

图 6-16 固定资产变动单原值增加

2. 部门间调拨。日常会计业务中,较常见的固定资产变动核算是固定资产的部门间调拨,但固定资产部门间的调拨一般不涉及固定资产原值、折旧方法、使用年限、净残值等的变更,一般只涉及固定资产存放地点、折旧费用分摊等的变化,在会计核算上则要及时在固定资产卡片上进行相应的调整。

资产的部门转移通过系统提供的"部门转移"功能实现。资产在使用过程中，因为企业内部的调拨而发生的部门变动应该及时处理，否则会影响部门的折旧核算。

3. 使用状况调整。资产在使用过程中，可能会因为某些原因，使得资产的使用状况发生变化，为了加强对固定资产的管理，必须及时进行调整。

4. 折旧方法调整。固定资产折旧方法作为一项重要的会计政策，根据会计核算一贯性原则的要求，一般情况下也不得随意变更。但在特殊情况下可以进行资产折旧方法调整。

5. 使用年限调整。资产在使用过程中，可能会因为某些原因，使得资产的使用年限发生变化，为了加强对固定资产的管理以及正确地进行折旧计算，必须及时进行调整。

6. 累计折旧调整。资产在使用过程中，可能由于补提折旧或是多提折旧需要调整已经计提的累计折旧，可通过"累计折旧调整"功能来实现。

7. 其他调整。固定资产净残值的调整，在财务核算上属于会计估计的变更。对固定资产净残值的调整也不是经常发生的核算业务，且需要经过授权才能进行。

为了提高工作效率，系统还提供了固定资产批量变动的功能。

8. 变动单管理。变动单管理可以对系统制作的变动单进行综合管理，基本内容与固定资产卡片管理相似。

注意：当月录入的卡片和当月新增的固定资产不允许进行变动处理，要进行系统变动处理的话，必须先计提一个月的折旧并且制单、结账后，才能以当月的第一天注册登录固定资产系统进行相应操作。

第五节 固定资产系统的期末处理

固定资产系统的期末处理一般包括：减值准备的处理，折旧的处理，制单、对账与结账的处理以及账表管理。

一、计提固定资产减值准备

企业应当在期末或至少在每年年度终了，对固定资产逐项进行检查，如果由于固定资产市价大幅下跌或技术陈旧等原因导致其可收回金额低于账面价值的，应当将可收回金额低于账面价值的差额作为固定资产减值准备进行处理。固定资产减值准备必须按单项资产计提，如图6-17所示。

二、折旧处理

自动计提折旧是固定资产系统的主要功能之一，用户可以通过系统提供的折旧计提功能，对各项资产每期计提一次折旧，并自动生成折旧分配表，然后制作记账凭证，将本月的折旧费用自动登账。

当开始计提折旧时，系统将自动计提所有资产当期折旧额，并将当期的折旧额自动累加到累计折旧项目中。计提工作完成后，需要进行折旧分配，形成折旧费用，系统除了自动生

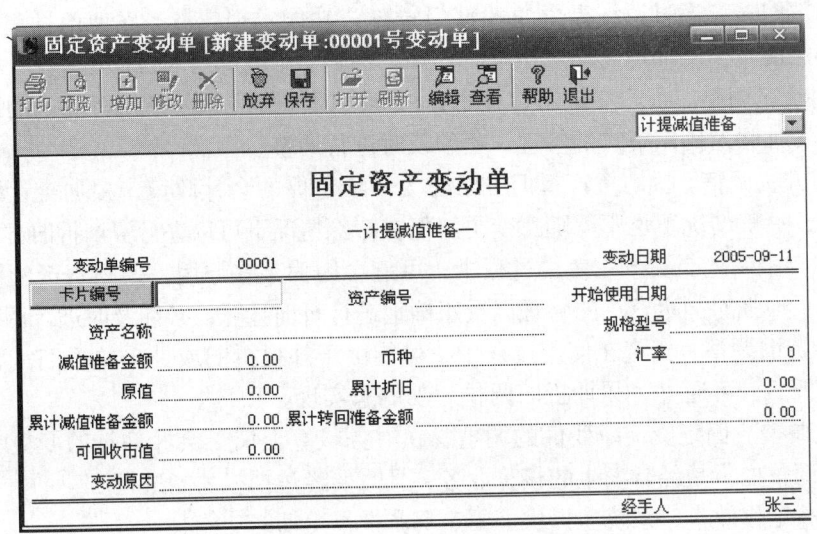

图 6-17 计提减值准备

成折旧清单外，同时还生成折旧分配表，从而完成本期折旧费用登账工作。计提本月折旧如图 6-18 所示。

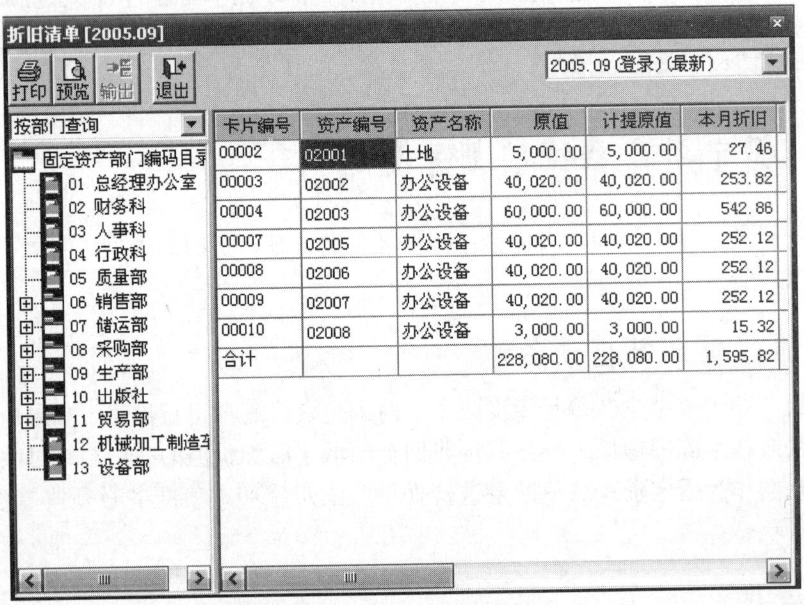

图 6-18 折旧清单

折旧清单显示了所有应计提折旧的资产所计提折旧数额的列表，当期的折旧清单列示了资产名称、计提原值、月折旧率、单位折旧、月工作量、月折旧额等信息。全年的折旧清单中同时列出了各项资产在 12 个计提期间中月折旧额、本年累计折旧等信息。

折旧分配表是制作记账凭证，把计提折旧额分配到有关成本和费用的依据，折旧分配表有两种类型：类别折旧分配表和部门折旧分配表，只能选择一个制作凭证。

关于计提折旧的注意事项如下：在一个期间内可以多次计提折旧，每次计提折旧后，系统会将计提的折旧自动累加到月初的累计折旧上，不会重复累计。若上次计提折旧已制单并传递到总账系统中，则必须删除该凭证后才能重新计提折旧。如果自定义的折旧方法月折旧额或月折旧率出现负数，则系统将自动中止计提。计提折旧后又对账套进行了影响折旧计算或分配的操作，则必须重新计提折旧，否则系统不允许结账。当发生原值调整、累计折旧调整和净残值调整时，当月计提的折旧额不变，下月按变化后的值计算折旧。折旧方法调整、使用年限调整、工作总量调整等，均按当月调整后的值进行计算折旧。

三、制单、对账与结账处理

1. 制作记账凭证。制作记账凭证要在生成折旧分配表后进行。需要进行制单的情况包括资产增加、资产减少、卡片修改、资产评估、原值变动、累计折旧调整和折旧分配。制单时，既可以"立即制单"，也可以"批量制单"。

"批量制单"是指将一批需要制单的业务连续制作凭证并传输到账务系统，避免了多次制单的麻烦。

2. 对账。当在初始化或选项中选择了与账务系统对账，才可以使用本系统的对账功能。为了保证固定资产系统的资产价值与总账系统中固定资产科目的数据相等，用户可以随时使用对账功能对两个系统进行审查。对账的操作不限制时间，用户任何时间都可以进行对账。系统在执行月末结账时自动对账一次，并给出对账结果。

3. 结账。当固定资产系统完成了当月全部的制单业务后，就可以进行月末结账工作了。月末结账，顾名思义，每月进行一次，结账后当期的数据不能修改。12月底结账时系统要求完成当年所有应制单业务，也就是说，必须保证批量制单表是空的才能结账。

结账完成后，用户将不能再对该账套当月的任何数据进行修改，如果要开始下一会计期间的业务处理，则需要重新注册后选择下一会计期间日期登录系统。

四、账表管理

固定资产管理的基本任务在于反映和监督固定资产的增加、调出、保管、使用及清理报废等情况。本系统根据用户的日常操作，自动将相关信息以报表的形式提供给财务人员和资产管理人员，以保证企业财产的安全完整，充分发挥固定资产的效能，便于成本计算。

系统所提供的报表分为五类：分析表、统计表、账簿、折旧表和减值准备表，选择相应的账表可以查看不同的报表信息。同时，账表管理提供的联查功能，可以将各类账表与部门、类别明细和原始单据等有机地联系起来，真正实现方便、快捷的查询模式。

（一）分析表

分析表主要通过对固定资产的综合分析，为管理者提供管理和决策依据。系统提供了四种分析表：部门构成分析表、价值结构分析表、类别构成分析表和使用状况分析表。管理者可以通过这些表了解本企业资产计提折旧的程度和剩余价值的大小。

1. 部门构成分析表：是企业内资产在各使用部门之间分布情况的分析统计。
2. 价值结构分析表：是对企业内各类资产的期末原值和净值、累计折旧净值率数据的分析汇总，可以使管理者了解资产计提折旧的程度和剩余价值的大小。
3. 类别构成分析表：是对企业资产的类别分别进行分析的报表。
4. 使用状况分析表：是对企业内所有资产的使用状况所做的分析汇总，能够使管理者了解资产的总体使用情况，尽快将未使用的资产投入使用，及时处理不需用的资产，提高资产的利用效率。

（二）统计表

统计表是基于管理固定资产的需要，按管理目的进行统计的统计报表。用友 ERP－U8 提供了八种统计表：（固定资产原值）一览表、固定资产到期提示表、固定资产统计表、盘盈盘亏报告表、评估变动表、评估汇总表、役龄资产统计表和逾龄资产统计表。

这些表从不同的侧面对固定资产进行了统计分析，使管理者可以全面细致地了解企业资产的分布和管理情况，为及时掌握资产的价值、数值以及新旧程度等指标提供了依据。

1. （固定资产原值）一览表：是按使用部门和类别交叉汇总显示资产的原值、累计折旧和净值的统计表，此表便于管理者掌握资产的分布情况。该表中要汇总的部门由用户选择部门级次确定，类别参照类别定义中定义第一级类别。
2. 固定资产到期提示表：主要用于显示使用年限恰好到期以及即将到期的资产信息。在该表中将显示一些资产的基本信息，如原值、累计折旧等。
3. 固定资产统计表：是按部门或类别统计该部门或类别的资产价值、数值、折旧、新旧程度等指标的统计表。
4. 盘盈盘亏报告表：反映企业以盘盈方式增加的资产和以盘亏、毁损方式减少的资产情况。因盘盈、盘亏、毁损属于非正常方式，通过该统计表，用户可以看出企业对资产的管理情况。
5. 评估变动表：是列示所有资产评估变动数据的统计表。
6. 评估汇总表：本表统计结果为查询日期某使用部门内各类资产评估后价值的变动情况汇总。
7. 役龄资产统计表：是统计指定会计期间在折旧年限内正常使用资产状况的统计表。
8. 逾龄资产统计表：逾龄资产是指资产还在使用，但已超过固定资产折旧年限的资产。逾龄资产统计表就是统计指定会计期间内已经超过折旧年限的逾龄资产的状况。

（三）账簿

系统自动生成的账簿有（部门、类别）明细账、（单个）固定资产明细账、固定资产登记簿和固定资产总账。这些账簿以不同的方式反映了资产的增减变化及结余情况。用户在查看的过程中可以联查某时期（部门、类别）明细以及相应的原始凭证，从中可获得所需的财务信息。

(四) 折旧表

系统提供了五种折旧表：部门折旧计提汇总表、固定资产及累计折旧表（一）和（二）、固定资产折旧计算明细表和固定资产折旧清单。通过这些折旧表，用户可以了解并掌握本企业所有资产本期和其他期间各部门的计提折旧和折旧明细情况。

1. 部门折旧计提汇总表：主要反映该账套内固定资产各级使用部门计提折旧的情况，包括计提原值和计算的折旧额信息。

2. 固定资产及累计折旧表（一）：是按期编制反映各类固定资产的原值、累计折旧（包括年初数和期末数）和本年折旧的明细情况。

3. 固定资产及累计折旧表（二）：是固定资产及累计折旧折旧表（一）的续表，反映本年截止查询期间固定资产的增减情况。

4. 固定资产折旧计算明细表：是按类别设立的，主要反映资产按类别计算折旧的情况，包括上月计提情况、上月原值变动和本月计提情况。

5. 固定资产折旧清单表：用于查询按资产明细列示的折旧数据及累计折旧数据信息，以便完善系统报表查询功能。该报表可以按部门、资产类别查询固定资产的明细折旧数据信息。

(五) 减值准备表

减值准备表是对固定资产计提减值准备情况进行统计的报表。用友 ERP-U8 减值准备表可以从中查看"减值准备明细账"、"减值准备余额表"、"减值准备总账"，可以查询本期各类固定资产减值准备计提的明细账、总账和余额表。

【本章小结】

本章从固定资产管理的意义谈起，讲解了固定资产的定义、核算、固定资产系统的特点及目标等相关知识，还介绍了固定资产系统的流程分析以及功能模块。在此基础上重点讲解了固定资产的初始化设置、日常处理及期末处理的内容。

复习思考题

1. 固定资产系统初始化设置的内容有哪些？
2. 在启用固定资产的当月为什么不能做减少固定资产的操作？
3. 固定资产日常处理业务有哪些？
4. 应如何完成计提固定资产折旧、制单的操作？

第七章
应收/应付系统

【本章学习目的】 了解应收/应付系统的主要功能及基本操作；理解应收/应付系统主要功能模块的构造；掌握应收/应付系统的初始设置、日常业务处理的主要内容和操作方法；熟练运用应收/应付系统的日常业务处理。

【案例导引】

某公司的应收账款管理体系

目前，不仅各类普通的工商企业应收账款数额普遍巨大，即使是管理水平相对较高的上市公司，从其公布的财务报告中也可发现，很多公司尽管主营业务收入连年增长，但同期应收账款数额增长的比例更大，而且账龄结构越来越趋恶化，经营净现金流量持续为负。销售收入的增长只给这些企业带来了账目利润，不能带来维持经营、扩大生产规模所必需的现金流入，而且随着应收账款数额的持续增加、平均账龄的不断增长，可能出现的坏账损失也越来越大，给企业生产经营带来巨大的潜在风险。虽然，企业应收账款居高不下的原因多种多样，但对于一家企业，特别是一家上市公司，首先应从自身的管理体系中寻求解决问题的突破口，通过强化内部管理和控制体系，克服不良的外部环境给企业应收账款管理带来的困难。

某公司近年来高速发展，从一个地方小厂发展成为我国某行业的龙头企业、上市公司中的明星企业。其主营业务收入增长以数十倍、上百倍计，但公司的应收账款的数额和账龄一直控制在一个合理的水平，保证了公司现金流动顺畅、充足，为公司进一步发展提供了坚实的基础保障。主要采取的措施有：

第一，健全考核指标体系。公司对销售人员的考核，既有销售收入的指标，也有按销售收入比例确定的收回现金的指标，而且收现指标是最终考核指标。只有在完成收现指标的基础上，完成销售收入才能成为确定员工业绩考评的依据。如果销售人员不能完成收现指标，公司将强令其离开销售岗位，在一定期限内专门负责催收由其引起的应收账款。完成任务，可回原岗位工作；完不成任务，将根据情况予以处罚，直至开除。由于在考核指标体系中强调了销售收现指标，销售人员对赊销手段的利用、赊销对象的选择都极为慎重，对应收账款的催收也极为重视。这样，杜绝了重销售、轻收现的倾向。

第二，完善内部控制体系。一是分层管理：应收账款的管理是一个系统工程，在公司内部需要各部门之间相互协调、相互配合和相互监督，形成一个应收账款管理的组织体系。在公司内部，财务部是应收账款的主管部门，负责公司各事业部应收账款的计划、控制和考核，对不能收回的应收账款提出审核处理意见。各事业部是应收账款的责任单位，负责本单位应收账款的直接管理。其中，事业部综合管理部门负责对应收账款直接责任单位和责任人的考核，事业部财务科负责本事业部应收账款的日常监督管理，并向公司财务部报送应收账款详细资料。发生应收账款时，对此负责的销售人员根据销售合同的要求在发票的记账联上签字，并负责该账款的催收。这种应收账款管理体系，将赊销的决定权、应收账款的监控权、考核权、核销权彻底地分开，使每个环节都处于其他相关部门的监控之下，最大限度地减少了个别人员或部门徇私舞弊的可能性。

二是总量控制：公司根据各事业部的销售计划核定应收账款的月度占有定额及年度平均定额，各事业部再将定额拆分成每个销售人员的应收账款占有定额。这样，使得各部门和销售人员一定期限内的应收账款发生额保持在一定限额之内，从而使公司的总体风险被控制在一定范围之内，不至于对生产经营造成巨大影响。

三是动态监控：公司要求应收账款责任人每月对应收账款余额进行核对，尤其对有疑问的账项必须及时核对；各事业部每月进行应收账款分析，根据账龄长短制定解决办法；财务部根据各事业部账龄情况分析全公司应收账款情况，据此下达清收专项计划。这种动态监控有利于及时发现和处理应收账款管理中存在的问题，并及时调整相关的策略，避免问题扩大。

公司通过建立合理的考评指标体系和内控体系，有效地管理了公司的应收账款，保证了资产的安全性和收益性。当然，应收账款管理是随着国家经济的发展不断变化的，需要不断地探索，力求将这项工作做得更为完善。

第一节 应收／应付系统概述

应收账款系统主要用于核算和管理客户往来款项；应付账款系统主要用于核算和管理供应商往来款项。由于应收账款系统与应付账款系统在系统功能以及业务流程、数据流程上都极为相似，因此把应收账款系统与应付账款系统的有关内容合在一章进行介绍。

一、应收／应付系统的内涵

1. **应收账款系统**。应收账款系统是指专门处理企业因赊销商品或劳务而发生的与其他企业之间的往来业务核算的系统。应收账款系统要处理的核算范围包括对企业经营过程中的各项应收账款进行日常核算；及时准确地反映应收账款增减变动情况，以便企业能及时掌握资金流动状况和货款收回情况；进行账龄分析；及时提供催款信息、坏账信息等。

2. **应付账款系统**。与应收账款系统相对应，应付账款系统是指专门处理企业因赊购商品或劳务而发生的往来账款核算业务的系统。应付账款系统要处理的核算范围包括应付账款业务的日常核算；及时反映企业的流动负债数额及偿还流动负债所需资金；跟踪应付账款到期日，以便企业及时完整地偿还各项应付款项，从而保证良好的供货关系并尽可能地享受各种优惠折扣。

二、应收/应付系统的特点

一般来说,应收账款系统及应付账款系统具有以下特点:

1. 及时性要求高。应收账款系统与应付账款系统要能够及时地反映企业应收账款和应付账款的有关动态信息,以便企业能够及时地做出合理的决策。

2. 对信息加工的要求较高。对于不同性质的企业,对系统的功能以及数据加工的方法和深度、输出信息的种类等要求各不相同,往往需要系统具备一定的分析预测功能。另外,应收与应付两个系统与其他会计子系统的数据联系也十分密切,数据、信息交换与传递相当频繁,比如应收账款系统与销售系统之间的数据联系,应付账款系统与采购系统和存货系统之间的数据联系等都十分密切。

三、应收/应付系统的任务

(一) 应收账款系统的任务

1. 完成对应收账款业务的日常核算,能全面反映企业各项债权的实时状况。

2. 及时反映和监督各项赊销业务的货款收回情况,以尽量减少坏账损失,并对可能的坏账数额进行估计。

3. 按照规定的比例和方法计提坏账准备,及时处理确定无法收回的坏账。

4. 及时记录并反映客户资料及其欠款情况和信用程度,评价各客户的偿债能力和信用,准确完成账龄分析。

(二) 应付账款系统的任务

1. 完成应付账款的日常核算,及时全面地反映企业各项债务的实时状况。

2. 及时反映和监督采购业务中资金的支出和应付情况,以便企业加强对采购过程的控制和监督,保证及时、准确地得到供货,并尽可能地享受最大折扣。

3. 及时提供应付账款的明细账情况,以便企业制定详尽的分期还款计划。

4. 及时记录和提供供应商的有关情况。

四、应收/应付系统与其他子系统的关系

应收/应付系统与其他子系统间有着密切的联系。应收/应付系统与其他系统共享基础信息,而销售系统/采购系统为应收/应付账款系统提供已审核的销售/采购发票、销售/采购调拨单以及代垫费用单;应收/应付系统为销售/采购系统提供各种单据的收/付款结算情况以及代垫费用的核销情况;应收账款系统与应付账款系统之间可以进行转账处理;应收账款与应付账款系统向总账系统传递凭证。

应收账款系统与其他子系统间的主要关系,如图 7-1 所示。

1. 销售管理系统向应收账款系统提供已复核的销售发票、销售调拨单以及代垫费用单,在应收账款系统对发票进行审核并据以进行收款结算处理,生成凭证。应收账款系统为销售

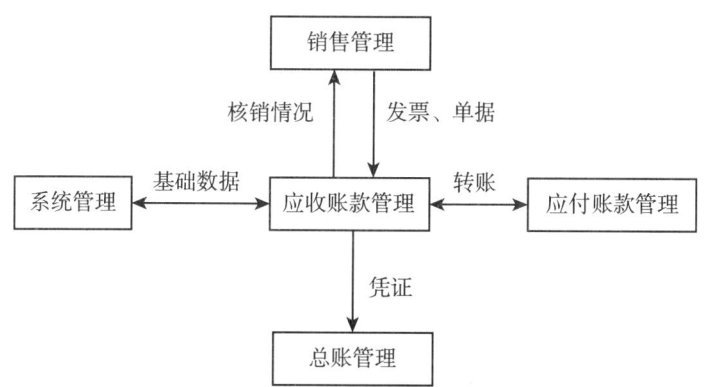

图7-1 应收/账款系统与其他子系统的主要关系

系统提供销售发票、销售调拨单的收款结算情况以及代垫费用的核销情况。

2. 应收账款系统向总账系统传递凭证,并能够查询其所生成的凭证。

3. 应收账款系统与应付款管理系统之间可以进行转账处理,如应收冲应付;同时对于既是客户又是供应商的往来业务对象,可以同时查询应收和应付往来明细。

4. 应收账款系统可以向财务分析系统提供各种分析的数据。

5. 应收账款系统向报表提供应用函数。

第二节 应收/应付系统流程分析

一、应收账款系统的处理流程

不论是在手工环境下还是在计算机条件下,都应设置"应收账款"科目来专门核算应收账款业务。该科目借方登记发生的各项应收账款业务,贷方登记收到的货款额,期末借方余额表示为未收回的应收账款数额。应收账款科目往往按客户开设明细账,这样,会计人员平时根据应收账款发生时的发票和收回货款的收款凭证进行登记,并以此为依据进行客户偿债能力和信用的调查分析及坏账损失的估计,估计坏账的方法主要有赊销净额百分比法和账龄分析法两种。

当应收账款业务发生时,比如赊销商品或提供劳务,借记应收账款科目,贷记主营业务收入、应交税金等科目;收到款项时,借记银行存款等科目,贷记应收账款科目。其业务处理的数据流程如图7-2所示。

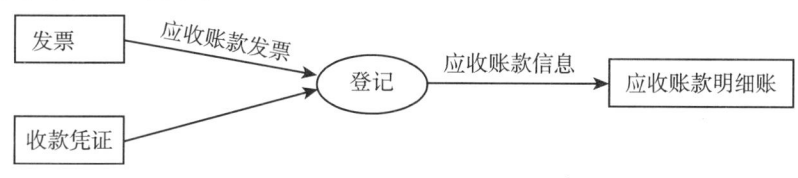

图7-2 应收账款的数据处理流程

二、应付账款系统的处理流程

应付账款的核算是通过设置"应付账款"科目完成的。应付账款科目往往按供应商开设明细账,其贷方登记已发生的各项应付账款,借方登记已经支付的应付账款,余额在贷方表示尚未支付的应付账款余额。当应付账款业务发生时,比如赊购一批原材料,借记原材料等科目,贷记应付账款科目;付款时,借记应付账款科目,贷记银行存款等科目。应付账款核算业务的数据流程如图7-3所示。

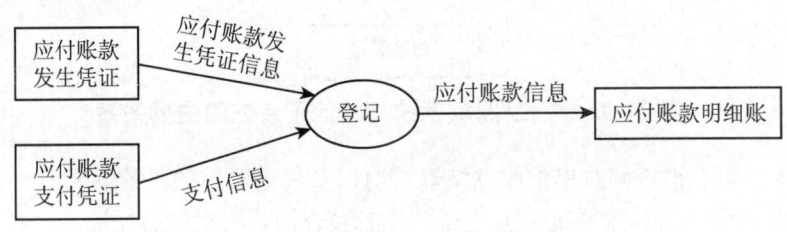

图7-3 应付账款的数据处理流程

三、应收/应付系统的功能模块

根据前述的应收账款及应付账款系统的数据流程,相应建立如图7-4所示的应收账款系统的功能模块(应付账款系统的功能模块图与之类似,故此处不再赘述)。

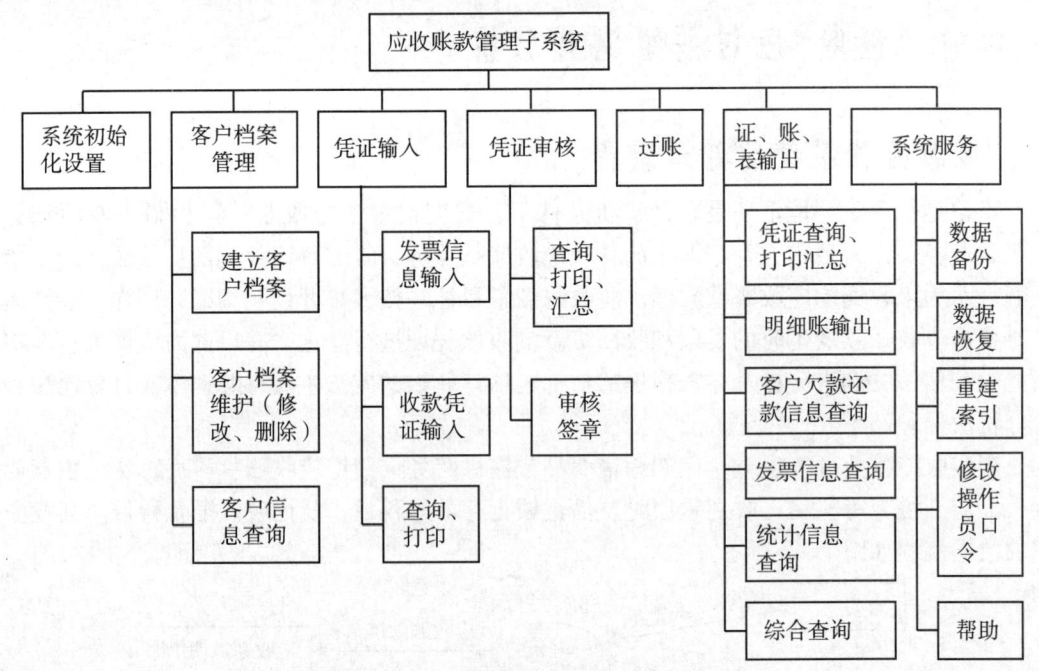

图7-4 应收账款系统的功能模块

1. 客户档案管理。该功能用于为初次发生往来业务的客户建立客户档案，并根据需要进行更新，以便动态反映每一客户的欠款情况、偿还能力和信用情况，为企业的销售决策提供信息。

2. 凭证输入。将所有应收账款赊销凭证和收款凭证输入并存储到凭证临时文件中，对第一次输入的客户，应首先建立客户档案，输入该客户的固定信息。在凭证输入时应设置一系列控制程序，对发票号、日期、金额、科目代码和客户代码等录入数据进行相应的控制，以保证录入数据的完整性、正确性和可靠性。在有些自动化系统应用中，若同时应用了销售系统，则可将赊销凭证（发票）的输入放在销售系统中，而应收账款系统可从销售系统中转入赊销发票进行后续的处理。

3. 审核、过账。对凭证临时文件中的记录进行审核和修改，审核正确后进行审核签字。审核后的凭证进行过账处理，主要是更新客户资料文件、凭证文件和应收账款主文件，并将已过账的记录从临时文件中清除。

4. 查询和输出。根据过账后凭证文件、客户资料文件和应收账款主文件，可进行各种形式的查询、统计和打印输出。

5. 系统内部控制程序的设计。为了保证输入数据的可靠性、正确性、完整性和系统运行的安全性、合法性、正确性，有必要在系统中设计一些内部控制措施，比如，数据处理控制措施，如对科目代码、客户代码的正确性检查，对发票号的控制，收款业务输入时若计算机系统内不存在相应发票则不予接收，凭证录入时自动检查其客户名称和业务内容是否与原发票相符等；审核签字手段，例如，输入的数据要有专门的输入人员签字，并由非输入人员审核签字后才能过账，输入人员只能对过账前文件中未经过审核签字的数据进行修改，审核签字后的数据和过账后文件中的数据不提供编辑、修改功能等；设置密码控制和操作权限控制措施；在系统中设置自动重建索引文件的功能，并根据需要自动进行数据备份和恢复，防止意外事故发生；系统还可以通过设置与总账系统和销售管理系统对账的功能，来自动将本系统所有业务同总账系统和销售系统中的对应业务进行核对，以确保系统乃至整个会计信息系统的数据的正确性和一致性。以上这些控制功能的设计和设置分散在应收账款系统的整个数据处理过程中。

第三节 应收/应付系统的初始设置

一、应收账款系统的初始设置

应收账款系统的初始设置内容包括：客户编码和名称定义、付款条件定义和期初数据录入。

1. 客户编码和名称定义。需要设置的内容主要是客户的编码和名称、银行账号、联系电话、地址等客户资料。

2. 付款条件定义。采用赊销方式进行销售时，为了促使购货单位及时支付货款，销货企业会对销售价格给予一定比率的扣减。当购货企业满足付款条件时，销货企业可以给予部分折扣。为了处理这种业务，需要进行付款条件的定义。付款条件一般用 5/10、2/20、n/30 等表示，其内容分别为：客户在 10 天内偿还货款，可得到 5% 的折扣，只付原价的 95% 的货款；在 20 天内偿还货款，可得到 2% 的折扣，只要付原价的 98% 的货款；在 30 天内偿还货款，则须按照全额支付货款；在 30 天以后偿还货款，则不仅要按全额支付货款，还可能要支付延期付款利息或违约金。付款条件定义的内容有：折扣有效期限、对应的折扣率、应收账款的到期天数等。

3. 期初数据录入。初次使用应收账款系统时，要将启用应收账款系统前未结算完的客户的应收账款、预收账款、应收票据等数据录入系统并核对正确，以便于今后进行核销处理。

二、应付账款系统的初始设置

与应收账款系统类似，应付账款系统的初始设置内容也包括三个部分：供应商编码和名称定义、付款条件定义和期初数据录入。

1. 供应商编码和名称定义。需要设置的内容主要是供应商的编码和名称、银行账号、联系电话、地址等供应商资料。

2. 付款条件定义。与应收账款核算模块类似。

3. 期初数据录入。初次使用应付账款系统时，要将启用应付账款系统前未结算完的供应商的应付账款、预付账款、应付票据等数据录入到系统并核对正确，以便于今后进行核销处理。

第四节　应收/应付系统的日常业务处理

一、应收账款系统的日常业务处理

应收账款系统的日常业务处理主要包括：收款单据的输入，应收账款核销，生成打印应收账款催款单，账龄分析，应收账款查询打印等。

1. 收款单据的输入。在应收账款系统中，收款单据主要有两种：销售发票和收款单。

销售发票。在赊销业务中，销售发票是应收账款日常核算的原始单据，因此，需要将销售发票数据录入系统中保存。普通销售发票如图 7-5 所示。

收款单。收到客户的货款后，需要输入收款单，收款单是确认收到货款的凭证。收款单如图 7-6 所示。

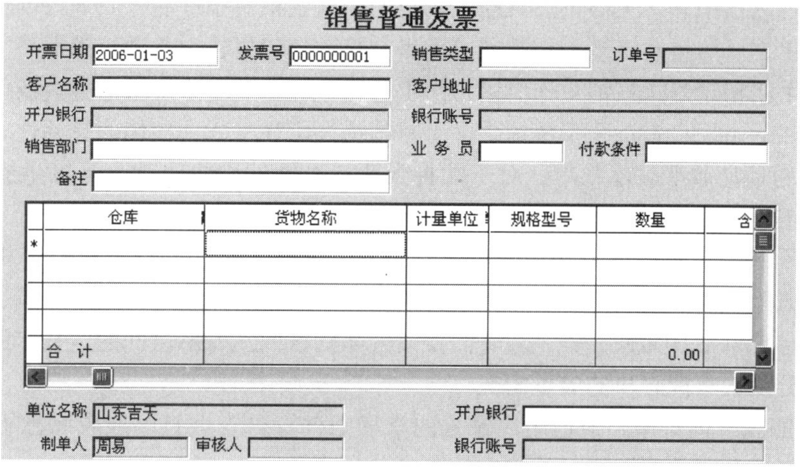

图 7-5　普通销售发票

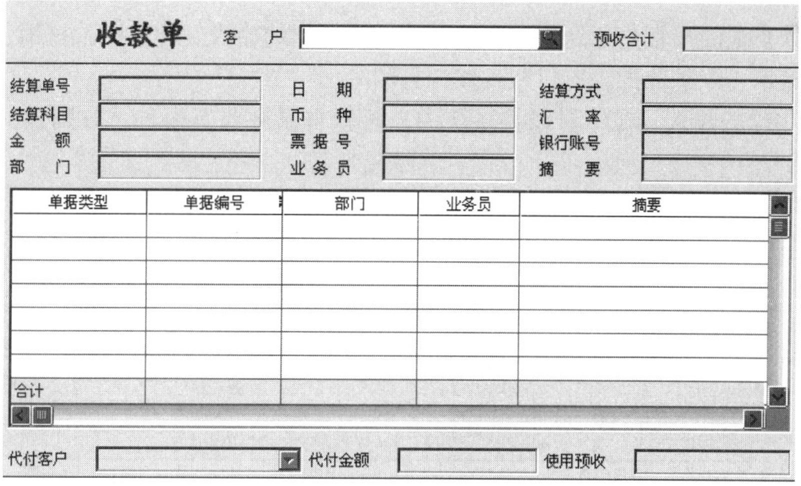

图 7-6　收款单

2. 应收账款核销。为了加强对往来账的管理，准确进行账龄分析，应收账款在款项结算时需要进行冲销，在退货时也需与原应收账款进行冲销，以便及时、准确地掌握单位往来账款的结算情况和结算金额。

核销就是确定收款单与原始发票、应收单之间对应关系的操作，即指明每一次收款收的是哪几笔销售业务款项。应收账款核销的方式主要有按单据核销和按存货核销。按单据核销是在核销时系统将满足条件的未结算单据全部列示，由软件使用者选择要结算的单据，根据所选择的单据进行核销。按存货核销是在核销时系统将满足条件的未结算单据按存货列出，由软件使用者选择要结算的存货，根据所选择的存货进行核销。如果单位收款时没有指定具体收取的是哪个存货的款项，则可以采用按单据核销。对于单位价值较高的存货，单位可以采用按产品核销，即收款指定到具体存货上。一般单位按单据核销即可。

核销分自动核销和手工核销。自动核销是用户指定核销条件后,系统根据核销条件选择需要核销的单据开始自动核销,核销完成后提交自动核销报告。自动核销提高了往来款项核销的效率。手工核销是指核销工作由用户手工进行,通常是由系统根据查询条件选择需要核销的单据,然后由用户进行手工核销。手工核销提高了往来款项核销的灵活性。

3. 生成打印应收账款催款单。对于即将到期或逾期的应收账款,可以生成应收账款催款单,以便销售人员按照销售合同的规定索要账款。

4. 账龄分析。账龄分析主要用于对应收账款余额的账龄区间分布进行分析,是单位进行应收账款风险控制和管理的主要方法与手段。为了对应收账款进行账龄分析,评估客户信誉,并按一定比例估计坏账损失,首先需要设置账龄区间。账龄区间的定义有助于对应收账款进行分级分析,掌握客户的欠款情况。

5. 应收账款查询打印。根据用户输入的查询条件,可查询打印应收账款管理所需要的各种账表,如应收账款明细账、应收账款账龄分析表和应收账款汇总表等。

二、应付账款系统的日常业务处理

应付账款系统的日常业务处理主要包括:付款单据的输入、应付账款核销、生成打印应付账款付款提示、账龄分析、应付账款查询打印等。

1. 付款单据的输入。在应付账款系统中,付款单据主要有两种,分别是:采购发票和付款单。

采购发票。在赊购业务中,采购发票是应付账款日常核算的主要原始单据,因此,也需要将采购发票中的数据录入到系统中保存。普通采购发票如图7-7所示。

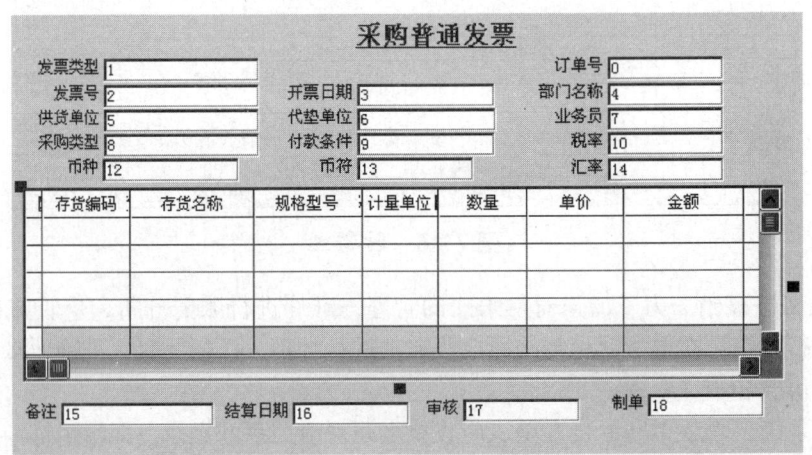

图7-7 普通采购发票

付款单。在支付了供应商货款后,通常需要输入付款单。付款单是确认支付了货款的凭证。付款单如图7-8所示。

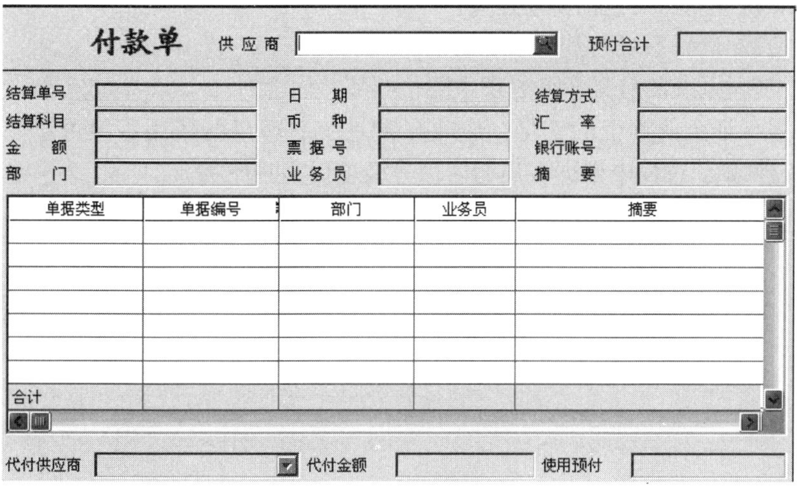

图 7-8 付款单

2. 应付账款核销。为了加强对往来账的管理，准确进行账龄分析，应付账款在款项结算时需要进行冲销，以便及时、准确地掌握企业往来账款的结算情况和结算金额。

核销处理就是确定付款单与原始发票、应付单之间的对应关系的操作，即指明每一次付的是哪几笔采购业务的款项。核销处理时，一般可以一张发票对应一张付款单核销，也可以一张发票一次对应多张付款单核销、一张付款单一次对应多张发票核销或多张发票对应多张付款单核销。无论采用何种方式，准备核销的应付款的本次核销金额必须等于付款的本次核销金额。应付账款核销也分自动核销和手工核销。

3. 生成打印应付账款付款提示。应付账款有付款期、折扣等信用条件，对于即将到期或逾期的应付账款，可以生成应付账款付款提示单，以便提示有关人员付款。

4. 账龄分析。账龄分析主要用于对应付账款余额的账龄区间分布进行分析。为了对应付账款进行账龄分析，首先需要设置账龄区间。账龄区间的定义有助于对应付账款进行分级分析，掌握单位的欠款情况。一般来讲，系统都预设了几个时间段，也可根据需要自行修改。根据设置的账龄区间，系统会自动编制账龄分析表。

5. 应付账款查询打印。根据用户输入的查询条件，可查询打印应付账款管理所需的各种账表，如应付账款明细表、应付账款账龄分析表、应付账款汇总表等。

【本章小结】

本章从应收/应付系统的内涵出发，分析了应收/应付系统的特点任务和与其他子系统的关系。着重讲解了应收/应付系统的数据流程和系统所具备的功能模块以及系统初始设置和日常业务处理。

复习思考题

1. 为什么要进行初始化设置？应收/应付系统初始化设置包括哪些内容？

2. 客户、供应商档案包括哪些内容？
3. 简述应收/应付系统与其他系统的主要关系？
4. 应收/应付系统的日常业务处理主要包括哪些内容？
5. 为尽量保证企业资金的安全，应收账款系统对客户的信用等级可以提供哪些信息？如何实现在应收账款过程中根据客户的信用等级进行实时控制？

第八章
财务分析系统

【本章学习目的】 了解财务分析的内涵、目的,明确财务分析的作用;理解财务分析系统的定义、主要功能和流程分析,对比了解财务分析系统的新老操作流程;掌握财务分析的基本方法和各种财务指标的经济意义与计算方法及财务分析系统的基本流程、主要功能和与其他子系统的关系;熟练运用财务分析系统的初始设置和日常业务处理操作。

【案例导引】

某企业智能财务分析系统

某企业经过 40 多年的发展,现已发展成为一个资金密集、技术密集和知识密集的特大型综合性企业。年销售收入 4 亿元。

为真正发挥财务反映生产、服务生产和引导生产的职能,逐步实现会计由核算管理型向智能化财务分析管理型的转变,该企业希望通过对财务数据进行抽取、清洗和多维分析,实现从宏观到微观、从定量到定性、从广度到深度、从点到面的全面分析,清晰地揭示出生产经营中存在的问题和矛盾,并提出改进措施和建议。企业现使用某公司的行业 ERP 系统,底层数据库是 Oracle。企业希望结合自身财务管理和分析的需求,能够对 ERP 系统 Oracle 底层数据库数据、EXCEL 导入、手工录入等多种数据源进行数据抽取,自动生成图文并茂的财务状况诊断和企业经营报告,为企业决策者和财务分析工作者提供科学的依据。从而在企业管理现代化和企业决策科学化方面获得较大的突破。

基于企业的现实需求,某软件公司开始为其设计研发了智能财务分析系统。该系统包括八大方面分析内容,77 个模块、102 个表格和 67 个图形,分别可以用 WORD 和 PPT 格式输出。实际分析中,该智能财务分析系统利用图表展现、文字描述等手段对收入(总收入、各单位收入、内外部收入)、成本、费用、税金、利润等方面进行深入的分解分析,同时,对成本习性、盈亏平衡点、营业安全水平、财务敏感性、资金状况预警等方面都结合全面的财务数据进行挖掘分析,最后出具一个上百页的图文并茂的财务分析报告,全面展现企业财务状况。

第一节 财务分析基本理论

企业作为一个独立的商品经营者,面对激烈的市场竞争,必须对自己企业的运营能力、财务状况、发展趋势有清楚的认识和正确的判断,以便及时调整企业经营策略和对经营管理进行不断改进,以利于市场竞争。财务分析作为对企业理财活动过程和结果进行观察、控制的手段,能够以其真实的数据来诊断企业的财务状况及企业的发展趋势。因此,财务分析是企业的财务管理的重要方法。

一、财务分析的内涵

关于财务分析的定义,不同的学者有不同的认识。美国南加州大学教授华特·梅格斯(Water B. Meigs)认为,财务分析的本质是搜集与决策有关的各种财务信息,并加以分析与解释的一种技术。美国纽约市立大学教授本斯提恩(Leopold A. Bernstiein)认为,财务分析是一种判断的过程,旨在评估企业现在和过去的财务状况及经营成果,其主要目的在于对企业的经营状况及经营业绩进行最佳预测。台湾政治大学教授洪国赐等认为,财务分析以审慎选择财务信息为起点,作为探讨的根据;以分析信息为重心,揭示其相关性;以研究信息的相关性为手段,评核其结果。

财务分析是指以企业财务报告反映的财务指标为主要依据,采用专门方法,对企业过去的财务状况和经营成果及未来前景所进行的剖析和评价。财务分析的主要目的一般可概括为:评价企业过去的经营业绩,反映企业在运营过程中的利弊得失,衡量现在的财务状况,预测未来的发展趋势,为财务报表使用者作出相关决策提供可靠的依据。

财务报表的使用者主要有投资人、债权人、经理人员、供应商、政府、雇员、中介机构等。不同主体由于利益倾向的差异,决定了在对企业进行财务分析时其目的也有所不同。

二、财务分析的目的

财务分析的目的受分析的主体和对象的制约,不同的财务主体进行财务分析的目的是不同的。

(一)从企业投资者角度看财务分析的目的

企业的投资者包括企业的所有者和潜在投资者,他们进行财务分析的最根本目的是看企业的盈利能力状况,因为盈利能力是投资者资本保值的关键。但是投资者仅关心盈利能力还是不够的,为了确保资本保值增值,他们还应研究企业的权益结构、支付能力及营运状况。只有投资者认为企业有着良好的发展前景,企业的所有者才会保持或增加投资,潜在投资者才会把资金投入该企业。否则,企业所有者将会尽可能的抛售股权,潜在投资者将会转向其他企业投资。另外,对企业所有者而言,财务分析也可评价企业经营者的经营业绩，发现经营过程中的问题，从而通过行使股东的权利，为企业未来发展指明方向。

（二）从企业债权者角度看财务分析的目的

企业债权者包括企业借款的银行及一些金融机构，以及购买企业债券的单位与个人等。债权者进行财务分析的目的与经营者和投资者都不同，债权人一方面从自己各自经营或收益目的出发愿意将资金贷给某企业；另一方面又要非常小心地观察和分析该企业有无违章和清算破产的可能性。一般地说，债权人不仅要求本金及时的收回，而且要得到相应的报酬或收益，而这个收益的大小又与其承担的风险相适应，通常偿还期越长，风险越大。因此，从债权人角度进行财务分析的主要目的，一是看其对企业的借款或其他债券是否能及时、足额收回，即研究企业偿债能力的大小；二是看企业的收益状况与风险程度是否相适应，为此，还应将偿债能力分析与盈利能力分析相结合。

（三）从企业经营者角度看财务分析的目的

企业经营者主要指企业的经理以及各分厂、部门、车间等的管理人员。他们进行财务分析的目的是综合的和多方面的。从对企业所有者负责的角度，他们首先也关心盈利能力，但这只是他们的总体目标。在财务分析中，他们关心的不仅仅是盈利的结果，更重要的是盈利的原因及过程。如资产结构分析、营运状况与效率分析、经营风险与财务风险分析、支付能力与偿债能力分析等。通过这种分析，其目的是及时发现生产经营中存在的问题与不足，并采取有效措施解决这些问题，使企业不仅用现有资源盈利更多，而且使企业盈利能力保持持续增长。

（四）其他财务分析的目的

其他财务分析的主体或服务对象主要指与企业经营有关的企业和国家行政管理与监督部门。与企业经营有关的企业单位主要指材料供应者、产品购买者等。这些企业单位出于保护自身利益的需要，也非常关心往来企业的财务状况，进行财务分析。他们进行财务分析的主要目的在于搞清企业的信用状况，包括商业上的信用和财务上的信用。商业信用指按时、按质完成各种交易行为；财务信用则指及时清算各种款项。而企业信用状况分析，一可通过对企业支付能力和偿债能力的评价进行；二可根据对企业利润表中反映的企业交易完成情况进行分析判断来说明。

国家行政管理与监督部门主要指工商、物价、财政、税务以及审计等部门。它们进行财务分析的目的：一是监督检查党和国家的各项经济政策、法规及制度在企业单位的执行情况；二是保证企业财务会计信息和财务分析报告的真实性、准确性，为宏观决策提供可靠信息。

三、财务分析的作用

从财务分析的产生、发展及与其他学科关系到财务分析的目的，都说明财务分析是十分必要的。尤其在我国建立社会主义市场经济体制和现代企业制度的今天,财务分析的意义就更加深远,作用就更加重大。财务分析的作用从不同的角度看是不同的。从财务分析的服务对象看,财务分析不仅对企业内部生产经营管理有着重要作用,而且对企业外部投资决策、贷款决策、赊销决策等有着重要作用。从财务分析的职能作用看,它对于正确预测、决策、计划、控制、考核和评价都有着重要作用。这里主要从财务分析对评价企业过去、现在及未来的作用加以说明。

(一) 财务分析可正确评价企业过去

正确评价过去,是说明现在和揭示未来的基础。财务分析通过对实际会计报表等资料的分析能够准确地说明企业过去的业绩状况,指出企业的成绩和问题及产生的原因,是主观原因还是客观原因等。这不仅对于正确评价企业过去的经营业绩是十分有益的,而且可对企业投资者和债权人的行为产生正确的影响。

(二) 财务分析可全面反映企业现状

财务会计报表及管理会计报表等资料是企业各项生产经营活动的综合反映,但会计报表的格式及提供的数据往往是根据会计的特点和管理的一般需要设计的,它不可能全面提供不同目的报表使用者所需要的各方面数据资料。财务分析,根据不同分析主体的分析目的,采用不同的分析手段和方法,可得出反映企业在该方面现状的指标,如反映企业资产结构的指标、企业权益的指标、企业支付能力和偿债能力的指标、企业营运状况的指标、企业盈利能力的指标等。通过这种分析,对于全面反映和评价企业的现状有重要作用。

(三) 财务分析可用于估价企业未来

财务分析不仅可用于评价过去和反映现状,更重要的是它可通过对过去与现状的分析与评价,估价企业的未来发展状况与趋势。财务分析对企业未来的估价,第一,可为企业未来财务预测、财务决策和财务预算指明方向;第二,可为企业进行财务危机预测提供必要信息;第三,可准确评估企业的价值及价值创造,这对企业进行经营者绩效评价、资本经营和产权交易都是十分有益的。

四、财务分析的方法

(一) 战略分析与会计分析

1. 战略分析。战略分析是指通过对企业所在行业或企业拟进入行业的分析,明确企业自身地位及应采取的竞争战略,以权衡收益与风险,了解与掌握企业的发展潜力,特别是在企业价值创造或盈利方面的潜力。一般包括行业分析和企业竞争策略分析。

2. 会计分析。会计分析是财务报表分析的重要步骤之一。会计分析的目的在于评价企业会计所反映的财务状况与经营成果的真实程度。会计分析的作用:一方面通过对会计政策、会计方法和会计披露的评价，揭示会计信息的质量状况；另一方面通过对会计灵活性、会计估价的调整，修正会计数据，为财务分析奠定基础，并保证财务分析结论的可靠性。一般包括水平分析法、垂直分析法和趋势分析法。

（二）比率分析与因素分析

1. 比率分析法。比率分析法是财务分析的最基本、最重要的方法。比率分析法实质上是将影响财务状况的两个相关因素联系起来，通过计算比率，反应它们之间的关系，借以评价企业财务状况和经营状况的一种财务分析方法。比率分析的形式有：一是百分率，如流动比率为200%；二是比率，如速动比率为1:1；三是分数，如负债为总资产的1/2。

2. 因素分析法。因素分析法是依据分析指标与其影响因素之间的关系，按照一定的程序和方法，确定各因素对分析指标差异影响程度的一种技术方法。因素分析法是经济活动分析中最重要的方法之一，也是财务分析的方法之一。因素分析法根据其分析特点可分为连环替代法和差额计算法两种。

（三）财务综合分析评价技术

1. 财务综合分析与评价。

（1）财务综合分析方法。财务综合分析方法主要有两类：一是财务报表综合分析，如资产与权益综合分析、利润与现金流量综合分析等；二是财务指标体系综合分析，如杜邦财务分析体系、杜邦财务指标体系改进分析等。

（2）财务综合评价方法。财务综合评价方法有综合指数评价法、综合评分法等。

2. 财务预测分析与企业价值评估。企业价值评估实际上也是企业评价的方法。进行企业价值评估应在财务分析的基础上，通过财务预测分析，确定企业未来现金流量或利润；然后对现金流量或利润按一定折现率进行折现，从而确定企业价值或股东价值。

第二节 财务分析系统概述

一、财务分析系统的内涵

据普华永道会计师事务所与其他组织联合开展的首次区域性调查显示，在首席财务官（CFO）投入多于50%的时间来参与协助管理层的决策的调查中，中国只有34%的CFO这样做了，远远低于亚洲的平均水平47%。因此，普华永道会计师事务所得出结论：中国企业的CFO更像一名记账员，他们必须转型成为首席执行官（CEO）的业务助手，才能促进中国企业的发展。

如何摆脱昔日"财务主管"的角色地位，成为CEO的有力助手，参与协助管理层的决策，正在成为中国财务经理急需解决的难题。这一难题的解决，必须依靠自动化、智能化的财务分析系统。

财务分析系统是指采用多种数学模型和计算方法，对多种数据进行整合分析，从无序散乱的数据中提取有用数据，为企业的财务决策、计划、控制提供广泛帮助的系统。

二、财务分析系统的主要功能

目前，财务分析系统提供的主要功能有：自动从财务系统和 ERP 系统取得所需要的各种财务信息；预设主流的财务分析方法（会计分析、财务效率分析和杜邦财务分析）、综合评价体系和企业绩效评价体系；预设各种财务分析模型，方便用户自己做分析报表和各种指标；预设常用的预警体系（Z 模型和 Edimister 模型），帮助决策者作分析和决策；预设常见的分析方法，如图解法、趋势分析法、比较法、因素分析法、比率分析法等。能为不同的信息需求者提供不同形式的有用信息。

三、财务分析系统与其他系统的关系

财务分析系统不能单独运行，因为其处理数据来源于总账系统、报表系统和现金流量表系统。同时，财务分析系统又为总账系统提供预算数和年报警数，如图 8-1 所示。

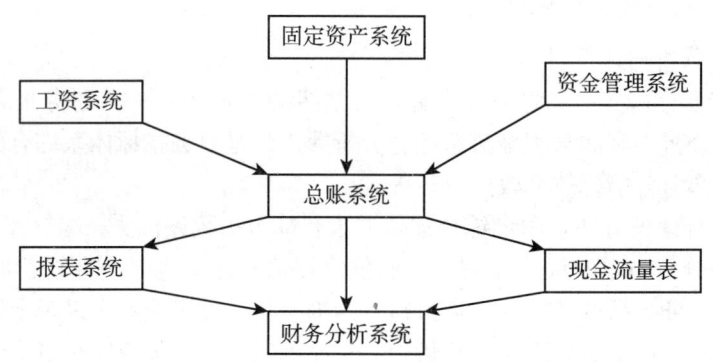

图 8-1　财务分析系统与其他系统关系

四、财务分析系统的意义

1. 能够模拟人的思维方式，通过计算机的智能处理程序，对财务数据进行计算、推理、判断和分析，在收入、成本、利润、发展能力、盈利能力、偿债能力、财务风险等方面出具一份内容详尽、图文并茂的财务报告。

2. 真实、客观、准确、快速地反映企业财务问题，找出问题原因，并提供解决问题的方法。

3. 通过其强大的计算和思考能力使财务分析更全面，对最终的企业决策带来更大的价值。

4. 使财务人员从繁杂、重复的工作中解脱出来。

第三节 财务分析系统流程分析

一、财务分析系统的业务流程

财务分析系统的业务流程如图 8-2 所示。

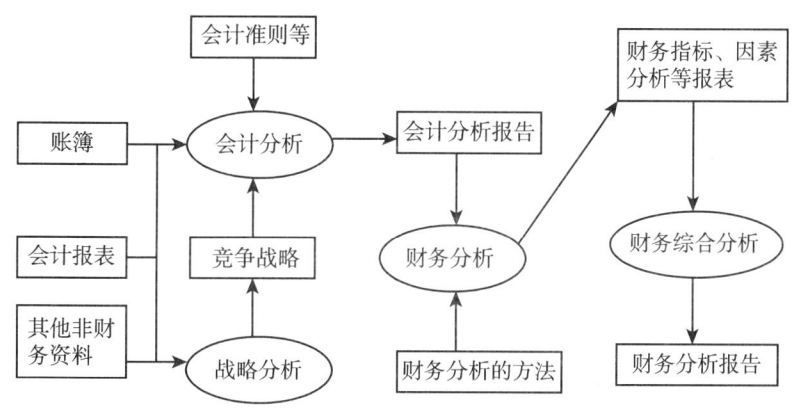

图 8-2 财务分析系统的业务流程

首先,在各种账簿、会计报表和其他非财务资料中搜集信息,并根据财务分析的目的和计划进行;只有平时日积月累各种信息,才能根据不同的分析目的及时提供各类信息。

其次,进行行业分析和组织竞争策略分析,形成竞争战略报告;根据竞争战略报告和会计准则、会计政策等要求,进行会计分析。

再次,在会计分析的基础上,运用各种财务分析方法,形成财务指标、因素分析、报表分析等资料。

最后,在财务分析形成的各种资料上,运用财务综合分析的技术,形成最终的财务分析报告。

二、财务分析系统的数据流程

财务分析系统的数据流程如图 8-3 所示。

首先,进行系统设置,如工作区设置、多账套管理、设置默认取数账套、数字格式、打印设置、页面设置、标题脚注设置等。

其次,才能进行报表分析、指标分析和因素分析。在报表分析中,可对资产负债表、利润表和利润分配表进行结构分析、比较分析和趋势分析,还可对别的报表进行分析;在指标分析中,通过对财务指标的分析,可以对组织的财务状况和经营成果作一个总结,并为以后的生产经营活动提供宝贵的经验和素材;在因素分析中,可以对利润、税金等这些分析对象进行进一步分析,通过选择确定与分析对象相关的各种因素和影响分析对象变动的因素以及

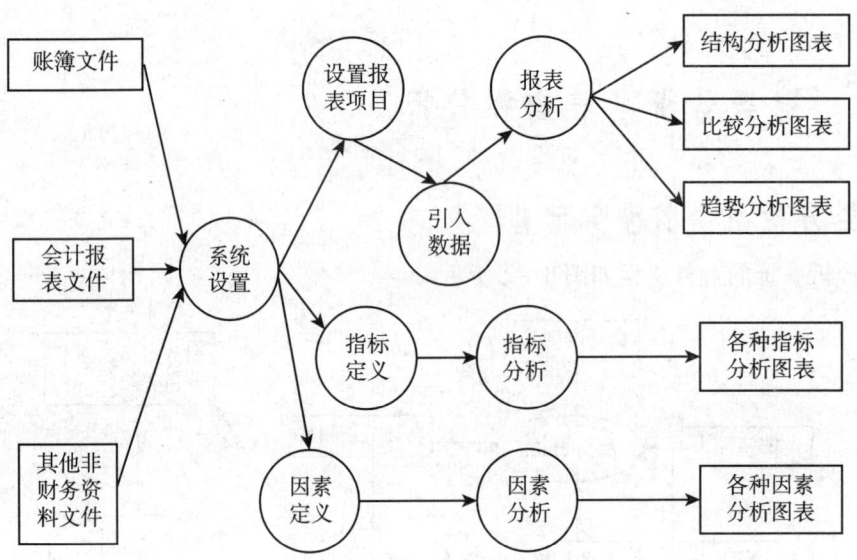

图 8-3 财务分析系统的数据流程

因素与因素之间的计算关系，进行深入的分析；在预算管理中，通过提供预算编制、预算数追加、预算与实际比较分析的功能，可以进行部门、项目、收入、成本费用（对于行政事业单位是支出）、科目和利润的预算执行分析。

三、财务分析系统的功能模块

财务分析系统主要分为五大功能模块，如图 8-4 所示。

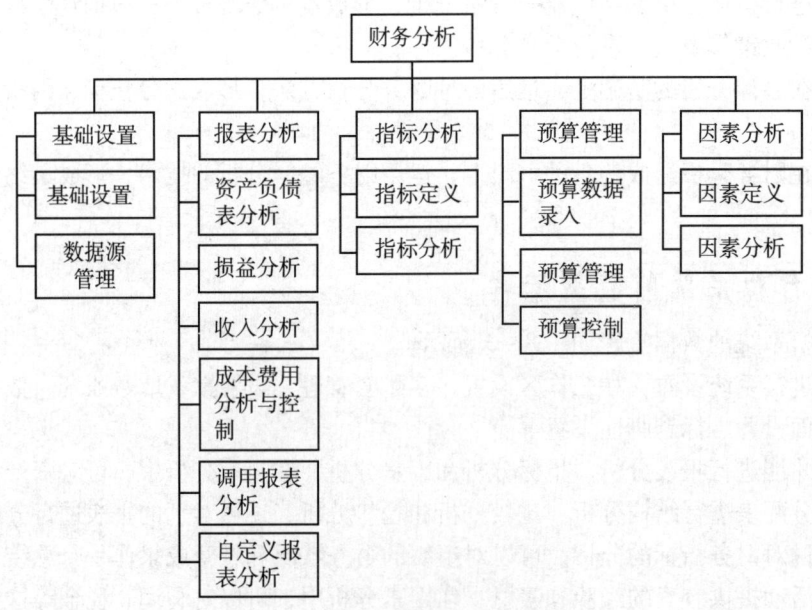

图 8-4 财务分析系统功能模块

基础设置包含的内容如图 8-5 所示：

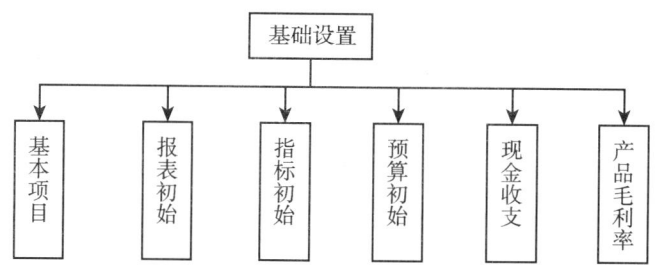

图 8-5 基础设置的内容

现金收支包含的内容如图 8-6 所示：

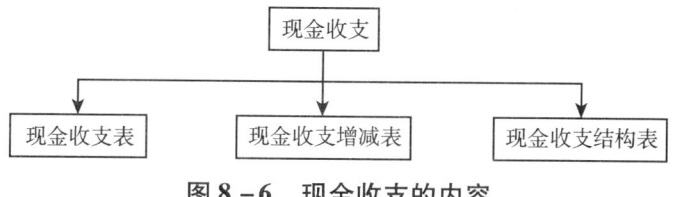

图 8-6 现金收支的内容

指标分析包含的内容如图 8-7 所示：

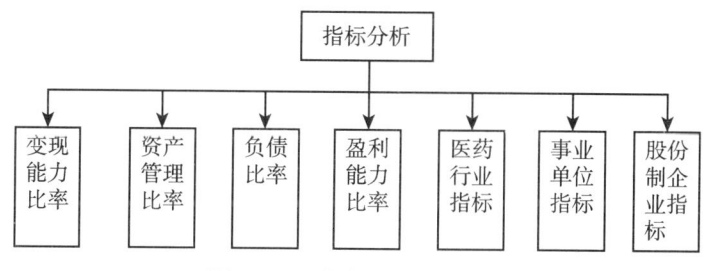

图 8-7 指标分析的内容

报表分析包含的内容如图 8-8 所示：

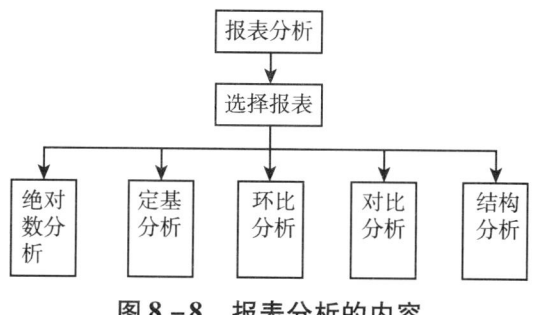

图 8-8 报表分析的内容

预算管理包含的内容如图 8-9 所示：

成本费用预算、利润预算适用于企业,支出预算适用于行政事业。

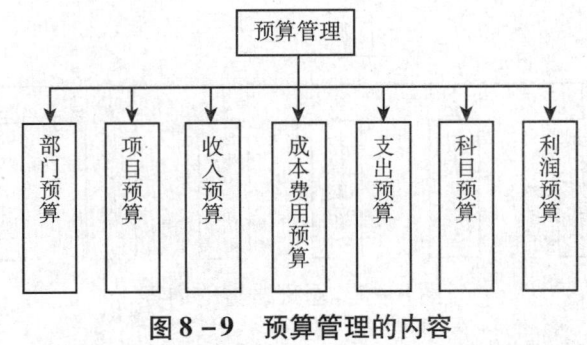

图 8-9 预算管理的内容

因素分析包含的内容如图 8-10 所示:

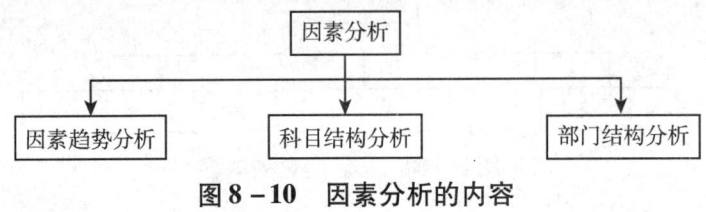

图 8-10 因素分析的内容

第四节 财务分析系统的初始设置

一、应用前的准备

在进行报表分析时,根据需要至少应准备以下三张报表数据:资产负债表(预算、决算数),利润表(预算、决算数)和现金流量表(预算、决算数)。

在对公司的内部报表分析时,还应当提供以下报表数据:资产减值准备明细表(预算、决算数),业务分部报告(预算、决算数),地区分部报告(预算、决算数),管理费用明细表(预算、决算数),销售费用明细表(预算、决算数),股利分配表(预算、决算数)。

注意:应当保证系统中至少有两期以上的报表数据。

二、基础设置

1. 在初次进入财务分析系统时,系统已预置了进行分析需要的以下内容。

(1) 预置了一些基本项目和其科目编码,用于产品毛利率和现金收支分析中。可以重新定义和修改科目编码。

(2) 预置了资产负债表、利润表(企业)、收支出表(行政事业)及其对应的编码,用于报表分析和因素分析。可以重新定义和修改编码。

(3) 预置了财政部公布的评价单位经济效益的指标体系,共 28 个,用于指标分析。可以在其中选择适合本行业的指标。

2. 还有以下内容是需要自行定义的。

（1）如果要进行本单位的数据维护，则需要在数据维护中选择新增公司、新增期间和导入报表。

（2）如果要进行绩效评价，则需要在绩效评价中自定义报表、编辑标准值和自定义绩效评价模板。

（3）财务指标多种多样，但分析专家往往有自己独特的价值分析指标。因此，为那些有自己独特分析指标的用户提供了定义这些指标的可能，并且可以将这些指标运用于财务报表分析当中。

（4）如果要了解现金流入科目、现金流出科目完成年预算的情况，则需要定义相应的现金类科目和预算。

第五节 财务分析的日常业务处理

一、报表分析

1. 利润表的分析。选择报表分析的利润表即可，系统会自动显示出利润表的分析数据，如图8-11所示。

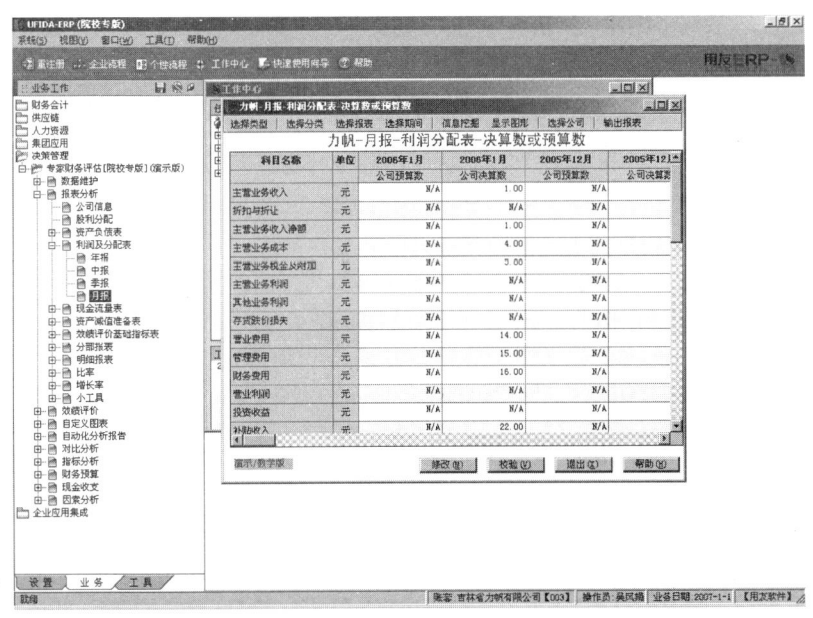

图8-11 利润表分析

如果要显示图表的分析，就单击屏幕上方的显示图形就可以了，如图8-12所示。

图 8 - 12 显示图形

2. 现金流量表的分析

选择报表分析的现金流量表即可,系统会自动显示出现金流量表的分析数据,如图 8 - 13 所示。

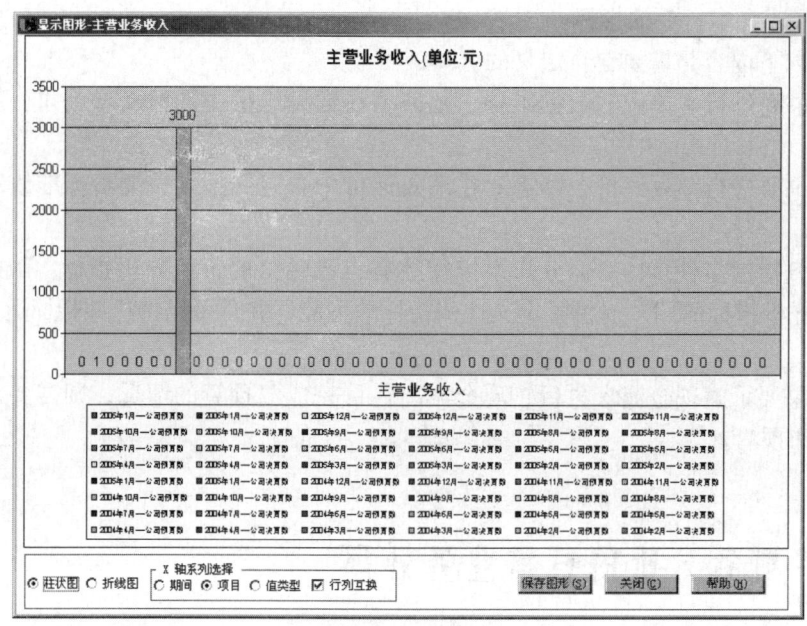

图 8 - 13 现金流量表分析

二、绩效评价

自动生成绩效评价报告，只要单击绩效评价报告即可，如图 8-14 所示。

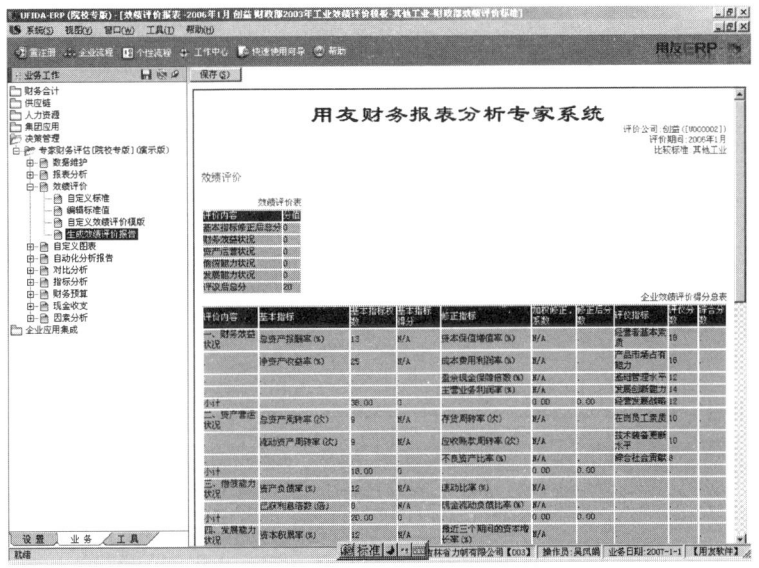

图 8-14　绩效评价报告

三、自动化分析报告

1. 先进行设置分析报告模板，如图 8-15 所示，输入分析的名称即可。

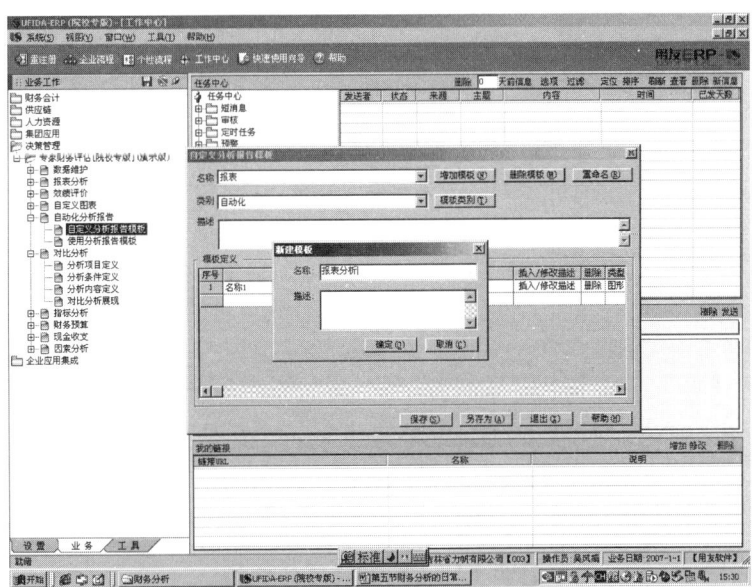

图 8-15　自定义分析模板

2. 单击插入的是文字还是图形，如图 8-16 所示。

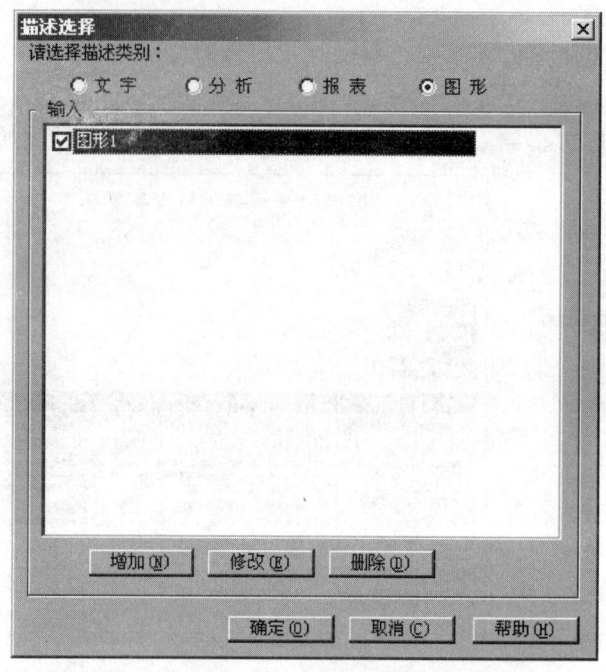

图 8-16 描述选择

3. 单击确定、保存即可，此时可以调用自动化分析的数据了，如图 8-17 所示。

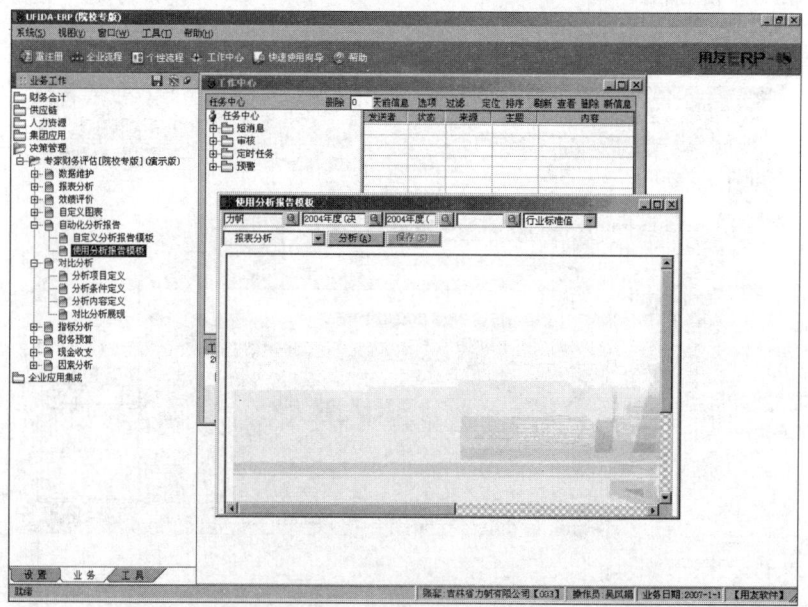

图 8-17 自动化分析模板

4. 输入各个项目的内容,就可以显示我们需要的分析数据,如图 8-18 所示。

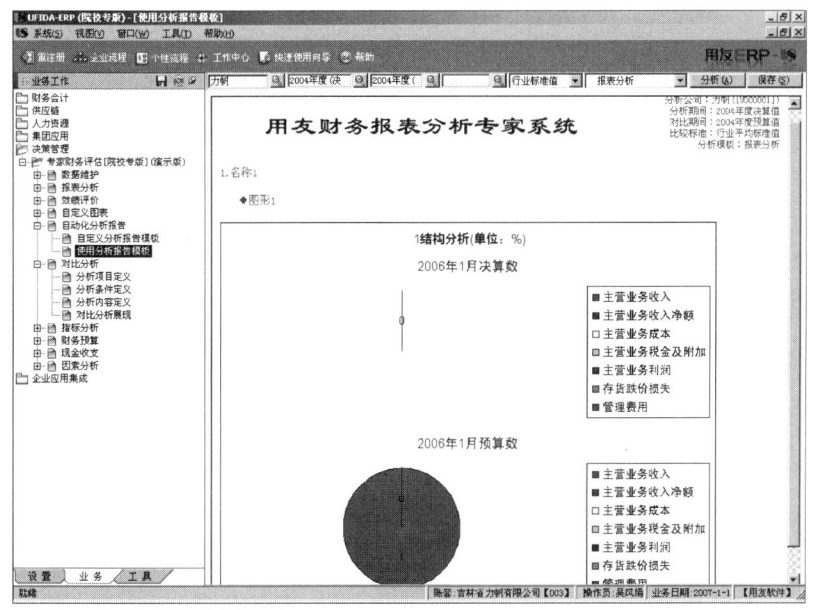

图 8-18 分析数据模板

四、对比分析

单击对比分析展现,就能自动生成对比分析的表格,如图 8-19 所示。

图 8-19 对比分析展现

五、指标分析

指标分析是指同一期财务报表上的相关项目互相比较,求出它们间的比率,以说明财务报表上所列项目与项目之间的关系,从而揭示单位的财务状况,是财务分析的核心。指标分析可以分为七类比率:变现能力比率、资产管理比率、负债比率、盈利能力比率、医药行业指标、事业单位指标和股份制企业指标。

财务分析系统提供财政部公布的评价单位经济效益的指标体系,共 28 个指标的分析。在进行指标分析时,可以选择分析部分指标或全部指标。但分析专家往往有自己独特的价值分析指标。因此,财务分析系统为那些有自己独特分析指标的用户提供了定义这些指标的可能,并且可以将这些指标运用于财务报表分析当中。

【本章小结】

本章首先介绍了财务分析的内涵、目的和作用,以及财务分析的基本方法;其次介绍了财务分析系统的内涵和意义;然后分析了财务分析系统的业务流程和数据流程,以及财务分析系统与其他子系统的关系和财务分析系统的功能模块;最后重点讲解了财务分析系统的初始设置和日常业务处理。

复习思考题

1. 财务分析的方法有哪些?
2. 财务分析系统包含哪些功能模块?
3. 简述财务分析系统与其他系统的主要关系?
4. 财务分析系统的初始设置工作有哪些?
5. 财务分析系统的日常业务处理主要包括哪些内容?

第九章
资金管理系统

【**本章学习目的**】了解资金管理系统的需求和目标，高度认识资金管理在组织中的重要性；理解资金管理系统的业务流程和数据流程；掌握资金管理系统的初始设置和日常业务处理；熟练运用资金管理系统的日常业务处理。

【**案例导引**】

某工业区结算中心应用

某工业区应用财务管理软件是企业强化和提高自身管理的需要，更是适应企业自身不断发展和壮大的需要。某工业区实现信息化的历程可以说是艰辛的，从一开始应用软件代替手工处理到今天，经过了自主开发软件应用阶段、财务管理信息化阶段和管理信息化阶段。

随着工业区财务管理信息化，整个集团的资金管理、财务管理都取得了非常显著的成效。企业的发展与信息化进程的推进使工业区开始考虑整个集团管理信息化。2000年工业区制造类企业进行业务系统的信息化，实现和财务的融合。2001年整个集团也实现办公自动化，为了尽快实现工业化的管理信息化，工业区启动了信息岛工程，在2001年实现集团总部与全部所属企业的集中式应用，实现及时、开放的数据交换和共享，推动整个集团企业管理现代化。

作为一个多元一体的综合性企业集团，工业区的主要业务集中在投资方面，为了加强对被投资企业的检控管理，财务管理尤其是资金管理在工业区有着无可替代的重要性。工业区在实践中认识到，企业管理的重心是财务管理，财务管理的重心是资金管理。

工业区根据企业自身发展的需要，率先引入"企业内部银行"的概念，成立了工业区内部结算中心。结算中心成立之初，数据处理基本靠手工操作，随后又自主开发了结算中心软件。

随着工业区的迅速发展，结算中心开户单位已达120多个，月资金流量达10亿多元，原有软件的业务处理量和功能已不能适应。几年前公司再次将结算中心软件升级为一个独立的业务模块，其强大的数据处理功能、较强的稳定性和安全性、较完整的管理功能，将结算中心的运作跨入一个新的阶段。

结算中心应用特点如下：

1. 结算中心属工业区有限公司财务部下级部门，不进行独立核算。
2. 工业区下属企业不设银行账户，在结算中心统一开户。
3. 会计科目共设四级，第四级科目按结算中心账号设置，实行会计科目和账号的无缝衔接。
4. 结算中心由于资金存贷等产生的往来差额冲抵集团的财务费用，自动结转。
5. 结算中心实行分币种自求平衡，不根据汇率变化对外币进行汇兑损益调整。

以资金管理信息化推动的财务管理信息化给工业区带来了众多的效益，直接效益表现在会计核算以及财务管理、尤其是集团资金管理方面。结算中心系统在不增一个人工的前提下为公司一年带来间接收益400万元。

随着工业区管理信息化的发展，结算中心业务的增长和职能的外延，工业区对结算中心应用有了更前瞻性的展望，使用结算中心系统以及网上交易系统实现银行与企业集团公司、企业集团公司与下属企业之间的财务数据互动传递，将是结算中心应用的完美模式。

国家经贸委提出信息化推动工业化的口号，从中国成功企业信息化的历程和中国企业实际情况分析，财务管理信息化是信息化的基础，而财务管理的中心是资金管理。

在大中型企业、上市公司、信托投资公司和财务公司内部都可引入结算中心概念和结算中心管理软件应用模式，通过资金管理紧紧抓住财务管理这条主线，优化企业财务管理，推动企业整体管理信息化。

第一节 资金管理系统概述

一、资金管理系统的目标

资金管理的目标是实现组织对资金的管理需求，对资金统一规划与运作，处理各类存、贷款业务，以合理安排资金使用，加速资金周转。

随着组织规模扩大与竞争的日趋激烈化，资金管理越来越受到人们重视，如何有效控制资金的使用、加速资金周转，充分发挥资金资源的潜力，获得最大的经济效益，是财务管理者日益关注的问题，并由此产生一个共识：资金管理必须信息化。

资金管理系统的目标是满足组织对资金管理信息化需求，实现对资金以及涉及资金管理方面业务的记录、处理，实现对每笔资金的计息以及往来存贷的资金的管理，并为用户提供各类统计分析报表。

二、资金管理系统的需求分析

资金管理系统主要面向企事业单位尤其是大型企业对资金的管理。对系统的具体需求：

一是适用于结算中心或内部银行的资金管理模式，处理对内、对外的收款、付款和转账业务。二是以银行提供的单据、企业内部的单据和记账凭证为主要数据源，记录资金业务以及其他涉及资金管理方面的业务。三是提供对资金的逐笔计息处理，实现对每一笔资金的管理；提供积数计息处理，实现对往来存、贷资金的管理。四是提供对各种单据的查询输出以及各种统计分析报表。

三、资金管理系统与其他系统的关系

资金管理系统主要与总账系统发生关系，一方面根据各种单据生成记账凭证，并提供给总账系统；另一方面也可以根据总账系统的凭证进行管理与计息。此外，资金管理系统也应该向决策支持系统提供资金来源、占用、收支等运作信息。

第二节 资金管理系统流程分析

一、资金管理系统的业务流程

资金管理系统的业务流程如图 9-1 所示。

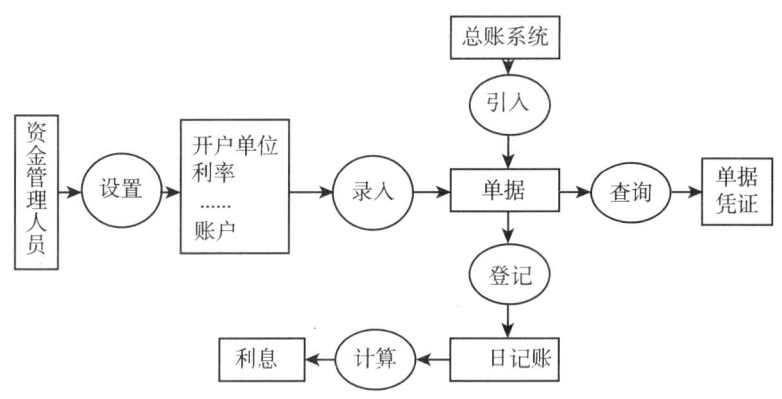

图 9-1 资金管理系统的业务流程

其主要过程是：

1. 设置开户单位。即先将各部门、个人、客户、供应商和项目设立为内部开户单位，把企业各开户银行设成外部开户单位。

2. 设置账户。即根据需要在各开户单位下设置账户，如各部门专户、基建户、工资户、资金户、费用户、活期存款户、定期存款户等。资金通过开户单位来具体管理，包括银行存贷资金、内部存贷资金、内外部结算资金、内部借贷资金等。

3. 存贷业务处理。即录入单据或根据所设置的账户科目直接从总账系统引入数据，每日业务终了记日记账。

4. 资金利息计算。即通过设置利率，对资金进行利息计算。具体在每日做日记账时核对计息日，对需要计息的账户及业务计算利息。

二、资金管理系统的数据流程

资金管理系统涉及的文件多、处理关系复杂，用一个简图很难说清楚它们之间的逻辑关系，图 9-2 只是给出了资金管理系统主要部分的数据流，但它也基本反映了资金管理系统的逻辑模型。

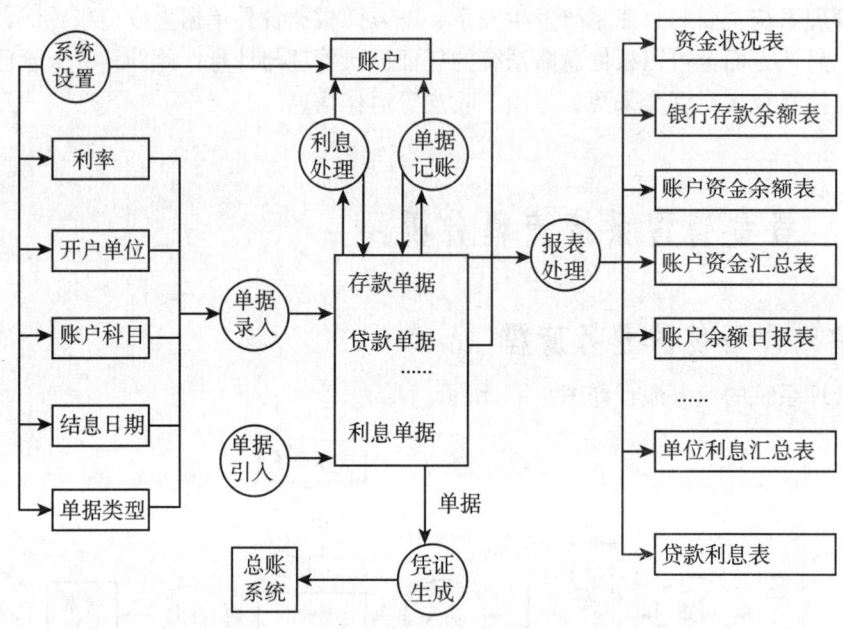

图 9-2 资金管理系统的数据流程

三、资金管理系统的功能模块

根据资金管理系统的数据流程，可将资金管理系统分解为图 9-3 所示的功能结构。

第三节 资金管理系统的初始设置

资金管理系统初始设置主要包括开户单位设置、利率设置、结息日设置、账户设置、账户科目设置、单据类型设置以及初始数据的录入。

1. 开户单位设置。定义在资金管理系统中要管理的单位，包括个人、部门、银行、客户、供应商、项目等类型。

2. 利率设置。设置企业可能使用的各种利率或不同时间段的利率，内容包括利率代码、利率调整日期、年利率、提前年利率、逾期年利率、定额利率、超定额利率等。

3. 结息日设置。设置企业各类业务的利息结算周期与日期，内容包括结息周期、结息日期、付息延期天数、备注等。其中，结息周期指间隔多长时间进行利息结算；付息延期天数指利息计算出来后，允许拖延还息而不被罚款的最大天数。

4. 账户设置。设置各开户单位下的不同账户，如部门专户、基建户、工资户、资金户、活期存款户、定期存款户等。设置内容包括单位名称、账户号、账户名称、开户日期、利率

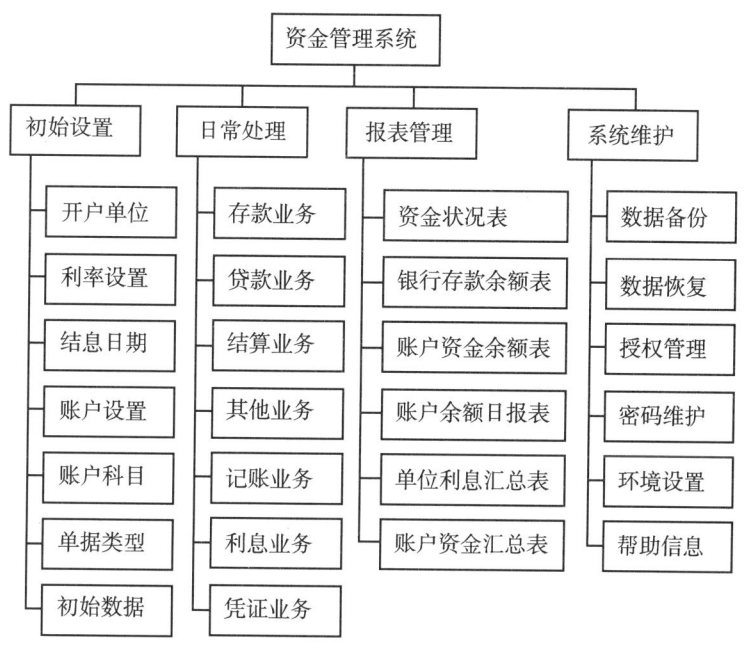

图 9-3 资金管理系统的功能模块

代码、结息日、期初余额、期初积数、数据来源、存款种类、账户类别、账户币别等。

5. 账户科目设置。如果上述账户设置的数据来源定义为从总账系统中取数,则必须在此设置取数的具体科目。一个账户的数据来源可以是多个科目,其中既可以是一级明细科目,也可以是核算项目。系统将根据设置科目的发生额与余额合计数作为账户的发生额与余额。

6. 单据类型设置。设置企业将要使用的各类单据的代码与名称,可能包括银行存款、银行取款、内部存款、内部取款、银行贷款、内部贷款、内部拆借、银行还款、内部还款、银行还息、内部还息、拆借还息、对外结算、内部结算、利息等单据。

7. 初始数据的录入。整理系统启用之前尚未结清的业务单据并将其输入系统,包括所有未到期及到期后未支取的存款单、未到期及到期后未还清的贷款单、未到期及到期后未还清的拆借单、未支付和未收到的利息单、未结清的贷款单及拆借单相应的本金还款单、未结清的贷款单相应的利息还款单等。以上单据必须在系统正式启用前录入完毕。

第四节 资金管理系统的日常业务处理

资金管理系统的日常业务主要包括:选择相应的单据类型输入资金业务数据,并同时生成记账凭证,每日业务终了时作记账处理,以及在需要计算利息的日期对相应账户及业务计算利息。若账户数据来源指定来自总账系统,则只需直接导入单据。日常处理主要是单据处理,系统必须提供单据的增加、修改、删除、保存、审核、制单、定位、查询以及打印输出等功能。

一、单据的录入

及时录入资金业务所涉及的各类单据是资金管理的基础。由于资金业务单据种类较多，系统必须提供不同的录入界面，但各种录入界面大同小异，只是个别项目有所区别而已。

（一）存款业务单据

存款业务单据包括银行存款单、银行取款单、内部存款单与内部取款单。其中，银行存款单与取款单分别用于记录非借贷及非结算情况的银行存款增加或减少业务，如存取现金等单据；内部存款单与取款单分别用于内部开户单位在内部银行账户非借贷及非结算的资金增加与减少业务，如个人存款、个人集资、公积金管理等业务。

上述四种存款业务单据的输入界面基本相同，只是栏目提示略有区别而已。银行存款单的输入栏目包括：定期/活期、业务编号、日期、银行名称、银行账户、存款金额、币别、汇率、利率代码、存期、经办人、摘要等。其中，币别、利率代码两项在账户设置时已经指定，在这里只显示而不能修改，摘要内容将在制单时自动填入凭证摘要栏。

（二）贷款业务单据

贷款业务单据分贷款与还款两大类，其中贷款单据包括银行贷款单、内部贷款单和内部拆借单三种；还款单据包括银行贷款本金与利息还款单、内部贷款本金与利息还款单、内部拆借本金与利息还款单六种。

上述九种单据的输入界面与输入栏目不尽相同，内部贷款单的输入栏目包括：业务编号、日期、单位名称、账户号、借款金额、币别、汇率、还款日期、利率代码、已还金额、担保金额、担保单位、结息日代码、经办人、摘要、计息方式等。其中，已还金额根据相应的还款单自动填入；结息日代码指在结息日设置中设定的计算利息的固定日期；摘要的内容将在制单时自动成为凭证的摘要内容。另外，计息方式一般有以下几种：到期内结欠利息挂账不计复利，逾期时对本金及结欠利息计复利；到期内利息计复利，逾期时对本金及结欠利息计复利；到期内结欠利息挂账不计复利，逾期时只对本金计逾期利息；利随本清。

（三）结算单据

结算业务主要通过结算单进行处理，结算单分内部结算单与对外结算单两种。

1. 内部结算单。内部结算单主要用于内部开户单位之间的结算业务，如内部开户单位之间的应收、应付款结算，内部单位之间的资金划拨等。内部结算单的输入界面包括许多栏目，内容涉及结算业务编号、日期、收款单位、收款账户、付款单位、付款账号、结算金额、币别、本位币金额、汇率、摘要、收款经办人、付款经办人、中心经办人等。

2. 对外结算单。对外结算单用于内部开户单位与外部单位之间的结算业务，如内外单位之间应收、应付款结算，企业支付银行手续费等。栏目内容涉及收款/付款、结算业务编号、日期、银行名称、银行账户、内部单位、账户号、结算金额、币别、本位币金额、往来单位、往来银行、往来账号、摘要、内部经办人、中心经办人等。

（四）其他业务单据

除上述单据之外，日常业务处理还包括利息单的录入以及利息通知单、催款通知单和内部对账单的生成。

1. 利息单。利息单记录利息计算的结果，反映账户及某笔业务的应收或应付利息。能产生利息单的业务有银行贷款、内部贷款、内部拆借等。

2. 利息通知单。它是记录某开户单位在某时期内的利息金额，用于通知开户单位并作为利息的记账依据。

3. 催款通知单。它是用于通知对方归还贷款的书面通知。

4. 内部对账单。它是企业结算中心或内部银行给开户单位打印输出的对账单。

二、单据的审核

上述单据除利息通知单与对账单外，录入后必须经过审核才能成为正式的会计档案。可以为系统设计两种审核方式：一是单张单据审核，即对当前屏幕上的单据通过按钮进行审核；二是成批单据审核，即对所有未审核的单据进行一次性审核。在控制上还应该实现一张单据的录入人不能同为审核人，以及单据一经审核则不能修改。如果要修改已审核过的单据，则应先由审核人取消审核，然后由录入人员做修改。

三、凭证处理

1. 需要生成记账凭证的单据。资金管理系统与总账系统有密切的联系，除利息通知单、催款通知单外的所有业务单据，录入系统后必须编制相应的记账凭证传送到总账系统。

2. 凭证生成方式。系统应提供两种凭证生成方式由用户选择：一是逐张制单，即在单据录入窗口通过"制单"按钮对当前录入的单据，编制相应的记账凭证；二是成批制单，即单据录入时不编制凭证，而是到某一时刻再通过凭证批处理功能将一批单据分别生成记账凭证。但不管用哪一种方式，在编制过程中，用户都必须针对不同的业务单据为凭证输入对应的会计科目，而且要保证借贷方金额与业务单据相等。

3. 凭证的查询与修改。资金管理系统编制的记账凭证直接存入总账系统，总账系统可以对凭证做查询、审核和记账处理，但不能修改与删除，对凭证做修改、删除处理只能在资金管理系统进行。另外，如果要修改或删除已经制单的业务单据，则必须先将凭证冲销、作废或作删除处理。

四、记账处理

记账一般应在每日工作终了时进行，将当日输入系统并经审核的业务单据作记账处理。记账处理主要包括两方面的内容：一是自动汇总账户余额和积数；二是自动计息，即在记账的同时将当日或以前未记账日需要计算利息的账户及业务自动计算出利息，并自动生成利息单。注意，业务单据一经记账，即成为正式会计档案，不允许删除或修改。

五、利息处理

利息处理主要用于计算账户、贷款业务及存款业务的逾期或提前的利息,也可以用于日常对定期存款与贷款业务的利息预算,而其他的日常计息处理则合并到每日记账时自动进行。计息是对指定总账科目的明细账进行,即逐笔读取明细账的业务记录并计算其应收、应付利息。系统一般应提供以下几种计息功能由用户选择。

1. 计算业务单据的利息。用户据此计算任意一张或连续范围内的多张存款单、贷款单、拆借单的利息,即用户只要给出计息时间段,选定业务单据类型,指定要计息的单据编号范围,系统则对由此确定的一张或多张业务单据计息。

2. 计算账户的全部利息。用户据此可以计算一个或全部账户的利息,只要用户输入要计算利息的时间段和需要计算利息的账户号,系统就可以计算账户内所有单据的利息以及账户的总利息。

3. 计算单位的全部利息。用户据此可以计算任意一个单位的利息,只要用户输入计息的时间段和需要计算利息的单位名称,系统就可以计算单位内所有单据的利息以及账户的利息。

第五节 资金管理系统单据与账表输出

资金管理系统不仅要提供多种单据与多种资金账表供用户查询或打印输出,而且还应该允许用户对某些报表的项目进行定义,以满足用户对信息的需要。

一、资金单据的输出

1. 单据查询。资金管理系统涉及各种单据,系统必须提供对这些单据的查询与打印功能。查询一般按单据类型进行,即先通过界面选择单据类型,如银行存款、银行取款、内部存款、内部取款、银行贷款、内部贷款、内部拆借、银行还款、内部还款、银行还息、内部还息、拆借还款、拆借还息、对外结算、内部结算、利息等,然后输入查询条件。查询条件一般为组合条件,涉及日期、业务编号、银行或内部单位名称、账号、原币与本位币金额等项目,对一个项目可以指定一个值、一个区间或者省略。另外,输出结果的项目(即列)也是可以选择的,即从某种单据中选择一些项目显示。

2. 单据打印。打印单据需要先指定打印范围,包括选择单据类型、日期区间、起止业务编号以及是否包含未记账单据,系统据此找出单据,并成批打印输出。

二、资金账表的输出

(一)资金账表

资金管理系统一般应该给用户提供以下账簿或报表:

1. 资金状况表。资金状况表包含所定义项目的每日资金状况及该项目在同一级项目中所占的百分比数,以及该项目在本旬、本月的资金日平均数及所占用一级项目的百分比。资金状况表反映的是每日资金余额,通过日平均、旬平均、月平均数的比较,可以看出某日某项目的资金状况,以便对资金流量加以控制。

资金状况表如表9-1所示,其中包含有项目、币别、汇率、本日原币、本日本位币金额、占(%)、旬原币、旬本位币金额、占(%)、本月原币、月本位币金额、占(%)等。

表9-1 资金状况表   年 月 日

项目	币别	汇率	本日原币	本位币金额	占(%)	旬原币	……
资金总量							
合计							
一、按存款性质分							
1. 定期存款							
美元	美元						
人民币	人民币						
小计							
2. 结算存款							
美元	美元						
……							

2. 银行存款动态余额表。该表按报表定义项目中的分级,归类各银行不同账户的上日余额、本日收入额及笔数、本日支出额及笔数、本日余额以及本日的净收支。

3. 账户资金余额明细表。该表按报表定义的项目统计并反映在指定日期各资金账户的资金余额及资金积数如表9-2所示。

表9-2 账户资金余额明细表   年 月 日

账户号	账户名称	币别	汇率	资金余额	本位币金额	资金积数

4. 账户资金动态汇总表。该表按报表定义的项目汇总出账户每日的资金收入额、收入笔数、支出额、支出笔数以及余额。

5. 账户余额日报表。该表列示某一账户某日的详细业务发生情况，包括业务编号、摘要、收入金额（借方）、支出金额（贷方）以及余额。

6. 报警表。该表在设定时间内列示将要到期的贷款单、拆借单、定期存款单以及利息单。相关信息包括到期日期、账户号、业务编号、业务时间、币别、本金、利息和是否已计复利，如表9-3所示。

表9-3　　　　　　　　　　　　报警表　　　　　　　　　　　　年　　月　　日

到期日期	账户号	业务编号	业务时间	币别	本金	利息	计复利

7. 序时账。序时账是按照业务日期从小到大顺序依次列表显示所作的业务单据，信息包括业务日期、单位名称、账户号、业务编号、摘要、收入额、支出额等。

8. 贷款账。贷款账用于列示某笔贷款的主要信息以及归还情况、利率、利息情况。报表上半部分列示了该币种贷款业务的基本信息，包括业务编号、账户号、贷款单位名称、到期日期、贷款金额等，下半部分显示收回本金金额、尚未归还本金金额及利率利息等。

9. 账户利息明细表。账户利息明细表主要列示账户每日的发生额、余额及积数变化，并且在结息日列示出账户所结利息。

10. 账户利息汇总表。账户利息汇总表汇总列示某一段时期的某些账户的计息变化，并且在结息日列示出账户所结利息。

11. 单位利息汇总表。单位利息汇总表用于提供某开户单位某一时期的计息余额、积数、利息等信息。

12. 贷款利息表。贷款利息表用于提供某笔贷款某时间的应计利息、已付利息、结欠利息等信息。

（二）报表操作功能

1. 报表定义。各种资金报表的格式以及栏目其实可以由系统预先设定，这里所谓报表定义只不过是对某些报表定义它的行项目，以控制报表的显示内容。可以定义的报表包括资金状况表、银行存款动态余额表、账户资金余额明细表、账户资金动态汇总表等。查询所定义的报表时，报表的行将按照所定义的项目目录显示，并逐级汇总出小计直至总计。

2. 报表查询与打印。报表查询比较简单，系统将根据用户选择的报表以及给出的条件进行显示，条件一般由日期、账户号、单位名称和业务编号组合决定。查询与打印输出一般集成设计，即屏幕显示的报表应允许预览和打印输出。

【本章小结】

本章从资金管理系统的目标出发,在分析资金管理的业务流程和系统数据处理流程的基础上,构造出资金管理系统的功能模块。重点讲解了资金管理系统的初始设置和日常业务处理。

复习思考题

1. 资金管理系统初始化设置包括哪些内容?
2. 资金管理系统各功能模块之间的关系?
3. 简述资金管理系统与其他系统的主要关系?
4. 资金管理系统的日常业务处理主要包括哪些内容?
5. 资金管理系统输出哪些账表?

第十章
计算机审计与会计信息系统的内部控制

【本章学习目的】 了解会计信息系统对审计的影响，会计信息系统内部控制审计；理解计算机审计的目标、内容和步骤；掌握会计信息系统的两类内部控制即一般控制和应用控制。

【案例导引】

自动转账凭证模板造假

某企业某会计期间发生"制造费用——技改费"（科目编码 410504）100 万元，按实际工时数在 3 个生产车间按比例进行费用分配：一车间摊 20%，二车间摊 45%，三车间摊 35%。其中第二车间生产的是免税产品。那么正确的转账取数函数应当为：

借：生产成本——一车间 QM（410504，月）＊0.2
    生产成本——二车间 QM（410504，月）＊0.45
    生产成本——三车间 QM（410504，月）＊0.35
    贷：制造费用 QM（410504，月）

但是，企业为了调整应税产品和免税产品的赢利水平以实现逃税目的，改变转账取数函数的设定。如将第一车间取数函数定义为 QM（40204，月）＊0.45，而将第二车间的取数函数定义为 QM（40204，月）＊0.2。这种参数的微调所导致的计税效果是大不相同的。

在会计信息系统中，许多重复有规律的数据加工操作是由计算机自动完成的。其基本思路是：根据数据加工规则预先制作加工"模板"并保存起来，在需要进行类似模式的数据加工时，由系统调用"模板"自动生成所需数据。由于"模板"的加工规则是由人来设置的，并且可以随时修改维护，这就为造假者留下了巧妙的造假机关。不同的模板参数定义，会使加工后的数据结果大相径庭。如果没有严格的系统内部控制，稽查人员不核对模板定义内容而仅从账面结果审查，那么模板造假在信息化环境下将变得易如反掌。

第一节 计算机审计概述

一、会计信息系统对审计的影响

会计信息系统的应用使会计处理在诸多方面（如内部控制、信息处理流程、信息存取）都在不断发展变化。这些变化不仅对审计技术和方法造成了极大影响，而且使计算机成为有利的审计工具，促进了审计技术的现代化。在会计信息系统环境下原有的审计方法不再完全适用，审计人员在审计实务中需要充分利用信息技术和计算机审计方法才能对审计对象进行有效的审查、分析和评价。

1. 对审计线索的影响。审计线索对审计来说是极为重要的。在手工会计系统中，由原始凭证到记账凭证，从登账到会计报表编制，每一步都有文字记录，都有经手人签字，审计线索十分清楚。审计人员利用上述资料能从原始业务开始，追踪到报表中的合计数、或将合计数分解为原始业务，并通过这些审计线索来检查和确定这些数字是否正确地反映了被审计单位的经济业务，检查其财务活动的合法性、合规性和有效性。但是在会计信息系统中，原先审计所必须审查的大量书面资料都存储在磁性介质中，数据处理的全过程在计算机内运行，所需的审计线索除极少数部分打印出来以外，绝大部分是审计人员不能直接看见的。虽然，管理部门从管理的角度出发，仍然要保留一部分肉眼可见的审计线索，但这些有限的审计线索，无论在形式上还是在内容上都与手工系统情况下有很多不同。另外，会计信息系统中的审计线索极易被销毁或修改，又无明显痕迹。因此，为了保证系统的可审性，在会计信息系统的设计和开发阶段也必须注意到审计的要求，使系统在处理时能留下可追踪的审计线索，以便日后审计人员能跟踪审计线索，完成审计任务。

2. 对审计内容和审计过程的影响。电子计算机进行数据处理的过程往往只有程序设计人员和系统操作人员知道，审计人员一般是不知道的，因此，要审查企业经济业务的处理是否合法、合理、有效，就必须熟悉处理程序，并能借助计算机审计程序来辅助审计。这种审计内容在传统审计中是不存在的。审计人员要审查系统应用程序的处理功能是否符合会计制度和财经法纪的规定，能否正确完成各项业务的处理；应用程序中的程序控制是否恰当有效，达到控制目标。除对已投入使用的电算化系统进行事后审计、监督其合法性和正确性外，还应提倡在会计信息系统的设计开发阶段，审计人员要对会计信息系统的开发进行事前和事中审计。

3. 对审计环境的影响。计算机硬件和软件的发展提高了工作效率，降低了计算机系统的成本，越来越多的单位成功完成了会计信息系统的建设。审计人员要了解数据和控制的概念和术语及其他IT术语和专业知识才能正确检查和评价系统，才能使用计算机进行审计。

手工会计与会计信息系统对会计信息的控制方式有很大的不同。手工会计主要采用结构控制方法，包括设置相互牵制和制约的会计岗位，通过对会计业务的多重反映或者相互稽核关系进行控制。而在会计信息系统中，由于处理工具、信息载体和会计组织都发生了根本的变化，手工会计系统中原有的一些控制措施已失去意义，会计控制由人工控制转变为人工与计算机共同控制。审计师要对会计系统的内部控制进行审查和评价，以作为制定审计方案和决定抽查范围的依据。如何识别、研究、审计和评价这些内部控制，尤其是程序化的内部控制，是会计信息系统对审计提出的新问题。

4. 对审计准则的影响。由于实现会计信息系统后审计的对象和线索发生改变，因此审计的方法和手段也相应要改变。现有的审计标准和准则，如审计人员标准，现场作业标准，审计报告标准，职业道德规范等不适应新的要求，需要在原有审计标准和准则基础上建立一系列新的审计标准和准则，如会计信息系统开发的审计准则，内部控制审计准则等。我国审计署在1993年颁布了《审计署关于计算机审计的暂行规定》中明确规定被审单位应按审计机关的要求提供实施计算机审计的必要工作条件。1996年发布的《审计机关计算机辅助审计办法》对计算机审计的含义、内容、计算机辅助审计人员的素质及其职权作了明确规定。1999年编写的《审计机关对被审单位会计信息系统的要求指南》对审计机关如何获得被审单位完整的会计账户信息、如何对被审单位电子账目进行审计作了初步探讨。1999年7月1日起《独立审计具体准则第20号——计算机信息系统环境下的审计》正式实施。我国目前正在积极地逐步制定与国际准则相接轨的IT系统环境下的审计准则。

5. 对审计技术和审计方法的影响。实现会计信息系统以后，会计信息系统与手工系统相比在许多方面发生了重大变化，必须采用新的审计技术方法才能适应这种变化。例如，电算化会计的记账不是每登一笔账就记录打印出该笔明细账，一般一个月或更长时间打印一次，因此手工审查取证的方法必须进行相应的改变。虽然各种人工审查技术对会计信息系统仍然有效、重要，但计算机辅助审计可能是效率更高的甚至是必不可少的审计技术。在会计信息系统中既然用手工方法进行审计很难达到审计目标，那么要改变这种状况，审计人员的作业手段应由手工方式向手工与电子计算机结合方式转变，即审计人员应利用现代审计方法以计算机为工具来提高审计的质量和效率。对计算机信息系统审计的基本方法可以分为三类：

第一，绕过计算机审计。由于在电算化系统中总有一部分工作由手工完成，因此，手工审计的方法也是会计信息系统审计的不可缺少的方法，这就是所谓的绕过计算机审计方法。这种方法就是将会计信息系统视为一个接受数据输入，产生信息输出的机器，而不考虑其内部对数据的处理和存储。在审计时，着重检查输入前的原始凭证和越过会计信息系统直接去检查处理打印的结果。

绕过计算机审计实际上是审计人员对会计信息系统采取的一种手工审计的方法。由于在电算化初期，审计的技术、人员素质等因素不具备对电算化系统进行直接审计的条件，或因为在确认电算化系统是可靠、可信赖的系统后所以采用这样一种比较简单直观但被动的方法来进行审计。尽管绕过计算机审计方法比较简单，而且易于被审计人员接受，但不能称为真正的计算机审计。

第二，穿过计算机审计。这种方式是对会计信息系统的内部过程进行检查与评价的审计方式。由于会计信息系统数据处理方式的改变，使得数据输入、处理与输出的线索也发生了变化，审计人员只能直接审查产生这些信息的程序是否正确，来确定系统对数据处理的可靠性和安全性,这种直接通过会计信息系统的审计我们称之为穿过计算机审计方法。这种方法直接对整个会计信息系统进行审计,是一种将计算机的输入、输出和数据处理过程本身均作为审计的直接对象的测试方法。它的特点是能够找出审查工作中出现问题的原因,审查结论有说服力。

穿过计算机审计的内容和技术方法都比较多而且复杂,它要求审计人员不但有审计的技能,而且要懂得计算机和信息系统数据处理的知识,特别是要熟悉会计信息系统程序和数据文件。

第三,使用计算机审计,也称为计算机辅助审计。这种方式是将审计程序步骤编成计算机程序,运用计算机直接阅读、选择和复核处于可读状态的各种数据。计算机在审计中的各种使用都可称为使用计算机审计。这种方法把计算机作为审计工具与手段,采用各种审计软件工具,对系统通过随机抽样、统计分析图表显示、历史资料对比等方法,来进行系统运行可靠性的评价。采用这种方法可提高审计质量和效率,但需要有适当的审计软件,对审计人员的要求更高。

6. 对审计人员的影响。实现会计信息系统以后,由于会计信息系统比手工系统复杂,审计对象也更多,更复杂,审计人员依靠原有的知识和技能是无法胜任工作的。审计会计信息系统要求审计人员除了要具有丰富的会计审计知识和技能,熟悉有关政策法规外,还应掌握计算机、管理和会计信息系统方面的知识。审计人员要了解会计信息系统的特点和风险及内部控制,要能利用计算机进行审计,甚至开发或协助开发计算机审计软件。

二、计算机审计的目标

审计目标是在一定环境下,人们通过审计实践活动所期望达到的境地或最终结果。在电算化会计环境下审计人员审计任务的执行会受到信息系统环境的影响,但是审计人员利用计算机辅助审计技术进行审计程序时不应改变审计的总体目标。审计的总体目标仍然是对被审单位会计报表的合法性、公允性和会计处理方法的一贯性发表审计意见。计算机审计的目标包括以下方面:

1. 系统的合法性。即检查系统活动是否符合现行的法律、法规、政策和规定。在对系统的合法性审计时,应以现行的法律和规章制度为依据,对系统的输入、处理和输出过程进行详细的调查和分析,对系统合法性进行检查。

2. 系统的安全性。要求检查内部控制制度能否严格防止未经授权的人员访问或更改数据以及系统资源是否得到妥善保管,并能防止对资源的损害、偷窃、浪费等。对系统资源的安全构成威胁的因素主要有:一是自然灾害;二是非故意性错误,如硬件错误、软件错误和使用错误等;三是计算机舞弊,如对数据或程序的盗窃、非法篡改和破坏等。

3. 数据的完整性。要求检查系统数据是否准确以及内部控制在录入、传输、处理、存储和报告数据时是否能完全防止输入错误。审计人员可以通过各种有效的措施审查和证实系统提供的信息是否正确,是否恰当、公允和全面地反映了被审单位的财务状况和经营成果。

4. 系统的效率性。系统的效率性是指系统能否完成规定的任务,是否能正确地实现指定的职能,能否以简便的格式向信息使用者提供所需的信息。在计算机广泛运用的信息系内系统流程设计的好坏直接关系到系统的效率，另外，在对系统效率进行审计时还要检查系统资源是否得到充分利用，输出信息的质量，用户是否方便等。

5. 系统的经济性和效益性。系统的经济性和效益性是指系统资源的利用是否符合最优效益原则。另外计算机在信息处理方面的运用存在复杂性，对系统资源的利用是审计人员关注的一个重要方面。

以上系统的合法性、安全性和数据的完整性被视为计算机审计的鉴证目标，系统的效率性、经济性和效益性被视为计算机审计的管理目标。

三、计算机审计的内容

对于计算机审计，它的含义和概念在不断丰富和深化。目前对计算机审计有这样几种理解：

第一，以计算机信息系统为对象进行的审计。大多数企业的信息系统都采用了计算机处理，为了确保信息系统的有效性和可靠性，必须对系统的运行进行定期的检查，即信息系统的审计，又称为电算化审计。

第二，以计算机技术为手段进行的审计。强调计算机审计的方法、技术和手段都是电算化的，不论审计对象是电算化信息系统还是手工信息系统。

第三，审计人员用手工或电算化的方法、技术和程序对电算化或手工的信息系统所进行的审计。

以上理解争论的焦点主要集中在审计的对象和手段上。计算机审计与传统手工审计并没有本质区别，审计目标和职能也没变。目前我国计算机审计的内容主要包括对会计信息系统的审计和以计算机作为审计工具进行审计两个方面。

（一）对会计信息系统进行审计

对会计信息系统的审计包括内部控制系统的审计、系统开发审计、应用程序审计和系统数据文件审计等。

1. 对内部控制系统的审计。对会计信息系统的内部控制的审计一方面是为加强内部控制，完善内部控制体系；另一方面是通过对内部控制的审计来确定对会计信息系统运行结果的信赖程度。审计会计信息系统的内部控制由手工控制措施和程序化控制措施互补或重叠组成，对手工控制措施主要采用手工方式如座谈、调查表、实地观察等进行审查，而对程序化控制措施主要采用计算机进行审查。

2. 对计算机系统应用程序处理及控制功能进行审计。对系统要审查它们能否按会计制度以及有关规定进行各项会计核算或经济业务处理，提供正确合法的经济信息，审计它们能否有效地防止或及时地发现在输入、输出过程中可能出现的各种差错和舞弊，达到控制要求。一般来说，对会计信息系统的审查着重于对系统应用程序的审查，即审查应用程序的处理和控制功能是否存在，是否合理，是否有效，因为应用程序的正确性和安全性直接影响系统的处理和控制功能的合法性、可靠性，另外，对电算化系统的审查还包括对系统硬件、系统软件的审查。

3. 对系统数据文件的审计。一方面是对系统数据文件进行实质性测试，即对各会计账户余额、发生额等数据进行检查，同时对会计数据进行分析审核，实质性测试是系统数据文件审计的主要目的；另一方面是通过对系统数据文件的审计，测试一般控制措施和应用控制措施的符合性。

数据文件是计算机处理的对象和结果。如果是纸质数据文件可采用类似手工审计的做法进行审计，若是存储在磁性介质上则需利用计算机审计软件及其他辅助软件工具来进行审计。

4. 对系统开发的审计。对系统开发的审计是事前审计，审计人员，特别是内部审计人员要参与系统分析、系统设计、系统调试、系统的运行和维护等。对系统开发的审计，对于保证会计信息系统运行以后的处理结果的合法性、正确性、完整性、内部控制的合理性、系统运行的效率及事后审计的可审性都非常重要。在审计过程中，审计人员一方面要检查系统的开发活动是否可行和恰当，系统的开发方法是否科学和合理；另一方面还要检查开发过程中是否产生了必要的审计线索，以及这些审计线索是否规范。

（二）以计算机作为审计工具进行审计

计算机在审计过程中的应用可称为计算机辅助审计技术。计算机审计的一项重要内容就是对会计信息系统利用计算机作为审计工具，辅助审计人员进行审计，从而加快审计速度，提高审计效率和质量。计算机辅助审计主要包括手工会计系统的计算机辅助审计、会计信息系统的计算机辅助审计和审计项目管理系统的计算机辅助审计三个方面。

1. 手工会计系统的计算机辅助审计。长期以来对手工会计系统的审计我国一直采用手工审计的方法。如果审计人员在获取审计证据过程中充分利用计算机技术那么不仅数据获取的正确性将大幅提高，而且将大大提高审计工作的效率。比如在审计抽样过程中样本的选取可以利用计算机审计技术事先将各种参数存储于系统中，根据审计目的要求运用概率和数理统计方法产生审计抽样样本快速又准确。

2. 会计信息系统的计算机辅助审计。对于会计信息系统采用计算机辅助审计是必然的趋势。审计署于1996年年底颁布了《审计机关计算机辅助审计办法》，明确指出审计人员计算机辅助审计主要包括审查以下内容：

（1）审计业务所需法律、法规的辅助检索。
（2）对财务报表的辅助分析。
（3）对被审单位的计算机应用系统进行符合性检验。
（4）分析审计风险和确定审计范围。
（5）对被审单位的财政、财务收支进行检查。
（6）形成审计工作底稿。
（7）形成审计报告、审计意见和审计决定。
（8）对审计资料的管理。
（9）对审计项目计划的管理。
（10）对审计档案的管理。

(11) 对审计业务的综合、统计和分析。
(12) 其他内容。

3. 审计项目管理系统的计算机辅助审计技术。由计算机统一管理审计项目，将各种信息根据需要调用，直接服务于对系统的计算机辅助审计，可以提高审计效率。具体包括如利用计算机编制审计计划、利用计算机分析审计结果、利用计算机建立审计数据库及利用计算机编制审计工作底稿等。

（三）开发、优化审计软件

审计软件是指为利用计算机辅助审计而编写的各种计算机程序。为了高效率地利用计算机审计，促进我国审计技术现代化，需要开发、优化和推广各种审计软件。在西方国家，计算机审计已十分普遍，审计软件种类众多。大力推广审计软件的应用，推动我国审计技术的现代化是目前我国计算机审计的一项重要任务。

四、计算机审计步骤

会计信息系统审计的步骤与手工会计系统的审计步骤一样，可分为准备阶段、实施阶段和终结阶段，但每个阶段所作的工作重点有所不同。

（一）准备阶段

准备阶段是指从接受实际任务开始一直到制定实施计划为止的这段时间。主要包括5项工作：

1. 明确审计任务和要求。对会计信息系统进行审计首先要明确是对整个系统进行审计还是对某个子系统进行审计；是在系统开发过程进行审计还是在系统投入运行后进行审计；是进行财务合法合规性审计还是对系统的经济效益进行审计。

2. 组织审计力量。根据审计任务和要求选派若干审计人员组成审计小组。小组成员可以由经过计算机知识培训的审计人员和具有会计、审计知识的计算机技术人员共同组成，各自发挥特长，相互合作完成审计工作。

3. 初步调查被审单位会计信息系统的概况。主要了解被审单位的基本情况。包括系统的软硬件配置情况；系统总体结构、功能模块划分及各模块之间关系；系统人员配备、职责分工、规章制度及业务流程；初步评价内部控制制度等。

4. 制定审计实施计划。通过调查研究，收集资料，由审计小组制定审计计划，内容包括：审计范围及重点、内容、目的、方式、工作进度和实施步骤、人员分工、预计完成的时间等。

5. 发出审计通知书。审计通知书是审计机关对被审单位进行审计的书面通知。在通知书中应写明被审单位的名称、审计范围、内容、时间和方式，审计小组人员组成等。

（二）实施阶段

实施阶段是指审计人员根据审计实施计划，对审计内容进行取证、分析、评价、收集整理与运用审计证据的过程。主要步骤有：

1. 对会计信息系统的内部控制制度进行健全性调查，对其执行情况进行符合性测试。调查可采用调查表法、实地观察法、流程图法等。测试可采用检测数据法、程序比较法等。

2. 评价会计信息系统的内部控制制度。通过前面的健全性调查和符合性测试，即可对被审单位会计信息系统内部控制制度的完善性、合法性和有效性进行评价，以决定实质性审查的范围、重点和方法。

3. 实质性审查。主要是对被审单位的数据文件进行审查，收集证据，对被审单位的各账户余额以及财务报表中数据真实性、正确性进行评判。这个过程既要使用传统的手工审计方法，同时还要使用计算机辅助审计技术，实施阶段所发现的问题以及调查的结果应随时记入审计工作底稿。

（三）终结阶段

这一阶段工作主要包括：整理审计工作底稿、分类归纳材料、编写审计报告、给出审计结论等。在审计报告中，一般应说明会计信息系统审计的目的、内容、范围，审计中发现的问题、处理意见、建议和改进措施。另外，审计报告除了要对被审单位财务报告的合法性、公允性、会计处理方法一贯性发表审计意见外，还应对被审单位会计信息系统的内部控制和处理功能进行评价并提出改进意见。

第二节 会计信息系统的内部控制

一个企业为了进行有效的经营和管理，保证会计信息的有效、准确、及时、完整和安全，减少差错及舞弊行为的发生，无论是手工处理会计信息还是计算机处理，都必须建立一整套内部控制制度。比较而言会计信息系统是一个比手工会计系统更加高级，复杂的系统，因而它比手工系统需要更为严密的管理和控制。了解和掌握会计信息系统内部控制的基本需求，不仅是开发设计可靠系统的前提，同时也是实施准确快速的系统运行和管理的必要条件。在对会计信息系统进行审计时，内部控制制度是需要重点审计和评价的内容。

所谓内部控制，是企业经营者为维护企业资产的安全性，确保会计资料和信息的准确性和可靠性，提高经营效率以及贯彻执行管理部门规定的管理方针而在组织内部形成的一系列制度方法。电算化条件下，内部控制的目标并没有发生改变，但在控制的重要性、内部控制实现的技术手段、控制的范围、侧重点和类别等方面与手工系统相比具有很大差异。

一、会计信息系统内部控制的重要性

财政部在1996年颁布的《会计电算化工作规范》中要求建立会计信息系统内部管理制度并增加了管理部门在有效设计和执行内部控制制度方面的责任。事实证明，如果会计信息系统的内部控制有漏洞，往往会造成比手工系统更严重的损失，因此会计信息系统保持良好的内部控制显得极为重要。

1. 确保会计信息的准确性、及时性和完整性以及信息得到有效利用。企业各级管理部门对会计信息系统所产生的会计信息的依赖性增大，而这些信息的准确性和可靠性在很大程度上取决于系统内部控制状况。电算化程度愈高，信息使用者对电算化信息的依赖性愈大，内部控制决定信息质量的程度也愈大。同时，系统产生的会计信息日益众多，信息的有效利用也需要完善的控制过程。

2. 维护企业各种资源的安全。企业实现电算化以后，系统资源本身即构成企业的一项重要资产，企业财务状况和经营成果受系统资源的安全性、效率性的影响加大。为保证企业各种资源的安全与完整，有必要通过内部控制的手段加强系统资源的管理和运用，从而提高企业资产运营效率。

3. 会计信息系统为企业带来了巨大效益的同时，也潜藏着造成巨大损失的风险。建立与加强会计信息系统的内部控制是保证系统质量，降低系统运行过程中的风险的必要手段。风险主要有：

第一，系统功能与用户需求不一致。在开发会计信息系统阶段，系统开发一般由用户提出具体要求，由计算机专业技术人员进行相应的设计，往往由于用户和设计人员之间理解上的障碍，使设计出来的系统不能很好地满足用户的需要，影响系统的功能及目标的实现。

第二，数据安全性较差。会计信息系统中数据处理和存储有高度集中的特点，因此对数据的存储和管理往往存在许多风险。例如，系统操作人员在运行系统时可能无意破坏了数据，而系统外部人员则可能窃取系统数据或肆意破坏系统，导致数据混乱或丢失。

第三，计算机犯罪。随着计算机在会计领域应用日益扩展，尤其是在银行金融会计领域，利用计算机进行犯罪的案件随之出现。计算机犯罪的主要手法是非法调用和篡改数据或程序。对会计信息系统来说，如果缺乏有效的内部控制，就可能出现非法人员调用和篡改程序，使数据失真甚至给企业带来巨大经济损失。计算机犯罪具有活动时间短，不受地理位置限制等特点，造成危害大，隐蔽性强，因而给系统带来了巨大的潜在的威胁。

二、会计信息系统的内部控制的特点

在手工会计系统中，内部控制主要从两个方面实施：一是从组织形式上按财务部门经济业务的性质分为几个不同的职能组，并且各职能组的人员只负责某一特定的业务领域，也就是对工作人员进行适当的职责分离，各职能组之间互相牵制，不易出现错误和舞弊；二是在会计账务处理组织程序上，除了要保证凭证、账簿和报表按一定程序分由不同人员记录、编制外，还要做到账账核对、账证核对、账实核对和账表核对，并保证其一致性。会计主管和各职能组负责人随时可通过审查凭证、账簿和报表检查经济业务处理的合理性、合法性。在会计信息系统中，由于账务处理程序和会计工作体制的变化，除原始数据的收集、审核、编码仍由原会计人员手工操作外，其余处理都由计算机负责。会计信息系统内部控制可归纳有以下特点：

1. 控制的重点转向系统职能部门。手工环境中，会计的凭证、日记账、明细账、总账等资料均由不同的责任人员分别记录并保管，未经同意任何人想查询所有会计资料是较困难的。实现电算化后，所有的会计信息均集中于机器中，特别是数据库技术和网络技术的运用使数据的共享程度更高，由于系统职能部门完成对数据的处理及存储，因此，内部控制的重点也必须随之转移，否则未经授权人员可利用控制漏洞轻易地进行非法操作。

2. 控制的范围扩大。由于会计信息系统的数据处理方式与手工系统相比有所不同，以及系统建立与运行的复杂性，要求内部控制的范围相应扩大，其中包括一些手工系统中没有的控制内容。如对系统开发过程的控制，数据编码的控制以及对调用和修改程序的控制等。以系统开发阶段的控制为例，在系统开发阶段必须实行强有力的控制。及时发现和修改错误，并注意留下审计线索，嵌入审计程序，从而保证系统能满足用户需求及今后审计的需要，同时，它也是其他控制有效发挥作用的前提。

3. 控制方法由手工控制转为手工控制和计算机控制相结合。在会计信息系统中，针对电子数据处理技术和系统的特点和风险，新的内部控制包括了许多建立在系统应用程序中，由计算机执行的各种检验、核对、判断和监控以及对系统各功能调用的权限限制。这些程序化的控制对提高会计信息系统的安全可靠性非常重要。另外，在电算化系统中，许多旧的控制方式和管理方法已经失效，必然被新的方法所取代。当然，除了程序化的内部控制外，会计信息系统的内部控制还包括其管理制度和部分手工控制。

4. 控制的要求更为严格，内容更加广泛。会计信息系统数据处理比手工系统具有更大的风险，要求更为严格，同时控制的内容更加广泛。

三、会计信息系统内部控制的类型

依据控制的预定意图，可以将其分为预防性控制、检查性控制和纠正性控制三类。其中预防性控制是指为防止不利事件的发生而设置的控制；检查性控制是指用来检查发现已发生的不利事件而设置的控制；纠正性控制亦称恢复性控制，是为了消除或减少不利事件造成的损失和影响而设置的控制。

依据控制所采取的工具或手段，可分为手工控制和程序化控制。手工控制是指控制的实施是由人工进行的控制，而程序化控制是指由计算机程序自动完成的控制。

依据控制实施的范围，会计信息系统内部控制可分为一般控制和应用控制。这两类控制均是会计信息系统所产生的特殊控制，目的在于预防、发现和纠正系统所产生的错误、舞弊和故障，使系统能正常运行，并提供及时可靠的会计信息。

（一）一般控制

一般控制是对整个会计信息系统及环境构成要素实施的，对系统的所有应用或功能模块具有普遍影响的控制措施。如果系统一般控制较弱，则无论单个应用各处理环节的应用控制如何完善，都难以达到内部控制的目标。可以说一般控制是应用控制的基础，它为数据处理提供了良好的环境。一般控制可具体划分为组织控制，系统开发与使用控制，硬件及系统软件控制和系统安全控制。

1. 组织控制。由于会计信息系统使数据与责任高度集中，使原有手工方式下职责分工等不再适应新的需求，这就要求我们必须在组织与制度上建立一种新的内部牵制制度。组织控制的基本目标是系统职能部门的设置，职责分工、人员的使用与考核应能保证系统中的有关人员正确、有效地履行自己的职责，减少电子数据处理部门发生错误和舞弊的可能性。

会计信息系统组织控制的主要内容包括以下几个主要方面：

(1) 电算部门与用户部门的职责分离。目前，我国会计信息系统的管理体制和组织机构设置有三种形式：第一种是集中管理的计算中心组织形式，它是将会计信息系统的管理、软件开发、运行与维护全部放在计算中心，财务部门只向其提供原始数据；第二种是集中管理下的分散组织形式，它是在网络技术支持下，由计算中心统一负责总体规划，管理与维护等工作，财务部门利用计算中心设置的终端，在总体规划指导下，完成系统的开发、运行和维护。第三种是分散管理的组织形式，它是由财会部门单独配备计算机硬件及相关专业人员，完成会计信息系统的开发使用与维护。

电算部门不论如何设置，要达到与用户的职责分离，最好是电算部门与其他部门完全独立，这样才能使业务的执行和其数据的记录、处理相分离，形成有效的内部牵制。分离不相容职责的一般原则就是将四种基本职能，即业务授权，执行、记录和资产保管予以分开。一般而言，电算部门不能负责业务的批准和执行，也不能保管系统以外的任何资产。因此，电算部门担负记录业务的职能，而用户则是批准、执行业务和资产保管的部门。

(2) 电算部门内部的职责分离。会计信息系统信息处理的特点是把单位的会计信息资料集中起来统一处理，这使本应分离的某些不相容职责集中化了。因此，在电算化部门内部也应进行职责分工，从而使有关人员在数据处理中的越权活动难以进行，以此来避免舞弊犯罪行为的发生和防止差错的出现，保证系统可靠运行。电算部门内部的职责分离主要是指将系统分析、程序设计、操作、文档资料管理和控制五种职责相互分离。对应这些职责分别由系统分析员、程序员、操作员、资料保管员和管理人员来承担。

2. 系统开发与操作控制。

(1) 系统开发控制。会计信息系统在开发过程的各个阶段，如果没有强有力的内部控制措施，那么出现的错误往往会带到下一阶段并不断扩大，产生严重的后果。系统开发控制主要是指对会计信息系统处理程序编制工作的控制。

在系统分析阶段，应进行有效的可行性研究，包括系统在技术方面、经济方面和运行方面的可行性，在确保系统开发可行性的前提下方可进一步对用户的需求进行分析，并由专家对需求分析报告进行论证；系统设计阶段应该有用户和审计部门的人员参加，以便能及时反映各自的要求和发现问题；系统的检测则由用户、开发人员共同完成，检测应包括手工与计算机两部分的处理及两部分的连接是否正确可靠；新系统正式投入使用前要与原系统并行运行一段时间，以判断新系统的运行质量；在正式投入运行前，一般还应经过有关主管部门组织鉴定，或通过会计信息系统项目的评审，然后才能使用。

(2) 操作控制。操作控制的目的在于通过标准的计算机操作来保证会计信息处理的准确可靠，防止舞弊和犯罪行为，避免和减少差错。操作控制是通过制订和执行标准的操作规程来实现的。标准的操作规程主要内容包括：操作计划，机器操作规程，作业运行规程，用机时间记录规程，数据文件控制标准、监察和检查措施以及应急措施等。

系统在投入运行后，电算部门的每个人员应履行自己的职责，严格执行电算部门内部的职责分离，同时电算部门与各业务部门严格分开，从而确保会计信息系统运行的安全可靠和准确。另外所制订的操作规程是操作人员的行为规则，应切实得到遵守。

3. 硬件和系统软件维护。在电算化系统中，硬件及系统软件的质量及工作状况对系统的影响很大。因此，必须建立相应的硬件及系统软件控制，以保证系统在工作中能有效地处理各种障碍和错误，保证数据处理过程正确、有效地完成。

随着计算机技术的发展，计算机硬件及系统软件的工作可靠性正不断提高，建立在硬件及系统软件内部的控制功能也有了较大改进。然而，由于计算机硬件及系统软件生产厂家很多，因而影响硬件及系统可靠性的因素还很多，在选购硬件和系统软件时，应尽可能选择设备质量可靠，软件控制功能强、信誉及售后服务好的公司。

（1）硬件控制。硬件控制是由硬件生产厂家随计算机设备配置的控制技术或方法。常见的计算机硬件控制技术有：

① 冗余校验。它是在数据编码中设置冗余位，依据冗余位编码与数据编码中位数的逻辑关系来检测是否存在数据传送或处理错误的一种检测技术。在计算机运行过程中，某些器件可能出现临时故障而造成数据传递或处理错误，因此需要相应的检错控制措施。

② 重复处理检验。它是通过重复进行同样的操作处理，将结果进行比较以发现错误的一种控制。

③ 回声检验。它是一种用来检查数据传送过程中是否发生错误的控制措施。计算机主机向外围设备或终端发出命令后，根据回声确定它们所收到的信息是否正确。该方法一般用于对输入、输出设备操作的检验。

④ 设备检验。这是一种将控制手段构造在计算机集成电路板中，检查并更正错误的一种方法。

⑤ 有效性检验。它是利用计算机实际操作与有效操作进行对比而检测错误的一种控制。具体内容包括操作有效性、字符或字段有效性和地址有效性三方面。

（2）系统软件控制。系统软件主要包括操作系统、公用程序、编译和汇编程序，数据库管理系统等。系统软件控制主要是在系统软件中将常用的控制功能融入其中。系统软件控制功能可分为以下几个方面：

① 错误处理。该功能主要处理读写错误，在计算机出现读写错误时提供特定处埋来保护数据。

② 程序保护。主要功能在于防止运行中受到其他程序干扰，防止模块调用的错误和防止未经授权改动应用程序。

③ 文件保护。对存储的文件的控制以防止未经授权的使用和修改。

④ 安全保护。对系统软件操作的控制，防止未经授权使用系统的行为对系统造成危害。基本手段是采用口令。

4. 系统安全控制。系统的可靠性，信息的安全性以及信息处理的正确性均依赖于强有力的安全控制。影响系统安全的因素包括灾害、失误、计算机舞弊和犯罪活动等。系统安全控制就是指防止这些因素危及系统的安全，发现系统中的安全问题，解决这些问题使系统恢复正常的所有措施。具体可分为以下几个方面：

（1）系统接触控制。有了组织机构的职能分工和操作规程后，机房管理人员就要承担起保证机器设备正常运行，维护系统软件和会计应用软件安全可靠的任务。要严格限制未经授权人员接近计算机，保证授权人方可接融系统硬件，软件及有关资料；将机密的对整个系统有重大关系的数据存放在不易接触的环境中，并与机房隔离；对操作人员身份进行密码控制，规定每个操作人员的操作权限；重要数据要进行数据加密；严禁操作人员携带未经检查的软盘上机，不使用来历不明的盗版软件，以防计算机病毒的侵入；实行上机操作人员登记制度；保证脱机后加锁；定期审阅系统的操作日志，查明各文件被访问情况。

（2）系统环境安全控制。环境安全控制是指为计算机系统提供能正常运转环境的控制措施。会计信息系统的性能越来越强，对周围环境的要求也越来越高，许多因素都会干扰系统的正常运行。系统环境安全控制主要有机房管理制度控制、机器设备使用控制、会计数据存取控制等几个方面。

（3）系统后备控制。计算机系统硬件，系统软件，应用程序和数据文件均应有后备，万一遭到意外灾难的损毁时，能迅速恢复系统运行，使损失减到最低限度。数据备份是一种普遍应用的恢复性控制手段，主要对数据文件、数据库、程序及有关资料进行双重或多重复制。进行数据备份时应注意：至少应有一份备份存放在运离机房的地方，备份文件应尽可能反映文件的变化或最新状态，对于备份文件的保存期限应有明确的规定。

（二）应用控制

会计信息系统的应用控制是为适应各种会计处理的特殊要求，保证数据处理的完整性、准确性而建立的具体的内部控制。与一般控制相比应用控制具有特殊性，不同的应用系统有不同的处理方式、处理环节，因而有不同的控制问题和要求。如总账子系统与成本子系统的应用控制不一样，单用户系统与网络系统的应用控制也不相同。但另一方面，由于系统的数据处理过程一般由输入、处理和输出三个阶段构成，因此，可将应用控制划分为输入控制、处理控制和输出控制。尽管应用控制一部分功能由手工控制完成，但更大一部分功能是结合具体处理流程的程序化控制实现的，因此，在系统分析设计中应更多地考虑设置应用控制点，以保证系统的可靠和安全。

1. 输入控制。会计信息系统的数据处理速度快，准确性高，但如果写入的数据不准确，那么处理结果也必然是错误的。对会计软件来说必须具有必要的防范会计数据输入差错的功能，只有具备这一功能，才能使系统所接收的数据都经过严格审核检验，准确地为机器所接收。

（1）数据采集控制。在数据输入计算机可读的介质之前，有一个获得原始数据的过程。这个过程就是数据采集过程。数据采集控制的目的在于确保输入数据在合理授权或审批的基础上合法、正确地编制，完整地收集，安全地传递。由于数据采集直接影响到系统输入的质量，因此需要加强在用户规程手册，标准化凭证格式及保管，凭证审核及交换，凭证错误更正等方面的控制。

（2）数据输入控制。数据输入控制一是防止输入时的遗漏或重复，二是检查数据中是否仍然存在错误。目前，会计信息系统的输入多采用手工编码和键盘输入的方式，这项工作既繁重又容易发生错误。因此，手工编码和键盘输入是控制的重点。在数据输入控制中可采用下列控制方法：

① 建立科目参照文件。当输入会计科目号码时，若参照文件中有此号码，表示科目合法，如果是非法号码，则废弃已输入科目，若是新增科目，则将该科目记入参照文件。

② 设立对应关系参照文件。在总结常规会计科目借贷对应关系的基础上，建立科目对应借贷关系文件，记账凭证输入完后，对照该文件检查和判断输入的科目之间是否存在对应关系。

③ 试算平衡控制。根据借方科目金额＝贷方科目金额公式检查每笔分录输入是否正确。

④ 屏幕审核法。对输入的记账凭证在屏幕上再次显示出来，加以检查。

⑤ 重点输入检验。将数据前后两次输入计算机，然后将结果自动进行校对，两项输入一致方可继续输入。

⑥ 合理性检验。对某些输入的数据确定一个合理的范围，检查数据是否在这个合理范围内。

⑦ 平衡检验。如总账金额与明细账金额总计应该一致等。

⑧ 人工检验。人工检验指系统将输入数据打印或在屏幕上显示出来供操作人员根据原始单据进行检查。

2. 处理控制。处理是计算机系统程序指令实行的内部功能，包括数据验证，计算，比较、合并、排序，文件更新和维护，访问、改错等内部处理活动。数据处理是否正确，其结果是否可靠，在很大程度上依赖于输入数据的正确性和可靠性，以及应用程序的正确性和环境控制的强弱。但是，即使这些方面有了保证，仍然会出现一些问题，如程序逻辑错误，计算错误，用错文件，处理非法数据等情况，因此，还必须设置处理控制措施。

处理控制就是对计算机系统进行的内部数据处理活动的控制措施。处理控制的特点，一是大部分为检查性和纠正性控制；二是多为程序化控制。在数据处理过程中可选择这样一些控制方法：

（1）常数控制。有的数据处理结果应该与某个常数相一致，利用这个特点，可以对数据处理进行控制。例如，生产成本在产成品与在产品之间进行分配处理以后，分配额的合计数应与原值相等。

（2）对应数字控制。利用某些数据的处理结果应与另一组数据的处理结果相等或其他对应关系对数据处理进行控制。例如，资产负债表和利润表两表的利润数应该对应。

（3）范围控制。程序为数据处理确定一个范围。如果数据处理结果溢出范围，可能表示输入数据有误或处理错误。

（4）总数与顺序控制。为了防止会计信息系统在数据处理中发生遗漏或重复处理，有必要进行总数检验和顺序检验。也就是会计信息系统在数据处理时对所处理的记录进行累计，处理完毕后，将累计数和预先确定的会计数据进行校对。

（5）数据转换控制。使用密码技术将数据转换成不易读的代码存储，保证在处理过程中数据不被泄露。同时还应注意保证保存代码的存储介质的安全性。

除上述采用的具体处理控制措施以外，实现系统的处理控制还应满足以下几点要求：一是保留审计线索，在系统运行速度与存储空间允许的范围内，尽量避免对数据不留痕迹的修改和对数据文件的直接更新。二是确保处理的一次性，防止重复处理造成对数据文件不可修复的破坏。如过账、固定资产折旧的计提等每月只进行一次，必须设定各种控制点，禁止重复处理的发生。三是采用断点技术，把一段需要较长时间进行的处理用若干控制点断开，当程序运行时在这些断点上可以采用操作者干预或监督程序控制的方法终止操作，便于检查运行结果，纠正错误。

3. 输出控制。输出是系统数据处理的最后结果，对输出进行控制的主要目的，一是要验证输出结果的正确性；二是要保证输出结果能够及时地送发到授权人员手中。

输出控制主要指对输出数据的检验和对输出资料的管理控制制度。输出控制一方面要由硬件设备的正常运行来保证；另一方面着重强调的是数据的输出。输出控制方法包括：

（1）按照用户要求设计输出的格式、方式、内容、时间等。

（2）对输入总数与输出总数加以核对。

（3）审核输出结果，检查其正确性，完整性。

（4）将本期的输出与先期的输出对比，检查其合理性。

（5）若是既有手工处理又有计算机处理，那么可以比较两种处理方式的结果。

（6）只将报告送有权接受者。

（7）输出的资料文件应该有专人负责收集管理，保管和分发，并建立输出报告报送登记簿，记录报告发送份数、时间、名称、编号、接受人等事项，以防错发，漏发和多发。

（8）建立输出控制规程，保证控制人员遵照执行。

（9）建立输出错误纠正规程和对重要数据进行处理的规程。保证传送给用户的错误数据能得到纠正并重新向电子数据处理部门提交数据进行处理。

输入、处理、输出是计算机数据处理过程中有着内在联系的三个环节，从控制的角度来看，一个环节上的控制会影响到另外两个环节的控制的作用。控制的有效性是从整体着眼，从具体的控制手段着手，无论是内部控制的设计还是评价都应如此。从审计的角度看，应用控制中一个重要的问题是建立审计的线索，没有足够的审计线索，应用控制本身的质量就会受到严重的影响。

综上所述，我们可以体会到会计信息系统内部控制是一个技术性非常强且相当复杂的问题，而且内部控制实际上执行了一部分审计工作，对于不同的企事业单位和不同的会计信息系统采用的内部控制的方法和技术千差万别，所以在审计之前必须进行充分的调查研究并测试程序系统，才能制定出合理可行的审计计划。

四、会计信息系统内部控制审计

（一）内部控制审计的内容

随着计算机网络技术和电子商务的不断发展，会计信息系统的外部环境及系统的功能都在发生深刻的变化，网络财务的步伐势不可挡，相应地会计信息系统对内部控制提出了更新更高的要求。对于审计人员来说在审计会计信息系统内部控制时，除了一般控制和应用控制两方面外，还应对系统的网络安全进行评价。应该指出的是，在新的会计信息系统中内部控制仍然由人工和程序化措施共同完成，只不过程序化控制的内容大大增加。

内部控制审计的内容包括：

1. 对会计信息系统一般控制的审计。
（1）对组织控制的审查。
（2）对系统开发与维护控制的审查。
（3）对系统安全控制的审查。
（4）对系统硬件和系统软件的审查。

2. 对会计信息系统应用控制的审计。
（1）对输入控制的审查。
（2）对处理控制的审查。
（3）对输出控制的审查。
（4）对网络会计系统内部控制的审计。

对网络会计系统内部控制的审计有如下五个方面的内容：

第一，对黑客侵入的审计监督。主要是对企业网络的监控程度、重要数据的加密制度和必要备份制度等控制制度执行情况进行审查，采用人工和辅助软件结合的方式检查系统可被攻击的薄弱环节，并对黑客利用某环节入侵能造成的损失及弥补该漏洞所花费用进行评估。

第二，对信息丢失的审计监督。企业防止信息丢失常用的控制方法有多种，如制订严格的机房安全保护制度，配置自动检测关键数据库的软件等。审计人员可与网络会计系统各类人员面谈及实地检查，了解每项控制措施是否得到坚决贯彻执行。

第三，对原始数据确认的审计监督。电子商务中发生交易业务的电子数据确认是以业务经办人、批准人和签约人等人员的电子签字以示负责的，审计人员对电子签字的有效性的认证可采用加密码签字方法。另外可采用审计线索重建的办法来验证所形成数据是否与业务发生时相一致，即在原始电子数据形成的同时在不同部门各自形成相关的数据库，实施审计时可利用审计软件同时将几个部门的相关数据库进行自动比较，形成有差异的数据记录文件，再针对这些差异进行审查。

第四，对实体安全的审计监督。在网络会计系统中，信息的输入、加工处理并不是集中进行，因而需要灵活的安全措施和审查方法。首先审查各工作站及终端是否放在安全场所以及接触控制实施状况如何；其次要审查系统是否有自我保护功能，如自动中断非法获取数据的企图、突发及意外事件处理计划等；最后要审查系统是否有建立审计线索的功能，对发生的历史事项应自动记录在控制报告中。

第五，对网络数据安全性的审计。要保证网络会计系统数据安全，除了提高网络系统硬件和软件的安全技术含量，提高网管人员的防黑反黑等网络安全技术水平及经验，制订严密的安全管理措施外，还迫切需要网络信息安全方面的立法。审计人员可从以下方面进行评价：一是安全技术的使用及实施情况，审计人员可通过多种手段实地检查；二是审查安全管理制度的建立和实施情况；三是审查有关信息安全的法律法规的执行运用情况。

（二）内部控制审计的方法

会计信息系统的内部控制分为一般控制和应用控制，实施的过程是由人工和计算机协同完成，可以说会计信息系统的内部控制由人工控制措施和程序化控制措施共同完成。程序化控制措施存在于软件中，对它的审计需要使用计算机并利用专门的技术与方法来完成，而人工控制措施由人执行，对其审计所用方法大多为手工方法。

在对人工控制实施审计中最典型的工作手段有发放调查表、与有关人员访谈、实地考察、查阅文档资料等。具体细节如调查表的设计技巧等请读者参阅相关书籍。

对程序化控制的审计目标有两个：一是考核程序对错误的检验控制情况；二是程序处理过程是否符合会计核算原理及有关会计法规、准则和制度。审计会计信息系统程序化控制的方法有程序代码检查法、阅读程序流程图法、控制处理法、控制再处理法、程序运行记录检查法、整体检测法等。

【本章小结】

本章从会计信息系统对审计的影响入手，介绍了计算机审计的目标、内容和步骤；从概念、内容和方法上，着重讲解了会计信息系统的两类内部控制即一般控制和应用控制；对会计信息系统内部控制审计也作了介绍。

复习思考题

1. 会计信息系统对审计的影响？
2. 对计算机信息系统审计的基本方法有哪些？
3. 计算机审计的内容？
4. 会计信息系统内部控制的重要性？
5. 会计信息系统的内部控制的特点？
6. 会计信息系统内部控制的类型？

参 考 文 献

[1] 张耀武. 会计电算化. 武汉：武汉大学出版社，2007.
[2] 欧阳电平等. 电算化会计与审计. 武汉：武汉大学出版社，2000.
[3] 杨周南等. 会计信息系统. 大连：东北财经大学出版社，2001.
[4] 张耀武. 会计信息系统. 武汉：武汉大学出版社，2003.
[5] 张耀武等. 电算化会计. 武汉：武汉大学出版社，2003.
[6] 李世宗等. 会计信息系统. 武汉：华中科技大学出版社，2006.
[7] 毛化扬等. 会计电算化原理与应用. 北京：清华大学出版社，2005.
[8] 艾文国. 会计电算化. 北京：高等教育出版社，2004.
[9] 湖北省会计学会. 初级会计电算化. 武汉：湖北人民出版社，2006.
[10] 王晴等. 会计电算化. 北京：中国铁道出版社，2005.
[11] 会计从业资格考试辅导教材组. 初级会计电算化. 大连：东北财经大学出版社，2005.
[12] 石焱等. 用友ERP实验教程. 北京：清华大学出版社，2006.